억울함이 없는 나라,
깨끗한 사회를 만들려는
당신의 열정을 응원합니다.

KB188181

_____님께

_____드림

옴부즈만, 고충민원 해결사

국민권익위원회에서 시민고충처리위원회까지

옴부즈만, 고충민원 해결사

국민권익위원회에서 시민고충처리위원회까지

조덕현 지음

유리창

머리말

공직생활을 마무리하면서 평소 관심을 가졌던 옴부즈만 관련 저서
《옴부즈만, 고충민원 해결사》를 출판하게 되어 매우 뜻깊게 생각합니
다. 학창시절 교과서에서 '옴부즈만 제도'에 대해 얼핏 배운 적이 있지만,
공직에서 관련 업무를 하게 될 줄은 꿈에도 몰랐습니다.

16년간 현장기자 생활을 한 저는 고충민원 조사관 업무를 하면서
신나게 민원인을 만나러 다녔던 기억이 납니다. 당시 저의 직급은 '서
기관'이었습니다. 공직에서 서기관은 4급 공무원으로, 높은 직급에 해
당합니다.

제가 현장조사를 하기 전 해당기관에 공문을 시행하고 담당 공무
원에게 전화로 "국민권익위원회 조덕현 서기관인데, ○○일에 찾아뵙
겠습니다."라고 하면, 그쪽에서 "네. 주무관님. 그날 뵙겠습니다."라는
거의 반복적인 답변을 들었습니다. 저는 서기관이라고 했는데, 상대방
은 주무관으로 생각했던 것입니다. 기관을 방문해서 명함을 건네면
그때서야 "서기관님이셨네요? 죄송합니다."라는 반응을 보였습니다.
어찌 보면 당연합니다. 일선기관에서는 서기관이 민원조사관을 할 것
이라고는 생각하기 어렵습니다. 일선기관에서 서기관은 부군수, 부구
청장, 국장 등 대부분 간부급에 해당하기 때문에 민원서류를 들고 현

장을 찾을 거라고는 생각하지 않으니까요. 하지만, 국민권익위원회는 저와 같이 서기관 직급을 달고도 현장조사관 활동을 하는 직원이 50명 정도 됩니다.

제가 조사관 활동을 할 당시 국민권익위원장과 두 번 정도 식사를 한 적이 있는데, 그때마다 "힘들지 않느냐?"는 질문이 있었습니다.

기자 출신인 저는 위원장에게 "기자와 조사관은 거의 같은 일을 합니다. 기자는 사실 확인을 거쳐 기사를 쓰고, 조사관은 민원인의 주장을 확인하고 법률 등 관련 규정을 살핀 후 조사보고서를 쓰는 겁니다. 처리과정이 비슷해서, 힘든지 모르고 재미있게 일하고 있습니다."라고 답했습니다.

고충민원 조사관을 하면서 해결한 민원보다 해결하지 못한 민원이 더 많았던 것 같습니다. 고충민원이란 것이 1차 민원처리에 대한 불만으로 제기하다보니 당연할 수 있습니다.

어느 겨울날, 폭설 속에 가까스로 민원인 집을 방문하였더니 민원인께서 "이 눈 속에 어떻게 왔느냐?"고 놀라며 반겼던 기억이 납니다. 그 분의 민원은 결국 해결해주지 못했지만, 그 민원인은 "이 눈길을 뚫고 민원현장에 찾아준 것만으로도 만족한다."며 민원만족도 점수를 '만점' 준 사례는 지금도 추억으로 남습니다.

옴부즈만 업무는 민원인의 요구를 모두 들어드리지 못하지만, 성심껏 현장에서 함께 고민하고 소통하고, 해결책을 찾는 일입니다. 40대부터 인연을 맺은 옴부즈만은 이제, 저의 새로운 삶의 활력소가 되었습니다. 공직생활을 하면서 국민의 억울한 사정을 듣고 제3자의 시각에서 억울함을 풀어주는 옴부즈만과 인연을 맺게 해 준 국민권익위원회에 감사드립니다.

이 책을 쓴 이유는 일반 국민이나 행정기관 모두에게 요긴한 제도라고 판단하여 국민은 적극 활용하고, 행정기관에는 적극적인 설치를 유도하기 위함입니다.

따라서 이 책에서는 옴부즈만 제도 도입 배경과 국제적 흐름, 우리나라 대표 옴부즈만인 국민권익위원회 제도 운영실태, 2024년 현재 전국 94개 지방자치단체에 설치된 시민고충처리위원회 운영실태 및 활성화 방안 등을 다루었습니다. 특히 시민고충처리위원회를 설치할 경우 국민과 지방자치단체의 장점, 시민고충처리위원이 지녀야 할 덕목, 그리고 업무 수행과정에서 주의해야 할 이해충돌 관련 기피·회피 제도, 「공직자의 이해충돌 방지법」과 「부정청탁 및 금품 등 수수의 금지에 관한 법률」(청탁금지법) 상 공무수행사인인 시민고충처리위원이 조심해야 할 내용도 소개했습니다. 옴부즈만 관련 연구가 미미한 상태에서 저의 책이 옴부즈만 제도 연구에 조금이나마 도움이 되었으면 합니다.

아울러, 그 간의 소중한 경험을 살려 옴부즈만 제도를 더 많은 분께 알려 국민이 유용하게 활용할 수 있도록 이 책의 발간에 도움을 준 국민권익위원회에 거듭 감사의 인사를 드립니다. 그리고 이 책이 나오기까지 감수를 해 주신 강호천 대표님, 정영성 과장님, 김재윤 전문위원님, 황정은 사무관님 등 모든 분께 감사드립니다.

2025년 3월 세종시에서 조덕현

제1장 옴부즈만 제도의 이론적 배경

제2장 대한민국 옴부즈만 제도 현주소

제4장 국내 옴부즈만 기구 운영 사례

제5장 시민고충처리위원회의 기능과 민원처리

제6장 시민고충처리위원회의 문제점 및 발전방안

일러두기

1. 이 책에 인용한 법령은 2024년 12월 말 현재 법제처 국가법령정보센터에서 제공하는 법령을 기준으로 하였습니다. 구 법령에서 인용하는 경우에는 개정 및 시행일을 별도로 표기하였습니다.

2. 이 책에서 인용한 지방자치단체의 시민고충처리위원회 설치 조례는 법제처 국가법령정보센터 자치법규(조례·규칙)에서 해당 기관 조례명을 검색하여 확인할 수 있습니다.

3. 이 책에서 인용하는 법령이나 조례 등에는 홑낫표(「 」)를 사용하여 표기하였습니다.

4. 다만 이 책에서 주로 인용하는 법령은 다음과 같은 약칭으로 표기하였습니다.

   • 「부패방지 및 국민권익위원회의 설치와 운영에 관한 법률」 → 부패방지권익위법
   • 「부패방지 및 국민권익위원회의 설치와 운영에 관한 법률 시행령」 → 부패방지권익위법 시행령
   • 「민원 처리에 관한 법률」 → 민원처리법
   • 「민원 처리에 관한 법률 시행령」 → 민원처리법 시행령
   • 「공직자의 이해충돌 방지법」 → 이해충돌방지법
   • 「부정청탁 및 금품 등 수수의 금지에 관한 법률」 → 청탁금지법

5. 옴부즈만의 기능과 역할은 다양하지만, 이 책이 시민고충처리위원회 제도 운영과 활성화에 초점이 맞추어진 점을 고려하여 국민권익위원회의 여러 기능 중 고충민원처리(접수 안내 포함)와 시민고충처리위원회 제도 운영 중심으로 기술하였습니다.

현대사회는 국민 생활 속에 정부의 행정력이 폭넓게 미치고 있다. 행정권의 확대로 행정국가 현상이 심화되는 반면, 행정통제는 기능의 다양화·복잡화·전문화로 더욱 어려워지고 있다. 행정행위 과정 곳곳에서 부도덕, 직권남용, 부정부패, 인권유린, 권익침해 등 많은 문제점이 노출되고 있지만, 이 같은 문제들을 적절히 해소하지 못하는 것이 현실이다. 특히 사회가 다변화되고 인터넷 환경 등으로 글로벌화되면서 이 같은 문제들은 행정영역뿐만 아니라 민간, 기업영역까지 확대되고 있고, 특정한 어느 한 국가에 국한되는 것이 아니라 국제사회 전반의 문제가 되었다. 이로 인한 갈등도 한 개인의 수준을 넘어 집단화, 국제화되는 추세다.

한편으로는 전 세계적으로 정부 정책에 대한 국민의 목소리가 더욱 커지고, 정부와 각종 기관 역시 정책과 사회적 이슈와 관련하여 국민의 목소리를 반영하려고 애쓰고 있다. 하지만, 이 같은 사회적, 정책적 환경 속에서도 행정기관은 자기시정 노력이 부족하거나, 이해관계자 간 첨예한 의견대립으로 인해 갈등조정을 못해 사회 곳곳에서 파열음이 나는 것도 현실이다.

이에 따라 많은 현대국가에서는 국민의 권익을 제도권에서 수용하기 위해 다양한 제도를 도입하고 있는데, 대표적으로 옴부즈만(Ombudsman) 제도를 꼽을 수 있다. 옴부즈만 제도는 전 세계에서 고충민원 해결자, 갈등조정자, 행정권력 통제자, 국민권익 수호자 등 다양한 형태로 불리며, 활동공간도 공적공간에서 사적영역으로 넓혀가고 있다.

옴부즈만 제도는 1809년 스웨덴에서 의회의 행정권에 대한 견제 목적으로 탄생하였다. 독립적이고 중립적인 입장에서 신속·편리하게 국민의 민원을 해결하고 권익을 보호하는데 유용한 수단으로 인식되면서 현재 세계적으로 140여 국가가 도입·운영 중이다. 이런 옴부즈만 제도는 스웨덴 방식을 따르기보다 각국의 정치적, 행정적, 역사적, 문화적 환경에 따라 행정부형, 의회형 등 다양하고, 기능도 행정통제, 부패방지 등 여러 형태로 변형하여 운영된다. 기본적으로 국가의 행정집행 절차나 과정에서 비롯된 권익구제 등의 기능을 수행하다가 점차 다양한 유형의 기능을 추가하며 역할을 강화하고 있다.

우리나라의 경우, 1994년 국민고충처리위원회라는 이름으로 옴부즈만 제도를 처음 도입하였다. 이후 2008년 고충민원을 처리하는 국민고충처리위원회와 부패방지 업무를 하는 국가청렴위원회, 행정심판 업무를 맡았던 국무총리 소속 행정심판위원회가 합쳐져 국민권익위원회라는 이름으로 옴부즈만 기능을 수행하고 있다.

우리나라 옴부즈만 제도는 국가옴부즈만 격인 국민권익위원회가 있고, 국민권익위원회 주도로 전국 94개 지방자치단체에서 시민고충처리위원회(지방옴부즈만) 제도를 운영하고 있으며, 부패방지시책 차원에서 많은 기관에서 청렴옴부즈만 제도를 운영하는 등 다양한 형태로 진화, 발전하고 있다.

특히, 국민권익위원회는 세계 최고 수준인 인터넷 환경을 토대로 인터넷 국민신문고를 운영하고, '국민생각함'을 통해 국민의 의견을 수렴하여 제도개선을 하는 등 국민과 쌍방향 소통에 큰 역할을 한다. 반면, 대통령에 의해 위원장을 포함한 옴부즈만이 임명되면서 낙하산 인사 등 정치적 편향성에 휘말리고, 정권의 필요에 따라 인위적인 조직 통·폐합 등 옴부즈만 기관의 역할이 강화되거나 축소되는 등의 부작용도 발생해 독립적 운영을 위한 제도적 정비도 필요한 실정이다.

2024년 12월 말 현재, 94개 지방자치단체에 설치된 시민고충처리위원회는 주민참여를 통한 거버넌스와 자방자치 차원에서 점차 확대되는 추세에 있어 행정에 주민참여의 주요수단으로 자리매김하고 있다. 하지만 시민고충처리위원회 운영기관이 전체 지방자치단체에 비해 그리 많지 않아 확대 필요성과 함께 운영의 내실화도 필요한 실정이다. 시민고충처리위원회의 확대 및 활성화는 투입되는 비용 등에 비해 자치행정에 대한 주민만족도 실현, 주민참여 행정실현 등 여러 측면에서 장점이 훨씬 더 많아 계속 확대될 전망이다.

옴부즈만은 국내·외적으로 그 기능과 역할이 확대되어 입법부, 행정부, 사법부에 이어 제4부로 평가받고 있다. 따라서 이처럼 요구되는 기능에 부합하고, 급변하는 시대환경에 맞춰 행정행위 과정에서 선의의 피해나 권익 침해를 막기 위해서는 독립적 입장에서의 민원처리는 물론, 갈등해결이나 조정을 위한 전문적 역량강화와 역할 확대가 필요하다.

—

제1장

옴부즈만 제도의 이론적 배경

옴부즈만은 대리인·대변자의 뜻을 가진 스웨덴어 'Ombud'에 어원을 두고 있는 것으로 '다른 사람의 대리인'을 의미한다. 1713년 대북방전쟁(1700-1721)에서 패해 튀르키예로 추방되었던 스웨덴 국왕 찰스 12세가 본인을 대신하여 업무를 처리하는 대리인을 국내에 선임하였던 것에서 유래를 찾는다.

제1절 | 옴부즈만 제도의 발전

대북방전쟁(the Great Nothern War)은 러시아와 스웨덴이 발트해의 주도권을 장악하기 위해 벌인 전쟁으로, 스웨덴 국왕 찰스(King Charles) 12세는 1709년 폴타파 전투에서 러시아 군에게 대패한 후 러시아의 팽창을 두려워 한 오스만(튀르키예)제국의 도움을 얻기 위해 오스만제국으로 건너가 5년을 지냈다. 찰스 12세는 이후 오스만제국에서 돌아와 전쟁을 위한 통솔권을 회복하고 전쟁을 다시 시작하였으나 1718년 그가 죽을 때까지 큰 전과를 내지 못하였다. 옴부즈만의 원형은 찰스 12세가 전쟁으로 국내통치를 제대로 할 수 없는 상황에서 대리자를 두어 사법, 행정 전반에 걸쳐 관장하도록 만든 것이 그 기원이다.[1]

옴부즈만이라는 용어는 불평처리관(Grievance Man), 중개조정인(Mediator), 의회감찰관(Parliamentary Commissioner), 국민상담관(Public Counsel), 법의 수호자(Defender of the Law), 시민보호관(Citizen's Defender) 등 각국에서 다양하게 번역되어 사용된다. 우리나라에서도 호민관, 민정관, 행정감찰관, 고충처리인 등으로 사용하는 경우도 있지만, 대부분 스웨덴어 발음 그대로 '옴부즈만'이라고 부른다.[2] 다양한 이름만큼이나 세계 각국에서 다양하게 운영되고 있어 일률적으로 정의하기 힘든 측면도 있다.

국제법률가협회(International Bar Association)는 1974년 캐나다 벤쿠

---

1) 국민권익위원회, 〈지방옴부즈만 운영 가이드라인〉(2013), 11쪽
2) 국민고충처리위원회, 〈옴부즈만 제도 연구 자료집〉(2004), 1쪽

버대회에서 옴부즈만의 개념을 정의하고 1980년 베를린대회에서 일부 수정하여 확정하였다. 이 대회에서 확정된 옴부즈만 요건으로 첫째, 행정기관에 의한 시민의 권리침해를 구제하기 위해 설립되어야 한다는 것, 둘째, 헌법 또는 법률에 설치근거를 두고 입법부에 대해 책임을 질 수 있어야 한다는 것, 셋째, 행정기관으로부터 독립된 고위공무원을 기관장으로 두고 스스로의 발의에 의하거나 또는 시민으로부터 고충민원을 직접 접수받아 이를 조사·처리할 수 있는 권한이 있어야 한다는 것, 넷째, 과오행정이 있다고 판단될 경우 이에 대한 시정조치를 권고하고 그 이행상황을 국회에 보고할 수 있는 권한이 있어야 한다는 것 등을 들었다. 주요 내용을 아래와 같이 정리했다.[3]

【국제법률가협회가 정리한 옴부즈만 개념 요건】

① 행정기관에 의한 시민의 권리 침해를 구제하기 위해 설립되어야 함
② 헌법 또는 법률에 설치 근거를 두고 입법부에 대해 책임을 질 수 있어야 함
③ 행정기관으로부터 독립된 고위공무원을 기관장으로 두어 직권 또는 신청에 의해 조사·처리할 수 있는 권한을 보유하여야 함
④ 위법·부당한 행정이 있다고 판단될 경우 시정조치를 권고하고 이행상황을 국회에 보고할 수 있는 권한이 있어야 함

---

3) 국민권익위원회, 〈2008 국민권익백서〉(2009), 6쪽

또한 세계옴부즈만협회(International Ombudsman Institute·IOI)는 "옴부즈만은 행정부의 결정이나 작위(Commission) 또는 부작위(Omission)로 인한 고충민원을 처리하는 사람으로서 행정청의 권력남용, 불공정한 권한행사 혹은 잘못된 행정에 대항하여 국민을 보호하고 행정부의 업무가 국민에게 보다 개방되게 하며 정부와 공무원들의 국민에 대한 책임성을 강화시키는 역할을 담당하는 제도"[4]라고 정의하였다.

세계옴부즈만협회(IOI)는 옴부즈만의 요건에 대해 "법률(혹은 헌법)에 의해 창설되고, 공공기관의 특정 행위로부터 국민을 보호하며, 상위 관할기관으로부터 독립적이며, 국민의 민원을 조사하고 권고를 행하며, 적절한 기관에 보고함으로써 책임을 지는 신분이 보장된 한 명 혹은 그 이상의 사람"이라고 표현했다.[5]

국내에서는 옴부즈만을 "공무원의 직권남용이나 불량행정의 횡포로부터 국민을 보호하기 위하여 국회나 정부가 임명한 일종의 사법관(Law officer)"(김호진)이라고, "관료들의 횡포와 권력의 남용으로부터 보호하는데 주안점을 두고 있는 제도"(유훈)라고, "행정감찰관의 성격을 띤 고위직 인사로 공무원의 위법부당한 행위로 말미암아 권리의 침해를 받는 시민이 제기하는 민원·불평을 조사하여 시정을 권고하는 사람"(김유정)으로 각각 정의하고 있다.[6]

이와 같은 내용을 토대로 우리나라 대표 옴부즈만인 국민권익위원회는 "옴부즈만은 국민의 대리인으로서 행정에 대한 시민의 고충을

---

4) 한국행정연구원, 〈옴부즈만 제도발전 및 운영활성화 방안 연구〉(2012), 10쪽
5) 한국행정학회, 〈지방옴부즈만의 역할 강화 방안 연구〉(2019), 32쪽
6) 국민권익위원회, 〈2008 국민권익백서〉(2009), 6쪽

접수받아 중립적인 입장에서 이를 조사하고 필요한 경우 시정조치를 권고해 시민과 행정기관 양자 간에 발생할 수 있는 문제를 신속·간편하게 해결하기 위해 임명된 사람"으로 정의했다.[7]

현대적 의미를 갖는 옴부즈만 제도의 기원은 스웨덴 의회가 옴부즈만(Justice Ombudsman)을 창설한 1809년으로 본다. 그 후 1919년 핀란드가 옴부즈만을 도입하였고, 1955년 덴마크가 헌법에 근거하여 옴부즈만법을 제정하였다.

옴부즈만은 제2차 세계대전 이후 급속하게 확장되었는데, 주요 원인은 제2차 세계대전 이후 정부의 역할 확대와 국민의 권리의식이 점차 증가하면서 정부와 국민 간 원활한 관계정립 및 공정하고 합리적인 정부 운영에 대한 요구가 늘어난 것을 들 수 있다. 즉, 제2차 세계대전 이후 국가적 복지제도의 실시에 따라 행정기능이 크게 확대되어 행정내용이 질적·양적으로 고도화되고 행정과정이 복잡화·전문화되었음에도 기존 행정통제시스템이 충분히 따라오지 못하였던 점, 그리고 국민생활에 대한 행정의 관여가 증대하면서 행정기관으로부터 국민의 권리·이익이 침해받을 가능성이 이전보다 훨씬 커지게 된 점을 들 수 있다.

이에 따라 국민의 권리의식 확대와 권익구제 요구는 커질 수밖에 없는데, 이런 구제는 사법기관인 법원을 통해 할 수 있으나, 사법부를 통할 경우 1심·2심·3심까지 거쳐야 해 시간이 많이 소요되고, 변호사 비용 등 막대한 비용이 소요되며, 승소한다는 보장이 없을 경우 사회적 약자가 활용하는 데 한계가 있다. 또한, 법원은 위법 여부만 판단

---

7) 위의 책, 7쪽

하기 때문에 행정권 남용으로 인한 국민 불편을 해결하는 데 한계가 있다.[8]

이에 따라, 행정기관의 일탈이나 오류 등으로 국민권익 침해 사례가 증가하면서 고충민원 제기, 행정심판, 행정소송 등 국민권익 구제방식이 다양하게 나타나는데, 그 차이를 간략히 정리하면 아래 표와 같다.[9]

【옴부즈만 제도(고충민원처리) vs 행정심판·행정소송 비교】

구분	옴부즈만 제도 (고충민원처리)	행정심판	행정소송
목적	위법·부당하거나 소극적 행위 및 불합리한 행정제도로 불편·부담을 받은 경우 권익구제	행정의 적정한 운영을 위한 행정감독	행정작용에 의하여 침해된 국민의 권익구제
성격	비쟁송제도	쟁송제도	쟁송제도
신청기간	제한없음 ※ 단, 외국은 대부분 1년의 제한을 두고 있음	•행정처분이 있음을 안 날부터 90일 이내 •처분이 있은 날부터 180일 이내	•행정처분이 있음을 안 날부터 90일 이내 •처분이 있은 날부터 1년 이내
범위	위법·부당한 처분(사실행위), 부작위, 불편·부담 등 포괄적	행정의 위법·부당한 처분, 공권력의 행사·불행사	행정의 적법성 유무(재량권의 일탈·남용 포함)

---

8) 강희은, 《옴부즈만, 국민의 친구입니다》(탑북스, 2015), 33~34쪽
9) 국민권익위원회, 〈시민고충처리위원회 설치·운영 안내서〉(2023), 9쪽

접근성	접근이 용이함 (구두, 서면, 방문, 웹 등)	접근이 용이함	접근이 어려움
비용	무료	무료	경제적 부담이 높음
구속력	언론공표, 국회 보 고 등의 간접강제 로 실질적 구속력	기속력(행정청)	기판력(법원, 행정청, 국 민)
한계	구속력 없음	• 청구기간이 짧은 편임 • 대상이 제한적임	• 구체적 사건성이 없으 면 소(訴)로 다툴 수 없음 • 직접 어떤 처분을 내 리는 적극적 이행 판 결은 못함 • 과도한 비용 부담

제2절 | 옴부즈만의 기능과 특징

1. 옴부즈만의 일반적인 기능

옴부즈만의 일반적 기능으로는 행정기관의 위법·부당성을 시정하여 정부에 의한 국민의 권익침해를 신속·간편하게 해결하는 행정통제(권익구제) 기능, 행정기관과 국민 간 갈등해결 기능, 잘못된 제도와 행정운영의 개선기능, 행정정보의 공개기능, 민주적·정치적 대변기능 등을 들 수 있다. 이외에도 인권보호, 부패방지 기능 등이 각국 사정과 환경에 따라 추가되기도 한다.

1) 행정통제 기능(권익구제 기능)

옴부즈만은 행정처분에 대한 법적 해석을 통하여 행정처분의 적절성을 판단한다는 점에서 행정통제 기능을 수행한다. 또한, 위법·부당한 행정처분 등으로 인하여 국민의 권리와 이익이 침해된 경우, 이를 시정하기 위한 권익구제 기능을 수행한다. 전통적 옴부즈만에서 추진하는 사항이다. 이러한 권익구제 기능을 갖는 것은 기존의 행정구제 제도의 불충분성을 보완하기 위한 것이다. 일반적으로 옴부즈만의 결정 또는 권고 등은 강제적인 집행력은 없으나 시정을 권고한 내용에 대한 조치결과 통보요구권, 국회와 대통령 등에 대한 보고권 행사 등을 통해 사실상의 효력을 보장받는다.

2) 갈등해결 기능

행정과 국민 사이에 중간자적 입장에서 중재·조정 역할을 수행하는데, 이는 국가의 행정기능 실패에 대한 대응이라기보다는 사법적 구제제도의 한계에 대한 대응으로 보아야 할 것이다.[10]

법은 사회 질서를 세우는 최소한의 규칙이므로 법이 사회의 모든 문제를 규율할 수 있는 것은 아니다. 아무리 훌륭한 법이라 해도 규율할 수 없는 사각지대가 있게 마련이고, 이러한 법의 부재 또는 불완전성으로 인해 현실적으로 발생할 수 있는 모든 분쟁을 해결하는 것은 불가능하다. 때문에 위법·부당하지는 않지만, 개별 국민 입장에서는 억울한 측면이 있고, 행정공무원의 재량행위만으로도 충분히 갈등이 해소될 수 있는데 이를 방치하는 경우도 종종 있다. 조정·중재 기능은 법적·행정적 소송절차를 피한다는 측면에서 매우 중요한 의미를 갖는다.

3) 행정개혁 기능

행정개혁 기능의 역할도 수행한다. 행정의 속성상 정책이 한번 결정되면 그 결정 내용을 선례로 삼아 이를 지속하려는 관성을 갖는 경우가 많아 행정기관 스스로 자기시정을 통해 개선하기가 쉽지 않다. 옴부즈만은 이러한 관성을 깨뜨려 잘못된 행정관행의 개선이 이루어지도록 자극을 줄 수 있어 행정개혁의 성과를 높이는데 매우 유용한 수단이다.

---

10) 오연경, 〈지방행정 옴부즈만 제도의 활성화 방안 연구〉(연세대 석사학위 논문, 2008), 9쪽

4) 정보공개 기능

폐쇄적인 행정기관에 보다 많은 정보를 공개하도록 하고, 국민의 알 권리를 충족시키는 기능을 한다. 국민의 알 권리는 이미 대부분의 국가가 보장하는 기본권으로, 행정이 복잡화, 거대화될수록 정보공개에 대한 필요성이 증대하나 실제로는 그 권리를 제대로 충족시켜주지 못한다. 특히 관료의 권위주의적 태도와 밀실행정의 관습은 국민의 알 권리를 저해하는 주된 요인이 되고 있다. 오늘날 일부 국가에서는 정보공개옴부즈만이라는 특수 옴부즈만 제도를 운영하는 사례도 있다.

5) 민주적·정치적 대변 기능

민주주의 사회에서는 계층·부문·지역 간 이해관계에 따라 구성원들은 다양한 입장과 견해를 가질 수 있고, 이해가 상충될 경우 행정기관은 대체로 힘 있는 다수를 대표하는 결정을 하게 된다. 이렇게 되면 힘없는 소수집단은 행정기관의 결정에 의해 권익을 침해당할 가능성이 높아지게 돼 사회적 약자의 정당한 권익이 침해당하지 않도록 옴부즈만은 이들을 대변하는 기능을 요구받는다.

6) 인권보호 기능

정치·행정권의 남용으로부터 인권을 보호하는 기능이다. 과거 독재정권을 경험한 국가에서 많이 수행하고 있다. 옴부즈만이 행정의 적정성 감독뿐만 아니라 인권보호 기능을 수행한다. 옴부즈만이 인권 기능을 수행하는 것은 남유럽의 제3의 물결(the third wave) 민주화운동과 1970년대 포르투갈(The Provedor de Justica)과 스페인(Defensor del

Pueblo)의 혼합 인권 옴부즈만 설립에 기원하고 있다.[11] 우리나라의 국가인권위원회도 인권 옴부즈만에 해당한다고 볼 수 있다.

7) 부패방지 기능

행정기관이나 공무원의 부패를 방지하는 기능을 한다. 전통 옴부즈만에 부패방지와 관련된 신고자 보호기능 등을 추가하여 수행하는 것이다. 우리나라의 국민권익위원회도 과거 국민고충처리위원회 시절에는 고충민원, 즉 전통 옴부즈만 기능만 수행하다가 2008년 국민권익위원회로 통합된 이후에는 부패방지 기능도 함께 수행한다. 이처럼 옴부즈만이 부패방지 기능을 함께 수행하는 것은 공직자가 권한을 남용하고 공직을 사유화하여 부패행위가 발생하면 결국 국민의 권익이 침해되고 국가발전을 저해하게 되기 때문이다.

2. 국민권익위원회가 정리한 옴부즈만 기능

우리나라 대표 옴부즈만 역할을 하는 국민권익위원회는 옴부즈만 제도의 기능에 대해 다음과 같이 정리했다.[12]

1) 일반국민과 행정기관과의 간격을 좁혀 행정을 보다 인간화하는 기능

국민은 행정에 대한 접근이 용이하지 않고, 접근을 하더라도 행정기관과 대등한 관계에서 행위가 이루어지지 못하는 현실이며, 왜소한 개

---

11) 강희은, 《옴부즈만, 국민의 친구입니다》(탑북스, 2015), 44쪽
12) 국민권익위원회, 〈시민고충처리위원회 설치·운영 안내서〉(2023), 11~15쪽

인과 거대한 정부라는 일방적인 관계가 형성되는 것이 보통이다.

반면, 옴부즈만은 일반국민의 입장에서 보면 이러한 양자 간의 불평등한 관계를 축소·완화하고, 접근하기 어려운 관계를 풀어줘 일반국민이 행정과의 관계에서 겪는 고충을 경감시켜 주는 역할을 하며, 행정기관의 입장에서 보면 보다 대응성 있는 행정을 도모하게 하고 행정을 보다 인간화하는 기능을 수행하도록 한다.

2) 행정처분에 대한 적정성 조사를 통한 행정통제 기능

행정처분이 위법·부당하다고 판단되면 해당 행정기관에 적절한 시정조치를 권고함으로써 행정을 감시하고 통제한다. 옴부즈만의 행정통제는 고충민원이 더 이상 발생하지 않도록 행정의 절차, 규칙, 법률 등을 개선하는 데 있다.

옴부즈만 제도는 행정이 보다 원활하게 이루어질 수 있도록 행정집행 및 절차에 관한 법령의 내용을 명확히 하고 행정에 대한 책임소재를 분명히 해 주는 역할도 하고 있다. 이러한 옴부즈만 제도의 존재로 법의 지배원리가 더욱 공고해지고, 공무원은 옴부즈만의 평가를 의식해 행정처분을 보다 신중하게 하게 된다.

3) 분쟁을 해결하고 국민의 권익을 증진하는 기능

옴부즈만 제도는 고충민원의 처리뿐만 아니라 효과적인 분쟁 해결 수단이다. 민원처리의 노하우를 활용하여 행정기관에서 이해관계가 첨예하게 대립된 현안문제의 해결방안 마련을 위해 이해관계자인 국민의 의견을 어떻게 들어야 하는 지에 대해 어느 누구보다 정확한 도움을 줄 수 있다.

또한 옴부즈만 제도는 비용 부담 없이 과오행정에 대한 조사·해결이 가능하기 때문에 우리 사회에서 소외된 계층에 대한 사회안전장치로서의 기능을 수행하는 측면도 있다.

4) 합의·조정을 통한 사법구제 제도 한계 보완 기능

옴부즈만은 국민과 행정기관 간의 갈등을 당사자가 참여하는 합의·조정 방식으로 해결할 수 있다. 합의·조정은 사법구제 제도의 한계에 대한 대응이다. 사법적 구제제도는 법이 사회질서를 유지하는 최소한의 규범이라는 점에서 근본적인 한계를 가질 수밖에 없고, 아무리 훌륭한 법이라 할지라도 현실에 있어 법이 규율할 수 없는 사각지대가 있다.

이러한 법의 부재 또는 불완전성으로 인해 제3의 중재적 기관에 의한 조정을 필요로 하는 경우가 많은데, 옴부즈만 제도는 행정과 국민 간의 중간적 입장에서 합의·조정 역할을 수행하고 있다.

5) 행정개혁의 중요한 역할 수행

행정은 속성상 한번 결정되면 그 결정 내용을 선례로 삼아 계속 지속하려는 관성을 갖는 경우가 많아 행정기관이 스스로 이를 개선하기 어렵다.

옴부즈만 제도는 이러한 관성을 깨뜨려 잘못된 행정관행의 개선이 이루어지도록 자극을 줄 수 있다. 오늘날 선·후진국을 막론하고 뿌리 깊은 관료행정에 대한 개혁이 최대의 국가적 과제인 경우가 많다. 오랫동안 민원처리를 통해 축적한 옴부즈만의 경험은 행정개혁의 유용한 수단이다.

6) 행정의 공개성을 확대하는 기능

옴부즈만은 행정의 공개성을 확대하는 기능을 수행한다. 오늘날 행정의 공개는 민주행정으로 나아가는 기본방향임에도 여전히 관료적 권위주의의 벽이 높다. 민원을 조사하는 과정에서 해당 행정기관은 문제가 된 행정처분과 관련된 정보를 공개하게 되는데, 이때 옴부즈만은 폐쇄적인 행정기관에 대해 민원 관련 정보를 보다 많이 공개하도록 하고, 국민의 알 권리를 충족시키는 기능을 수행한다.

3. 일반적으로 인정되는 옴부즈만 제도의 특징

옴부즈만은 제도를 도입한 국가의 국가체계, 사회문화적 특성 등에 따라 다양한 형태로 운영되고 있으나, 공통점은 국가기관 종사자들의 법령 준수 여부와 책임 이행 여부를 감시하고 국민의 침해된 권리와 자유를 구제하는 역할을 하는 것이다. 또한 업무 수행상 높은 자율성을 지닌다. 옴부즈만은 관할이 넓으며 행정기관뿐만 아니라 때로는 법원이나 군대까지 미치는 경우가 많다. 임무수행은 주로 국민의 불평제기에서 촉발되지만, 자체 정보에 의해 능동적으로 조사·시정요구 등의 활동을 하는 경우도 있다. 국민이 옴부즈만에게 제출하는 불평제기 대상은 제한이 없으며, 수수료나 기타 비용부담도 없다. 오석홍(2008)은 옴부즈만의 일반적 특징을 다음과 같이 정리하였다.[13]

---

13) 오석홍, 《행정학》(박영사, 2008), 817쪽

1) 독립성

행정부에 대한 강한 독립성이다. 많은 국가의 경우, 옴부즈만은 헌법 또는 독립적인 근거법에 의해 설치되어 행정조직상의 하나의 기관이 아니라 독립적 국가기관으로 인정되며, 행정부로부터 간섭방지 및 직무상 독립성을 보장받기 위해 독립적 인사권, 규칙 제정권 및 예산권을 갖는 경우가 많고, 임기 내 신분상의 지위를 보장받는다.

2) 비강제성(권고)

법적 강제력이 없는 권고권을 갖는다는 점이다. 옴부즈만은 행정처분의 위법·부당함이 밝혀진다고 하더라도 그 처분을 직접 취소하거나 변경할 권한은 없고, 다만 이에 대한 권고(recommendation)만을 할 수 있을 뿐이고 이러한 비강제성은 제도의 한계로 지적되기도 한다.

3) 의회에 대한 보고와 언론 공표권

의회 보고권과 언론 공표권을 들 수 있다. 옴부즈만은 의원내각제 또는 대통령중심제와 관계없이 의회에 운영상황 보고를 할 수 있는 권한이 있다. 옴부즈만의 보고권과 공표권은 행정기관이 옴부즈만의 권고를 무시할 수 없게 정치적 부담을 갖도록 한다. 이러한 보고권과 언론 공표권은 옴부즈만의 권고에 대한 실효성을 높이는 데 기여한다.

4) 명확한 법적 근거

제도를 도입한 대부분의 나라들은 설립근거를 대부분 '헌법 또는 법률'에 두고 있다. 경우에 따라 대통령령에 근거를 두거나 세부적인 운영상황이나 구체적인 변경내용 등을 대통령령에 담은 경우도 있다.

4. 국민권익위원회가 정리한 옴부즈만의 특징[14]

1) 쉽고 신속한 고충민원의 접수·처리

옴부즈만 제도는 행정소송 제도와 비교하여 업무처리 절차가 엄격하지 않아 민원을 신속하게 처리할 수 있다는 장점이 있다. 민원을 조사·처리함에 있어 일정 부분 준사법적 절차와 방법을 채택하고 있다고 하더라도 기본적으로 고객 지향적이라는 특징을 지니고 있기 때문에 사소한 권리침해에 대해서도 접근이 용이하다. 민원인이 민원을 제기하고자 할 때 신청취지와 내용을 간단히 적어 옴부즈만에게 보내면 접수가 되고, 이후의 절차는 옴부즈만이 직접 조사하여 그 결과를 민원인에게 통보한다.

2) 공정하고 중립적인 고충민원 조사

민원인이 신청한 고충민원에 대해 행정기관이 동일한 내용으로 결과통보를 하게 되면 민원인은 조사결과를 신뢰하지 않는 경향이 있다. 이에 민원 관련 행정기관과 아무런 관계가 없으면서 민원업무 분야에 전문성을 갖고, 중립적이고 공정하게 조사하여 판단하고 해결하는 기관이 필요하다.

옴부즈만은 민원인과 행정기관 사이에서 제3자로서 민원을 신속하게 조사하여 그 시시비비를 가려주는 역할을 담당하고, 이러한 업무 성격상 옴부즈만은 공정성과 중립성이 매우 중요하고, 행정기관으로부터의 독립성이 보장되어야 한다. 이는 민원인으로 하여금 처리결과

---

14) 국민권익위원회, 〈시민고충처리위원회 설치·운영 안내서〉(2023), 13~14쪽

에 대한 수용성을 높일 수 있는 이유라고 할 수 있다.

3) 법적 구속력이 없는 시정권고

옴부즈만은 행정행위를 직접 취소하거나 변경할 수 있는 권한을 갖고 있지 않으며, 행정기관과 상호 협조적이고 병렬적 보완 관계라는 특징을 지닌다.

옴부즈만의 결정은 법적 강제력이 없는 권고적 성격이며, 엄격한 사법적 절차에 의하지 않고 비공식적인 조사를 할 수 있는 장점이 있다. 옴부즈만의 주된 기능은 비판과 설득에 바탕을 둔 권고이기 때문에 일반적인 행정기관의 행정행위에 방해를 주지 않으며, 폭넓은 합의·조정권의 행사를 통해 조사 중에 민원을 해결하는 경우가 많다.

4) 기존 권익구제 제도에 대한 보완

현대행정이 복잡·다양해지고 전문화·기술화됨에 따라 사법적 통제와 같은 기존의 행정통제 방식은 문제 해결에 한계가 있다. 특히 위법하지 않지만 부당한 재량적 행정처분으로 인한 국민의 권익침해 소지가 많아지면서 여러 나라에서 그 보완적 통제방식으로 옴부즈만 제도를 채택하고 있다.

옴부즈만 제도를 운영하더라도 기존 권리구제 제도의 작동을 방해하지 않으며, 민원인이 기존 권리구제 제도를 이용하는 데 제약이 따르지 않는다. 옴부즈만 제도는 종래의 권리구제 제도에 대한 추가적·보완적 역할을 한다.

5. 옴부즈만 제도의 장·단점

김재기(2001)는 옴부즈만 제도의 장점으로 ① 다른 구제 방법에 비하여 시민의 접근이 용이하며, ② 저렴한 비용으로 신속하게 시민의 고충을 해결할 수 있고, ③ 대민 행정량과 인구가 적은 사회에서 큰 효용을 보일 수 있으며, ④ 제도의 수립에 있어 고도의 융통성과 적응성을 구비하고 있고, ⑤ 공평한 활동과 공개적인 비판과 건의를 할 수 있다는 점을 들었다.

단점으로는 ① 의회에 의한 행정 통제를 주 임무로 하는 국회의원의 직무와 중복된다는 비판이 있고, ② 타 기관 또는 제도와의 기능 중복으로 옥상옥이라는 비판이 있으며, ③ 행정의 책임성과 비밀성의 침해라는 우려가 초기에 여러 나라에 있었다. 즉, 옴부즈만은 행정기관의 책임성을 약화시키고 그 명예를 손상시켜 유효한 행정처분을 행하는 데 장애가 된다는 지적이 있고, ④ 일부 국가에서는 옴부즈만 제도가 행정처분이나 재판에 대해 시정권을 갖고 있지 않다는 점이다. 때문에 대책으로 옴부즈만 제도의 주 무기가 부정의 공개에 있어야 한다는 반박이 나온다고 주장했다.[15]

오석홍(2008)은 옴부즈만 제도의 효용으로 ① 다른 통제중추들이 간과한 통제의 사각지대를 감시하는 데 유용하다는 것, ② 정부와 국민의 관계를 인간화하는 데 기여할 수 있다는 것, ③ 행정의 일관성과 통합성을 높이는 데도 기여할 수 있다는 것, ④ 국민이 쉽게 접근할 수 있다는 것, ⑤ 비용이 적게 들고 간편·신속한 문제해결이 가능하

---

15) 김재기, 《행정학》(법문사, 2001), 753쪽

다는 것, ⑥ 절차의 융통성이 높아 문제에 대한 개인적·인도적 접근이 가능하다는 것을 들었다.

단점으로는 ① 적은 인력의 보조밖에 받지 못하며 다른 가용자원도 많지 않기 때문에 옴부즈만의 활동범위는 제약될 수밖에 없다는 것, ② 시민의 불평·고충을 충분히 구제하지 못하며, 특히 인구가 많은 거대국가에서는 단일의 옴부즈만이 제대로 기능할 수 없다는 것, ③ 시정조치의 강제권이 없기 때문에 비행의 시정이 비행자의 재량에 달려 있는 경우가 많다는 것, ④ 국민의 불평제기를 기다려 조사에 임하는 소극적 역할에 얽매이고 문제의 근본적 원인에 대해서는 대책을 강구하지 못한다는 것, ⑤ 다른 통제중추들과의 관할 중첩 때문에 마찰과 낭비의 가능성이 크다는 것 등을 들었다.[16]

6. 옴부즈만 제도의 성공 조건

옴부즈만 제도가 제대로 정착되기 위해서는 선제조건으로 정치·행정의 발전과 국민의 민주의식 향상이 필요하다.

오석홍(2008)은 옴부즈만 제도의 성공조건으로 다음과 같은 것을 들었다.

첫째, 정부체제에서 옴부즈만의 높은 지위가 보장되어야 한다. 정부는 행정 등 국가작용에 대한 국민의 불평·고충을 대변할 독립적인 기관의 존재를 인정할 용의가 있어야 한다.

---

16) 오석홍, 《행정학》(박영사, 2008.), 817쪽

둘째, 정치체제가 국민의 개인적 자유와 권리를 존중하고 국민의 권리구제를 위한 여러 통로를 보장해야 한다.

셋째, 행정의 효율성이 높고 내부적 통제가 발전되어야 한다. 행정체제가 전반적으로 비효율적이거나 부패가 만연되어 있는 경우, 옴부즈만은 홀로 그에 대항하기는 어렵다.

넷째, 공직윤리의 수준이 높아야 하며, 행정적 실책의 공개에 대하여 공무원들은 민감한 대응성을 보여야 한다.

위에서 열거한 여건이 갖추어지지 못하고 반대로 정치적 불안정, 민주주의의 미성숙, 정치·행정적 실책의 만연, 직업윤리의 타락 등의 문제가 심각한 곳에서는 옴부즈만이 성공적으로 역할을 수행할 수 없다.[17]

7. 국민 권리 측면에서 본 옴부즈만 제도

국민의 권리는 국가에 대한 국민의 지위로부터 나오는 힘을 말한다. 독일의 저명한 공법학자 옐리네크(G. Jellineck)에 따르면, 국민은 국가권력에 대해 수동적 지위, 소극적 지위, 적극적 지위, 능동적 지위 등 4가지 지위를 가지며 각각의 의무와 권리가 도출된다.

첫째, 수동적 지위에서 국가권력에 대한 복종의무가 도출된다.

둘째, 소극적 지위에서 국가권력으로부터 간섭받지 않을 권리(자유권)가 도출된다.

---

17) 위의 책, 817~818쪽

셋째, 적극적 권리에서 국가에 대해 적극적인 행위를 요구할 수 있는 권리(사회권)가 도출된다.

넷째, 능동적 권리에서 국가기관에 대해 특정 행동을 요구하는 권리(국무청구권)와 국가 활동에 참가하는 권리(참정권)가 도출된다.[18]

소극적 지위와 적극적 지위, 그리고 능동적 지위를 합쳐서 주관적 공권이라고 하는데, 이는 "국민 개개인이 공법상 자기의 고유한 이익을 추구하기 위하여 국가 등 행정주체에 대하여 일정한 행위(작위, 부작위)를 요구할 수 있도록 개인에게 주어진 힘"을 의미한다. 때문에 주관적 공권이 형성되고 인정되는 국가에서는 국민이 정부에게 국민 개개인의 고충예방, 부패방지, 기타 공익증진 등을 위한 조치를 요구할 권리를 가지는 등 주권의식이 높은 편이다. 반면, 국민이 국가권력에 대해 수동적 지위를 가지는 국가에서는 국민이 국가에 복종할 의무는 큰 반면, 국민이 국가에 요구할 수 있는 권리는 약하다. 따라서 상대적으로 국민이 목소리를 낼 수 있는 소극적 지위, 적극적 지위, 능동적 지위를 가진 국가에서는 옴부즈만의 활동도 어느 정도 기대할 수 있는 반면, 국민이 국가권력에 대해 수동적 지위에 있는 국가는 옴부즈만이나 권익구제기관의 활동도 미약하다고 할 수 있다.

---

18) 국민권익위원회, 〈국민권익증진을 위한 국민권익업무 발전방안〉(2012), 45쪽

제3절 | 옴부즈만 기구와 각국 옴부즈만 운영체계

2024년 현재 140여 개국 이상이 옴부즈만 제도를 도입하고 있다. 북유럽에서 처음 시작된 옴부즈만 제도는 초기에는 의회의 대리인으로서 행정을 감시하고 통제하는 역할을 하였으나, 각국에 전파되는 과정에서 오히려 국민의 대리인으로서의 성격을 강하게 띠면서 국민의 권리구제 기능이 강조되고 있다. 스웨덴에서 출발한 옴부즈만 제도는 약 100년이 지난 20세기에 이르러 핀란드(1919년), 덴마크(1953년), 노르웨이(1962년) 등 다른 스칸디나비아 국가들로 전파되었다. 또한 뉴질랜드, 영국, 캐나다 등 영연방국가들과 미국 등이 옴부즈만을 설립하기 시작한 1960년대에 급격히 증가했다.[19]

1. 세계옴부즈만협회(International Ombudsman Institute, IOI)

세계 옴부즈만들의 교류와 협력을 위해 1978년에 설립된 세계옴부즈만협회는 오스트리아 비엔나에 본부와 집행부를 두고 있다. 옴부즈만과 관련한 교육프로그램을 운영하고, 옴부즈만 기관에 대한 비교연구, 프로젝트에 대한 보조금 지원, 그리고 위협받는 옴부즈만 기관에 대한 지원 등을 한다.

---

19) 강희은, 《옴부즈만, 국민의 친구입니다》(탑북스, 2015), 61~62쪽

2024년 현재, 125개국 232개 기관이 회원으로 등록돼 있는데 국가 단위가 아니라 옴부즈만 기관 단위로 가입하며 투표권이 있는 정회원과 투표권이 없는 준회원, 그리고 명예종신회원이 있다. 물론 일정 회비를 납부해야 한다.

옴부즈만과 유사한 제도를 운영하는 국가 중에서 가입하지 않은 나라들도 있다. 예컨대, 북한은 억울한 국민이 민원을 제기할 수 있게 법률은 마련하고 있지만, 별도의 법적 근거를 둔 독립적인 옴부즈만 제도는 운영하지 않고, 세계옴부즈만협회나 아시아옴부즈만협회에 가입하지 않았다.

【세계옴부즈만협회 가입 현황】

지역	아프리카	아시아	호주·태평양	카리브·남미	유럽	북미
회원국 수	32개국	13개국	10개국	17개국	51개국	2개국

아시아 가입국은 13개 국가로, 한국을 비롯해 바레인, 일본, 인도네시아, 파키스탄, 마카오, 인도, 요르단, 스리랑카, 태국, 동티모르, 이란, 필리핀 등이다.

한국은 국민고충처리위원회 출범 2년 뒤인 1996년 세계옴부즈만협회에 정회원으로 가입한 것을 포함하여 8개 기관이 가입했다. 국민권익위원회는 이사국이고, 서울특별시 시민감사옴부즈만위원회, 울산광역시 시민고충처리위원회, 강원특별자치도 도민고충처리위원회 등 3개 기관은 정회원이다. 중소기업 옴부즈만과 경기도 부천시 옴부즈만, 시흥시 시민호민관, 서울특별시 서초구 옴부즈만은 준회원이다.

회의체는 총회와 이사회, 집행부회의, 사무국 등으로 구성되어 있다. 총회는 4년 주기로 열리며, 정회원은 총회에 참석하여 의결권을 행사하지만, 준회원은 총회 참석은 가능하고 의결권은 주어지지 않는다. 총회는 그간 활동평가와 규정개정 최종 승인 등 최고 의결기구 역할을 한다.

2. 아시아옴부즈만협회(Asian Ombudsman Association, AOA)

아시아옴부즈만협회는 1996년 4월 16일 지역 내 옴부즈만 기관 간 정보교류 및 유대·협력강화, 개별기관 역량강화 지원 등을 목적으로 창설되었다. 2024년 현재 AOA에는 25개국 47개 기관이 회원으로 가입되어 있으며, 우리나라는 국민고충처리위원회(국민권익위원회)가 1996년에 창립회원으로 가입했다. 강원특별자치도 도민고충처리위원회(2015년), 경기도 시흥시 시민호민관(2020년), 울산광역시 시민고충처리위원회(2021년), 서울특별시 시민감사옴부즈만위원회(2023년) 등이 가입했다.

【아시아옴부즈만협회 회원국 현황】

회원국	아르메니아, 아제르바이젠, 중국, 러시아, 조지아, 홍콩, 인도, 인도네시아, 이란, 일본, 요르단, 한국, 카자흐스탄, 키르키즈스탄, 마카오, 말레이시아, 파키스탄, 스리랑카, 타타르스탄, 태국, 동티모르, 튀르키예, 우즈베키스탄, 베트남, 예멘

아시아옴부즈만협회 총회는 홀수 년에 한 번씩 열리며 사무국은 파키스탄 연방 옴부즈만 사무소에 있다.

3. 각국 옴부즈만 운영체계

현재 세계 각국이 도입한 옴부즈만 제도는 기능·역할 중심으로 볼 때 첫째, 의회에서 임명되고 의회에 대하여 책임을 지며 시정권고의 방식으로 행정부를 통제하고 시민의 권익을 대변하는 정통 옴부즈만(Traditional Ombudsman)과 둘째, 사법의 해석 및 집행에 직접 관여하는 형태의 법치 옴부즈만(Rule of Law Ombudsman), 셋째, 인권보호기능을 주로 하거나 인권보호 기능이 부가된 형태의 인권 옴부즈만(Human Right Ombudsman), 넷째, 부패방지 옴부즈만 등으로 구분할 수 있다.[20] 하지만 상당수 국가에서는 해당국의 정치 문화적 특성 등을 고려하여 혼합적 요소가 가미된 옴부즈만 제도를 운영한다.

정통 옴부즈만의 경우, 의회가 임명하고 비강제적인 권한행사(권고 및 제안) 등을 통하여 행정부를 통제하고 국민의 권익을 옹호하는 역할을 수행한다. 많은 국가들이 이 제도를 기반으로 한다. 이에 비하여 법치 옴부즈만은 법치주의 확보를 위하여 직접적으로 일정한 사법기능을 행사하는 경우를 의미한다. 공무원에 대한 기소권, 위헌법률심사제청권, 재판에의 참여 및 상소권 등을 행사하기도 한다.

---

20) 국민권익위원회, 〈국민권익증진을 위한 국민권익업무 발전방안〉(2012), 38~39쪽

【법치 옴부즈만 운영사례】

내용	국가
관료에 대한 기소권 (징계권)	스웨덴, 핀란드, 보스니아, 프랑스, 에스토니아, 리투아니아
위헌법률(법령) 심사제청권	포르투갈, 폴란드, 크로아티아, 에스토니아, 라트비아, 마케도니아, 몰도바, 몬테네그로, 루마니아, 태국
재판참여권	폴란드, 카자흐스탄, 보스니아
재판상소권	핀란드, 라트비아, 리투아니아, 폴란드, 몰도바, 루마니아, 보스니아

인권 옴부즈만은 원칙적으로 옴부즈만의 정통적 기능 속에 국민의 권익보호가 주된 내용을 이루고 있는 것이기는 하나, 명시적으로 헌법이나 법률에 근거를 두고 인권보호 권한과 기능을 행사하는 경우를 의미한다. 부패방지 옴부즈만은 정통적인 옴부즈만의 기능에 부패방지 및 내부고발자 보호 등의 추가적인 기능을 담당하는 경우를 의미한다. 상대적으로 부패취약도가 높은 개발도상국을 중심으로 활동하며, 필리핀, 마카오 등의 기관들은 경우에 따라 부패 관련 기소권과 조사권, 탄핵소추권 등의 폭넓은 권한을 행사한다.

【부패방지 옴부즈만 운영사례】

국가	내용
필리핀(1987)	옴부즈만 기관에 추가적으로 부패 관련 기소권 부여

파파 뉴기니아(1975)	옴부즈만 기능보다 강한 부패조사권 및 행동강령 위반사례 조사권, 공공자금 동결권 보유
남아공 옴부즈만 (1994)	옴부즈만 기능에 폭넓은 부패조사권 부여
우간다(1998)	옴부즈만 기능에 더해 부패사건 관련 조사·구속·기소권 수행
마카오 부패방지위원 회(1999)	과거 행정위법 및 부패방지청(1992)을 승계하여 옴부즈만 기능 추가(조사권, 억류권 보유)
대만 감찰원(1948)	감찰원 조직에 옴부즈만 기능 포함

이 밖에 임명권자·업무관할·의사결정 구조에 따라 첫째, 의회형 옴부즈만과 행정부형 옴부즈만(임명권자에 따라), 둘째, 일반 옴부즈만 과 특수 옴부즈만(업무관할 범위에 따라), 셋째, 독임제 옴부즈만과 합의 제 옴부즈만(의사결정 방식에 따라)으로 분류할 수도 있다.[21]

---

21) 국민권익위원회, 〈아시아지역 옴부즈만 기관 비교연구〉(2011), 13~15쪽

제4절 | 각국 옴부즈만 제도의 발전

1. 유럽 및 미국, 뉴질랜드 옴부즈만 제도 소개

1) 스웨덴

스웨덴은 옴부즈만 제도가 가장 먼저 생긴 나라로, 인근 스칸디나비아국가인 핀란드, 노르웨이, 덴마크의 옴부즈만 제도 도입에 큰 영향을 미쳤다.

　스웨덴 옴부즈만 제도의 도입배경은 첫째, 의회의 국정조사권 부재이다. 1809년 스웨덴 헌법 제90조는 '공무원의 임명, 면직 및 행정기관과 사법기관의 결정·결의 또는 판결, 시민 개인 또는 단체에 관한 사건 또는 법률·명령의 집행에 관한 사항은 기본법에 명문으로 되어 있는 경우를 제외하고 어떤 경우에도 어떤 방법에 의해서도 국회의 상·하 양원 또는 위원회의 심의나 조사의 대상이 되지 않는다'고 규정하여 국회의 국정조사권을 인정하지 않고 있다.[22] 둘째, 행정부처에 대한 장관 책임의 부존재이다. 장관은 국왕의 참모로서 정책입안만 행하는 각 부처를 관장하되, 행정을 집행하는 행정기관을 관장하지 않고 그 집행에 관여하지도 않는다. 셋째, 공무원의 독립성이다. 개개의 공무원은 직무집행에 관하여 독립성이 강하다. 공무원은 판결에 있어 판사가 갖는 독립성과 유사하게 직무상 독립성이 보장된다.

---

22) 이승희, 〈한국 옴부즈만 제도의 정착을 위한 제언〉(2004), 14~20쪽

옴부즈만 발전과정을 보면, 1809년 민주헌법이 제정되자 의회는 시민의 고충을 조사하기 위하여 옴부즈만(Justitie Ombudsman)이라고 불리는 국회 독자의 직원을 임명하였다. 옴부즈만의 감찰대상은 주로 법원, 검사, 경찰 및 교도소였는데, 행정 분야가 옴부즈만의 주된 감찰대상이 된 것은 근래에 들어서이다.

스웨덴에는 4명의 옴부즈만이 있다. 헌법위원회(위원 15명)에서 선출된 사법행정 옴부즈만 소위원회(위원 6명)가 작성한 옴부즈만 선임안을 기초하여 의회의 본회의에서 비밀투표로 수석 옴부즈만과 3명의 옴부즈만을 선출한다. 관할범위는 법원과 중앙행정기관, 지방자치단체, 행정기관 직원의 공권력 행사와 그 활동에 관련되는 자, 그리고 군대의 구성원까지 미치고 있다.

2) 영국

영국은 1967년 의회감찰관법(Parliamentary Commissioner Act)을 제정하여 옴부즈만 제도(Parliamentary Commissioner for administration : P.C.A. 의회감찰관)를 채택하였다. 영국의 옴부즈만 제도는 스웨덴의 옴부즈만 제도에 비해 그 지위나 권한, 그리고 민원접수 방법에 커다란 차이가 있다.

먼저 옴부즈만을 의회가 임명하지 않고 내각의 추천으로 국왕이 임명하며, 양원의 공동건의로 면직할 수 있고 임기제한은 없으며, 정년은 65세로 되어 있다. 옴부즈만은 하원의원이 될 수 없으며, 소추권과 직무감찰권도 없다. 도입 초기에는 지방행정, 군대, 사법기관, 국제문제, 인사문제 등은 관할 밖으로 했으나, 1974년 지방자치법을 개정하여 지방행정의 행정 과오와 불의에 대한 민원처리를 목적으로 지방행정 옴부즈만을 도입하기도 했다. 또한 시민으로부터 직접 고충민원을 접수받아 처리하지 못하며, 반드시 하원의원으로부터 위탁을 받아 접수 처리하며 조사가 완료되면 고충민원을 중개한 의원에게 보고서가 제출되고 해당 의원은 신청인에게 그 결과를 통지하도록 되어 있다. 따라서 옴부즈만은 스스로 인지한 사건에 대해서는 조사할 수 없고, 의원 활동을 보조하는 역할에 그친다.

3) 프랑스

프랑스는 대통령중심제의 전통적 중앙집권적 경향으로 행정권이 입법·사법부에 비해 우위를 점하고 있다. 지방자치 기능이 비교적 미약하다.

프랑스에는 1973년 설치된 중재관(Mediateur) 제도가 있다. 중재관은 영국과 스웨덴의 옴부즈만을 혼합한 것으로, 독임제이며 행정기관의 성격을 띤다. 중재관의 임명은 각의 결정에 근거한 정령에 의해 대통령이 임명한다. 임기는 6년이며 재임은 인정되지 않는다. 정부나 대통령의 감독을 받지 않으며 독립성이 강하다.

중재관의 권한은 첫째, 국가 및 지방행정기관, 공사·공기업 등 공공부문 유관기관에 관련된 고충민원을 접수하여 조사한다. 둘째, 관계 법률이나 행정입법에 관하여 필요하다고 판단될 경우 수정을 권고한다. 셋째, 법의 엄격한 적용이 형평의 관념에 반한다고 판단하는 경우에 관계기관의 장에게 고충민원 신청인의 상황을 개선하는 대책을 권고할 수 있다. 이것은 1976년의 법 개정으로 강화된 권한이며, 다른 나라에 없는 프랑스만의 독자적인 특징이다.

4) 미국

미국 국민은 첫째, 해당부처의 간부급(Management level), 둘째, 거주지 관할 주의 의원(Congressman), 셋째, 국무성 산하 공공정보사무소(Public Information Office), 넷째, 대통령 비서실에 민원을 제기할 수 있는데, 이러한 방법으로 민원이 해결되지 않을 경우, 옴부즈만에 호소한다.

미국은 연방정부 차원에서는 아직 옴부즈만 제도를 도입하지 않고 있다. 그 이유는 연방정부라는 특수성과 강한 권력분립 전통으로 국민 생활과 관련되어 민원 발생 소지가 큰 업무는 대부분 주 정부에 위임되어 있기 때문이다. 미국에서는 이 때문에 주 및 지방정부 차원에서 하와이 주를 비롯하여 5개 주 정부에서 의회형 옴부즈만이 설치되어 있으며, 펜실베이니아 등 20여 개 주 정부에서는 행정부형 옴부즈만이 운영 중이다.[23]

5) 뉴질랜드

뉴질랜드는 영연방 국가로서는 처음으로 1962년 옴부즈만법(Parliamentary Commission)을 제정하여 옴부즈만 제도를 도입하였고 이후 다른 영어권 국가의 옴부즈만 제도 도입 시 모델이 되거나 선례가 되었다. 법 제정 당시 옴부즈만은 중앙행정기관으로 관할범위가 국한되었으나, 1975년 옴부즈만법을 개정하여 지방자치단체도 관할범위에 포함시키고 옴부즈만 수도 2명으로 늘렸다.

옴부즈만은 각료가 각의에서 행한 결정·권고나 행위·부작위는 관

---

23) 국민권익위원회, 〈지방옴부즈만 운영가이드라인〉(2013), 72~73쪽

할하지 않는다. 또한, 지방의회의 의결을 거친 사항에 대해서도 관여하지 않는다. 옴부즈만의 관할대상은 모든 정부부처 및 기관, 국영기업, 국가보건기관, 공중위생위원회, 주 보건기관, 공립병원, 국공립 교육기관, 주 정부 및 지방자치단체, 300개 이상의 법정위원회 등이다.

2. 아시아 지역 옴부즈만 제도 소개

1) 도입 추이

아시아 지역에서는 옴부즈만 제도가 상대적으로 늦게 정착했다. 그 이유는 다수의 아시아 국가들이 절대군주 중심의 봉건제 사회였고, 이후 서구 열강의 식민지로 전락했던 역사적 배경에서 찾을 수 있다. 1940~50년대에 접어들어 서구의 식민지로부터 해방되어 자유와 독립을 쟁취한 국가들이 서서히 늘어났고, 1970~80년대 접어들어 급속한 민주화와 산업화 과정을 거치면서 비로소 개인의 권리와 자유의 보호문제가 중요한 사회적 가치로 부각되면서 옴부즈만에 관심을 가지게 됐다.

이처럼 상대적 열세를 극복하기 위해 아시아 지역에서는 옴부즈만 활동 및 제도 운영과 관련된 정보교류, 협력 및 유대강화 등의 목적을 위해 지역적 차원에서 옴부즈만 기구가 설립되었는데, 이것이 바로 아시아옴부즈만협회(Asian Ombudsman Association. AOA)이다.

2) 아시아 지역 옴부즈만 제도의 특징

아시아 지역은 역사 및 문화적 측면에서 다양성을 보유하고 있다. 또

민주화·근대화 과정에서도 중국, 인도, 중동, 중앙아시아, 동남아시아, 동아시아 등 지역마다 독특한 특성을 보유하고 있다.[24)]

국가의 통치체제와 정부형태에 있어서도 다당제, 일당제, 군부독재 국가, 군주제 국가, 대통령중심제 국가, 내각책임제 국가, 연방제 국가, 1국가 2체제, 사회주의 국가, 이슬람정신에 입각한 국가 등 다양한 체제가 공존하고 있다. 경제적인 측면에서도 일본, 한국, 홍콩, 대만, 싱가포르 등은 선진국 내지 준선진국 반열에 접어든 반면, 동남아와 중앙아시아 지역은 여전히 개발도상국 내지 후진국의 면모를 벗어나지 못하고 있다.

결국, 아시아 지역의 정치적 발전 정도, 특히 민주주의 정치체제의 정착 및 발전 정도와 정부시스템의 발전 정도가 각 국가별로 다른 것이 옴부즈만 제도에도 그대로 투영되어 국가별로 상이한 옴부즈만 제도가 도입되었다.

옴부즈만의 활동도 아시아 지역의 특성을 반영하고 있다. 우선, 잘못된 행정에 대한 시정이 중요한 요소가 되고 있다. 아시아 지역 시민들은 서구제국에 의한 식민지배로 인해 통치주체에 의한 위법·부당한 처우를 많이 경험해 왔기 때문에 잘못된 행정을 시정하고 그에 따른 개인의 피해를 구제해 주는 것이 이 지역 옴부즈만의 중요한 요소가 되었다. 따라서 대부분 아시아 국가의 옴부즈만 설치근거 법령은 부당한 행정처분과 같이 잘못된 행정 및 위법한 조치 등에서 유발되는 개인의 고충민원 해결을 중요한 임무와 기능으로 한다.

국가 및 정부 관료의 부정부패를 척결하는 문제 역시 아시아 지역

---

24) 국민권익위원회, 〈지방옴부즈만 운영가이드라인〉(2013), 22쪽

옴부즈만의 중요한 기능이다. 옴부즈만에 이러한 부패방지 기능을 부여한 것이 한국, 마카오, 인도, 필리핀, 예맨, 베트남 등이다.

이외에도 인권과 자유수호자로서의 역할이 있다. 서구의 국가들은 오랜 기간 인권에 대한 가치를 존중받아 왔다. 그러나 독재국가 체제에서 민주국가로 변화하였거나, 구소련 연방에서 독립한 중앙아시아 국가, 사회주의 노선을 걷다가 체제 전환을 한 국가 등 아시아 국가들에서는 국가체제의 변화과정에 자연스럽게 개인의 인권과 자유보호문제가 부각되었다. 개인의 인권과 자유, 기본권 보장, 인간다운 생활을 할 권리 및 사회적 약자와 소외계층에 대한 보호 등과 관련된 옴부즈만의 기능과 역할이 중시되고 있는 국가는 과거 사회주의 국가체제를 유지하였던 우즈베키스탄, 카자흐스탄, 키르기즈공화국 등 소련 연방에서 독립한 국가들이다.

3. 옴부즈만 제도 유형 비교

옴부즈만 제도는 특별한 규칙에 따라 만들어져 전파된 것보다는 각 나라마다 정치적, 사회적, 역사적 환경에 맞게 다양한 형태로 운영되고 있다. 국민고충처리위원회가 2007년까지는 고충민원을 주로 처리하는 전통적 형태로 운영되어 오다, 2008년부터 정부 조직개편 방침에 따라 국민고충처리위원회와 국가청렴위원회, 국무총리 소속 행정심판위원회를 합쳐 국민권익위원회로 확대 개편해 운영하는 것과 같은 맥락이다.

이에 각국에서 운영되고 있는 옴부즈만 제도를 유형별로 나누어 살펴본다.

1) 설치기관에 따른 구분: 의회형 옴부즈만과 행정부형 옴부즈만

옴부즈만 제도가 입법부(국회)에 설치된 것인지, 행정부에 설치된 것인지에 따라 의회형 옴부즈만과 행정부형 옴부즈만으로 구분할 수 있다.[25] 스웨덴의 의회형 옴부즈만 제도를 전통적 옴부즈만이라고 생각하는 경우가 있다. 이는 옴부즈만 제도의 발상지인 스웨덴에서 의회형을 채택하고 있는 것에 더하여 옴부즈만이 행정부에 대한 의회의 통제 강화를 위해 생겨난 것으로 보기 때문이다.

의회형은 행정부로부터 독립하여 행정 감시 기능을 공정하게 수행할 수 있는 장점이 있는 반면, 행정기관 간 업무협의가 원활하지 않고, 행정부와 의회 간 갈등이 심할 경우, 행정부의 협조 부족 등으로 운영에 어려움을 겪을 수도 있다. 또한 정치인들로 구성된 의회가 정파적이거나 특정한 목적을 가지고 운영에 관여하면 독립성을 유지하지 못할 수도 있다. 행정부형은 행정부 수반의 권한으로 행정 내부를 용이하게 조사할 수 있어 민원 사안을 신속하게 처리할 수 있는 장점이 있다. 반면에 임명권자로부터 옴부즈만이 독립적으로 운영할 수 있을지에 대해서는 계속 논쟁이 이어진다.

의회형 옴부즈만을 좀 더 세분화하면 옴부즈만이 의회에 책임을 지는 정도에 따라 순수 의회형과 수정 의회형으로 나눌 수 있다. 순수 의회형은 옴부즈만이 전적으로 의회에 대해 책임을 지도록 하는 것이고, 수정 의회형은 의회에 기본적으로 책임을 지되 행정부 수반에 대

---

25) 국민권익위원회, 〈시민고충처리위원회 설치·운영 안내서〉(2023), 16~18쪽

해서도 다소 책임을 지도록 하는 것이다.

옴부즈만 제도를 운영하고 있는 많은 나라들은 의회형을 채택하고 있는데, 그 중에서 스칸디나비아 국가들은 대표적으로 순수 의회형을, 나머지 국가들은 대부분 수정 의회형을 채택하고 있다. 행정부형 옴부즈만의 예로는 우리나라와 프랑스를 들 수 있다.

2) 업무관할 범위에 따른 구분: 일반 옴부즈만, 전문 옴부즈만

일반 옴부즈만은 관할 대상이 특정된 것이 아니고 전체 행정기관의 행정 전반을 관할 대상으로 하는 데 반해, 전문 옴부즈만은 특정한 행정 분야 또는 특정한 행정기관만을 관할 대상으로 한다.

1970년대에 들어와 각국에서는 기존의 시스템으로 잘 해결되지 않는 새로운 분쟁에 적극 대처하고, 새로운 정책을 채택하는 데 따르는 국민의 반발을 완화하기 위해 특정 분야의 민원을 전문적으로 다루는 전문 옴부즈만 제도를 많이 설치하게 되었다. 환경 문제를 비롯하여 원주민, 소수민족, 경찰, 교도소, 출입국관리, 교육, 조세, 프라이버시, 정보공개 등 공권력의 발동과 관련된 모든 영역에서 전문 옴부즈만의 설치가 확대되고 있다. 국민권익위원회도 2006년 이후 전문 옴부즈만인 경찰 옴부즈만과 국방 옴부즈만을 운영하고 있다.

3) 의사결정 방식에 따른 구분: 독임제 옴부즈만, 합의제 옴부즈만

독임제와 합의제는 복수의 옴부즈만이 옴부즈만 개인별로 의사결정을 하는가, 아니면 옴부즈만 전체의 합의에 의하여 의사결정을 하는가 하는 의사결정방식에 따른 구분이다.

상당수 국가에서는 옴부즈만의 수가 1인인 독임제 옴부즈만 제도를 채택하고 있다. 반면, 스웨덴의 경우는 4인, 오스트리아의 경우는 3인, 뉴질랜드의 경우는 2인 등 복수의 옴부즈만을 갖고 있는 나라도 있다.[26)]

복수의 옴부즈만을 갖고 있다고 해서 반드시 합의제 옴부즈만 제도라고 할 수는 없다. 여기서 독임제인지 합의제인지를 구분하는 기준은 의사결정 방식이므로 한 사람이 단독으로 결정하는가 또는 전체의 합의에 의해 결정하는가에 따라 구분된다.

의사결정은 주로 고충민원 사건의 처리를 두고 이루어지기 때문에 조사 사건에 대한 의사결정을 옴부즈만 단독으로 하는가, 아니면 복수의 옴부즈만이 서로 합의 형태로 하는가를 보아야 한다.

복수 옴부즈만 제도에 있어 독임제 의사결정 방식을 채택하는 이유는, 옴부즈만의 결정이 행정심판이나 재판과 달리 법적 구속력을 갖고 있지 않으며 옴부즈만이 다루는 사건의 내용도 개별 민원사안인 경우가 많아 단독 처리를 통한 신속성을 확보하기 위함이다.

국민권익위원회의 경우 독임제가 아닌 합의제로 의사결정을 한다. 행정기관에 대한 시정권고 등의 결정에 있어 한 사람이 단독으로 판단하기보다는 여러 사람의 중지를 모아 보다 신중하게 처리한다는 취지다.

---

26) 국민권익위원회, 〈시민고충처리위원회 설치·운영 안내서〉(2023), 17쪽

【각국 옴부즈만 제도 비교】[27)]

구분	스웨덴	뉴질랜드	영국	프랑스	한국
설치근거	헌법 및 독립법	독립법	독립법	독립법	독립법
설치연도	1809년	1962년	1967년	1972년	2008년
소속	의회	의회	의회	독립기관	행정부
임명권자	의회	의회추천 총독임명	수상추천 국왕임명	대통령	대통령
옴부즈만 수	4인	2인	3인	1인	15인
의사결정	독임제	독임제	독임제	독임제	합의제
근무형태	상근	상근	상근	상근	상근 (일부 비상근)
임기	4년	5년	종신 (65세)	6년	3년
관할범위	중앙부처 지자체 사법부	중앙부처 지자체 사법부(일부)	지자체 *경찰 포함	중앙부처 지자체 *사법부 제외	중앙부처 지자체 *사법부 제외
권한	민원조사권 시정권고권 의회 보고권 직권조사권 징계소추권	민원조사권 시정권고권 의회 보고권 직권조사권	민원조사권 시정권고권	민원조사권 시정권고권 의회 보고권	민원조사권 시정권고권 대통령보고권

---

27) 국민권익위원회, 「시민고충처리위원회 설치·운영 안내서」(2023), 18쪽

제5절 | 북한의 권익구제 제도

북한은 옴부즈만 제도가 없다. 현재 세계옴부즈만협회나 아시아옴부즈만협회에도 가입되어 있지 않다.

하지만, 북한에도 억울한 국민이 민원을 제기하는 제도는 마련되어 있다. 그러나 이를 맡아서 독립성을 가지고 처리해 주는 독립적인 기관은 존재하지 않고, 권력기관이나 해당 기관에서 민원을 처리하도록 하고 있다.

1. 헌법과 법률로 강조되는 신소와 청원 관련 규정

북한은 1948년 정권 수립 이후부터 헌법상에 형식적이지만 인민들의 권리를 보호하기 위한 각종 권리를 규정해 놓았다. 특히 억울한 사람들의 권리를 보호하기 위해 신소와 청원에 관한 규정이 모든 개정 헌법에 규정되어 있다. 이를 정리하면 아래 표와 같다.[28]

---

28) 북한법연구회, 〈2018년 최신 북한법령집〉(2018), 23~99쪽

【헌법 및 법률로 규정된 신소청원 규정】

헌법	규정 내용
1948년 헌법 제25조	공민은 주권기관에 청원 또는 신소를 제출할 수 있다. 공민은 주권기관 공무원의 직무상 비법적 행위에 대하여 신소할 수 있으며 그 결과로 입은 손해에 대하여 배상을 청구할 수 있다.
1972년 헌법 제55조	공민은 신소와 청원을 할 수 있다.
1992년 헌법 제69조	공민은 신소와 청원을 할 수 있다. 신소와 청원은 법이 정한 절차와 기간 안에 심의 처리하여야 한다.
1998년 헌법 제69조	공민은 신소와 청원을 할 수 있다. 국가는 신소와 청원을 법이 정한데 따라 공정하게 심의 처리하도록 한다.
2010년 헌법 제69조	공민은 신소와 청원을 할 수 있다. 국가는 신소와 청원을 법이 정한데 따라 공정하게 심의 처리하도록 한다.
2013년 헌법 제69조	공민은 신소와 청원을 할 수 있다. 국가는 신소와 청원을 법이 정한데 따라 공정하게 심의 처리하도록 한다.
2016년 헌법 제69조	공민은 신소와 청원을 할 수 있다. 국가는 신소와 청원을 법이 정한데 따라 공정하게 심의 처리하도록 한다.

2. 신소청원법 등장

북한은 헌법과 법상으로는 각종 권리를 보장하고 있지만 실상은 그렇지 않다. 사회주의 체제나 정권에 대한 비판은 물론, 하찮은 정책에 대해서도 불만 표출은 금지되었고, 이를 어길 경우 지위고하를 막론하고 처벌하였다. 그런데 1995년 '고난의 행군' 시기 이후부터는 정치가 아닌 경제부문에서의 불만표출은 어느 정도 용인되었다. 신소청원법 제정이 대표적이다.

북한은 1998년 헌법을 개정하면서 신소청원 규정을 보강하였고, 같은 해 1998년 헌법(1998년 6월 17일 최고인민회의 상설회의 결정) 제120호로 신소청원법을 채택하여 구체적으로 법제화하였다. 이 법은 1999년, 2000년, 2010년에 수정·보완되었다.[29] 2010년 시행「조선인민민주주의공화국 신소청원법」주요 내용은 아래와 같다.

【신소청원법 주요내용】[30]

> **제1조** 조선민주주의인민공화국 신소청원법은 신소청원의 제기, 접수등록, 료해처리에서 규률과 질서를 엄격히 세워 공민의 권리와 리익을 보호하며 국가관리사업을 개선하는데 이바지 한다.
>
> **제2조** 신소는 자기의 권리와 리익에 대한 침해를 미리 막거나 침해된 권리와 리익을 회복시켜줄 것을 요구하는 행위이며 청원은 기관, 기업소, 단체와 개별적 일군의 사업을 개선시키기 위하여 의견을 제기하는 행위이다. 국가는 공민의 신소청원 권리를 원만히 보장하도록 한다.
>
> **제3조** 신소청원을 제때에 정확히 접수등록하는 것은 기관, 기업소, 단체의 의무이다. 국가는 신소청원의 접수등록 질서를 바로 세우고 그것을 엄격히 지키도록 한다.
>
> **제4조** 신소청원은 인민대중의 목소리이고 민심의 반영이다. 국가는 신소청원의 료해처리에서 원칙성과 과학성, 객관성, 공명정대성을 보장하도록 한다.
>
> **제6조** 국가는 신소청원사업에서 비밀을 보장하도록 한다.

---

29) 통일교육원, 〈북한주민 인권의식 실태연구〉(2010), 103~104쪽
30) 북한법연구회, 〈2018 최신 북한법령집〉(2018), '조선민주주의인민공화국 신소청원법 부분' 발췌

제7조 국가는 신소청원사업에 대한 지도체계를 세우고 지도와 통제를 강화하도록 한다.

제8조 공민이 자기의 의사와 요구가 담긴 신소청원을 하는 것은 국가의 주인으로서의 당당한 권리이다. 공민은 정당한 리유와 근거가 있는 한 최고주권기관에 이르기까지 기관, 기업소, 단체와 개별적 일군에게 신소청원을 할 수 있다. 기관, 기업소, 단체의 이름으로도 신소청원을 할 수 있다.

제10조 신소청원은 해당 기관, 기업소, 단체에 찾아가 하거나 서면으로도 할 수 있다. 이 경우 이름, 사는 곳, 직장직위 같은 것을 정확히 밝힌다.

제12조 신소청원자는 과학적인 자료와 객관적 사실을 가지고 신소청원을 하여야 한다. 자료나 사실을 과장, 날조하는 신소청원을 하는 행위는 할 수 없다.

제13조 신소청원의 처리결과에 대하여 의견이 있을 경우에는 신소청원을 다시 할 수 있다.

제14조 기관, 기업소, 단체는 신소청원자의 편의를 보장하여야 한다. 필요에 따라 신소청원 내용을 써 넣을 수 있는 함을 설치할 수 있다.

제20조 신소청원은 그것을 접수한 기관, 기업소, 단체에서 직접 처리하여야 한다. 그러나 처리 관할이 맞지 않거나 직접 처리할 수 없는 신소청원을 접수하였을 때는 그것을 해당 기관, 기업소, 단체에 의뢰하거나 이관하여야 한다.

제21조 신소청원의 료해처리는 인민대중의 요구와 리익을 옹호 보장하는 중요한 사업이다. 기관, 기업소, 단체는 접수등록한 신소청원을 과학적으로 료해하고 공정하게 처리하여야 한다.

제22조 신소청원의 료해처리 관할은 다음과 같다.

1. 최고주권기관사업, 최고주권기관 일군의 사업방법, 작풍과 관련한 신소청원의 료해처리는 최고인민회의 상임위원회가 한다. 재판 또는 법적 제재를 받은 것과 관련하여 제기된 신소청원, 인민생활이나 위법행위, 인권유린행위와 관련하여 제기된 신소청원의 료해처리는 최고인민회의 상임위원회가 직접 할 수 있다.

2. 인민생활, 행정경제사업, 행정경제일군의 사업방법, 작풍과 관련한 신소청원의 료해처리는 내각과 지방정권기관, 해당 기관, 기업소, 단체가 한다.

3. 검찰사업, 검찰일군의 사업방법, 작풍과 관련한 신소청원의 료해처리는 검찰기관이 한다.

4. 재판, 중재, 공중과 관련된 신소청원, 재판, 중재, 공중일군의 사업방법, 작풍과 관련한 신소청원의 료해처리는 재판기관이 한다.

5. 인민무력, 인민보안, 국가안전보위사업과 관련한 신소청원의 료해처리는 해당 기관이 한다.

6. 대외사업과 관련한 신소청원의 료해처리는 해당 기관이 한다.

제42조 기관, 기업소, 단체와 공민은 신소청원의 료해처리 사업에 간섭하는 행위, 신소청원을 묵살하거나 되는 대로 처리하는 행위, 신소청원자에게 압력을 가하거나 복수하는 행위 같은 것을 하지 말아야 한다.

제43조 이 법을 어기고 공민의 권리와 리익을 침해하거나 국가관리사업에 지장을 준 기관, 기업소, 단체의 책임있는 일군과 개별적 공민에게는 정상에 따라 행정적 또는 형사적 책임을 지운다.

3. 북한의 신소청원제도 운영 실태

북한 주민들은 신소청원할 일이 생기면 신소청원법 제22조에 규정한 대로 해당 기관의 신소과를 통한다. 그러나 1998년 신소청원법을 만들었지만 공개를 하지 않아 주민들은 잘 모르고 있다. 따라서 해외 경험이 있거나 법을 아는 사람만이 신소를 하고 있다.

북한 전문가와 탈북자들의 진술에 따르면 신소를 하는 북한 주민들 상당수는 신소청원 내용을 직접 자필로 작성하여 당 기관, 인민보안부(한국의 경찰), 국가안전보위부(한국의 국가정보원) 중 한 부서에 제출한다. 소속된 공장기업소나 협동농장은 신소청원을 받지 않는다. 당기관이나 인민보안부, 국가안전보위부에 신소청원을 내는 이유는 신소처리의 신속성과 정확성 때문이라고 한다. 신소청원을 절차상으로 하부말단 기관, 기업소, 단체를 통해 제출하고, 하부기관에 제출하기 어려운 문제는 도(직할시)→ 중앙기관으로 보내 처리하도록 하고 있으나 일부 주민의 경우, 도(직할시) 또는 중앙에 직접 제기하기도 한다.

탈북주민 권 모씨는 2010년 7월 통일연구원 면접에서 "신소청원법이라는 것은 절대적으로 주민들에게 공개를 안 한다. 신소청원법이 나왔다고 해서 주민들에게 설명하지 않았다. 설명을 하면 당이 시끄러워지기 때문이다."라고 진술했다

북한 주민들 사이에는 신소청원제도에 대한 불신도 팽배하고 있다. 신소를 신속히 처리하지 않으며, 뇌물을 제공하지 않으면 신소를 해도 처리가 제대로 되지 않는다는 주장도 제기된다.

또 다른 탈북자 전 모씨는 "주민들은 고통을 당하면서도 신소를 하지 않는다. 잘 받아주지도 않는다. 그렇기 때문에 북한 당국이 우리도

국민의 고통을 안다고 하는 차원에서 신소청원법을 만든 것으로 생각한다."고 진술하였고, 김 모씨는 "제가 해본 결과, 신소할 필요가 없다고 생각한다. 해결도 안 되고 중앙당에나 계속 찾아가야 한다."고 했다.

신소를 한 뒤 성사되게 하기 위해서는 인맥을 동원해야 한다는 주장도 제기되었고, 뇌물을 제공하기도 하며, 드문 경우지만 김정일, 김정은에게 직접 신소하는 '1호 신소'를 하기도 한다.[31]

4. 북한사회의 권리구제 제도의 한계

1) 세계관 및 지배구조의 문제

북한 내에서 인권유린과 권리 침해가 발생하는 근본 원인은 김일성-김정일-김정은으로 이어지는 수령 중심의 유일지도체제를 세습 형태로 유지하고 있기 때문이다. 인권과 개개인의 권리구제는 개인의 자아인식을 바탕으로 향유되는데, 북한은 마르크스-레닌주의에 입각한 사회주의 이념에 주체사상을 기반으로 한 유일지배체제이기 때문에 개인의 권리보다는 집단성을 더 강조한다. 인권 역시 집단주의적 세계관에 기초하여 개별적 인권보다는 집단적 인권, 자유권보다는 사회권을 더 중요시하고 있다. 수십 년 동안 세습체제가 유지되고, 이러한 이념이 강조되면서 개인의 권리보다는 국가에 절대 충성과 의무를 강조함으로써 절대 복종형 인간으로 체화된 것이다.

---

31) 통일연구원, 〈북한주민의 인권의식 실태〉(2010), 116~138쪽 발췌

또한 인권이나 권리구제의 가장 핵심적인 원칙은 '비차별'인데, 북한에서는 당국에 의한 조직적인 차별이 구조화되면서 당국이나 주민들 사이에 당연하게 받아들이는 측면이 있다. 북한은 1958년부터 1960년 사이에 중앙당 집중지도사업으로 주민성분 분류작업을 추진하여 주민들을 핵심계층, 동요계층, 적대계층 등 3계층으로 분류하여 차별화 정책을 펴고 있다.[32]

2) 유엔보고서를 통해본 인권유린 실태

북한에서는 주민권익 침해 및 인권유린이 만연하고 있다. '2014년 유엔 인권위원회 북한인권조사위원회(COI) 요약보고서'에 따르면, 북한 내 인권침해는 북한 정책에 기반을 둔 '반인도범죄(crimes against humanity)'에 해당된다. 주요 가해자는 조선노동당, 국방위원회, 북한 최고지도자 통제하의 국가안전보위부·인민보안부·군·검찰소·당 관료 등이며, 침해유형은 사상·표현 및 종교의 자유 침해, 성분·성별·장애에 따른 차별, 이동 및 거주의 자유 침해, 식량권 침해(통제수단으로 식량 사용), 자의적 구금·고문·처형 및 정치범수용소 운영, 외국인 납치 및 강제 실종 등 광범위하게 자행되고 있다. 이처럼 북한 내에서 반인도적 범죄가 지속되는 이유는 북한의 정책, 제도 및 비처벌 양태에 기인한다고 판단하였다.[33]

---

32) 통일연구원, 〈북한 개방화와 인권개선 방안 연구〉(2010), 27쪽

33) 통일연구원 홈페이지(http://www.kinu.or.kr/) '2014 유엔 인권이사회 북한인권조사위원회 요약보고서' 참조

3) 독립기관 없이 처리되는 신소청원법의 한계

앞서 살펴본 바와 같이 북한은 헌법과 신소청원법 등에 국민의 고충을 처리하도록 법제화하고 있다. 또한 여러 관련법에 사회권과 자유권을 보장하도록 하고 있지만 잘 지켜지지 않는다. 이는 북한의 유일지도체제와 북한 사회를 지배하는 집단주의 의식에다가 옴부즈만 같은 별도의 독립된 구제 기관 없이 권리를 침해한 기관에서 다시 신소를 처리하는 신소청원제도의 한계이다.

옴부즈만을 시행하는 국가에서는 대부분 제기되는 민원을 제3자적 시각으로 독립된 기관에서 처리한다. 하지만 북한의 신소청원법은 해당 기관에서 민원을 접수하고 처리한다. 물론 상급기관에 민원을 신청할 수도 있고 처리할 수도 있다. 하지만 유엔 북한인권조사위원회가 북한 인권 최종보고서를 통해 밝힌 것과 같이 북한의 인권 및 권리 침해는 주로 조선노동당, 국방위원회, 북한 최고지도자 통제하의 국가안전보위부·인민보안부·군·검찰소·당 관료 등에 의해 자행되고 있는 상황에서 접수되는 민원을 독립된 제3의 기관이 아닌 같은 기관이거나 내부적으로 처리된다면 그 처리결과를 신뢰하기가 어렵다.

제2장

—

대한민국 옴부즈만 제도 현주소

행정쇄신위원회의 제안에 따라 1994년 국무총리 소속으로 출범한 국민고충처리위원회가 현대적 의미의 대한민국 최초 옴부즈만이다. 행정부형 옴부즈만으로 처음 출범한 것이다. 당시 국민고충처리위원회는 「행정규제 및 민원사무기본법」을 근거법으로 발족하였고, 국민의 고충사안을 제3자적 입장에서 공정하고 신속·용이하게 처리하기 위한 민원 옴부즈만의 성격을 띤다. 출범 당시에는 별도의 사무처 없이 조사관(구 총무처 소속)과 행정지원인력을 포함하여 100여명 정도가 근무하다가, 1997년 「국민고충처리위원회 사무처 설치령」으로 200여명이 근무하는 사무처가 설치되었다.

제1절 | 국민권익위원회의 기능과 역할

국민고충처리위원회는 고충민원의 조사결과로 위법부당한 행정처분이나 행위에 대해 시정을 권고할 수 있고, 각종 제도나 법률상의 개선을 권고할 수도 있었다.[34] 이후 국민고충처리위원회는 2006년 대통령 직속으로 격상되었으며, 2008년 부패업무를 관장하던 국가청렴위원회와 국무총리 소속 행정심판위원회가 합쳐져 국민권익위원회로 새로 출범하면서 국무총리 소속으로 바뀌었다.

1. 민원 옴부즈만 성격의 국민고충처리위원회 출범

1994년 당시 정부는 「행정규제 및 민원사무기본법」을 제정·공포하면서 국무총리 소속으로 행정부형 옴부즈만인 국민고충처리위원회를 출범시켰다.

   이 법은 민원사무에 관한 기본원칙과 행정기관의 의무사항을 규정하고, 행정에 대한 국민의 고충민원을 효율적으로 구제하기 위한 제도적 장치를 확립하고 불합리한 행정에 대한 제도개선에 관해 필요한 절차를 규정하였다.

   〈2008 국민권익백서〉에 따르면, 출범 당시 국민고충처리위원회는

---

34) 김재기,《행정학》(박영사, 2001), 749쪽

위원장 1인을 포함한 5인의 위원으로 구성되었다. 1997년 8월 22일에는 「행정규제 및 민원사무기본법」이 폐지되고 대신 새로 제정된 「민원사무 처리에 관한 법률」에 근거하여 위원회 위원 수를 5명에서 10명으로 보강하였고, 사무처장은 상임위원이 겸직하도록 하였다. 이후 국민고충처리위원회는 2005년 10월 30일 「국민고충처리위원회의 설치 및 운영에 관한 법률」이 제정되면서 보다 확실한 법적 지위와 근거를 확보하게 되었다. 독자적인 권한을 갖는 대통령 소속 장관급 기관으로 독립하였다. 2005년 제정된 「국민고충처리위원회의 설치 및 운영에 관한 법률」의 당초 정부안은 「옴부즈만의 설치 및 운영에 관한 법률」이었으나 국회 입법과정에서 국민이 옴부즈만이라는 단어에 익숙하지 않다는 이유로 국민고충처리위원회로 변경되었다.[35] 이 법의 주요한 내용은 다음과 같다.

첫째, 국민고충처리위원회를 국무총리 소속기관에서 대통령 소속기관으로 소속을 변경하여 관계기관에 대한 위상을 확보하였다. 또한 비상임위원장을 상임화하고, 자체 직원에 대한 인사권 등 위원장의 직무권한을 강화하여 위원회의 독립성을 확보하였다.

둘째, 지방자치단체에 옴부즈만 제도인 시민고충처리위원회 제도를 도입할 수 있도록 근거규정을 마련하였다. 이로 인해 모든 지방자치단체가 자율적으로 시민고충처리위원회를 설치할 수 있게 되었고, 원활한 업무수행을 위한 자료제출요구권, 조사권, 감사의뢰권 등이 부여되었다. 또한, 당해 지방자치단체의 장에게 시민고충처리위원회 업무에 필요한 활동비 지원을 의무화하였다.

---

35) 국민권익위원회, 〈고충민원처리 관련 규정〉(2023), 221쪽 각주 재인용

셋째, 옴부즈만의 실질적 민원해결 기능 강화를 위한 법적 제도를 보완하였다. 당사자의 참여에 의한 고충민원 조정제도를 새롭게 도입하였으며, 대통령·국회에 대한 특별보고권, 감사요구권, 과태료부과권 등 고충민원처리의 실효성 강화를 위한 권한을 신설하였다.

넷째, 민원으로부터의 제도개선 기능을 강화하였다. 대통령·국회에 대한 제도개선 제안권, 제도개선 결과 입법조치가 필요한 경우, 국회·지방의회에 의견을 제출할 수 있는 권한을 신설하였다.

또한, 그간 군 내부 고충민원 및 경찰민원의 경우, 관할 범위의 한계로 관련 민원을 이송하거나 각하함으로써 군과 경찰에 대한 국민의 민원불만을 해소하지 못하였으나 2006년 특수(전문) 옴부즈만으로 군사 및 경찰 옴부즈만을 추가로 설치하여 군과 경찰의 민원도 중립적인 시각에서 다루게 되었다.

2. 국민권익위원회로 명칭 변경 및 기능 통합

국민고충처리위원회는 민원 옴부즈만의 성격을 띤다고 할 수 있다. 하지만 2008년 1월 이명박 정부의 대통령직인수위원회는 대국민 서비스 향상을 위하여 국민의 억울하고 힘든 일을 한 곳에서 처리할 수 있도록 국민의 권익구제 창구를 통합하기로 결정하였다. 이에 따라 새로운 국민권익 구제 창구로 국민권익위원회를 만드는 내용을 골자로 한 「부패방지 및 국민권익위원회의 설치와 운영에 관한 법률」을 제정, 2008년 2월 29일부터 시행하면서 기존에 고충민원처리업무를 맡았던 국민고충처리위원회, 부패방지 기능을 수행하던 국가청렴위원회, 행정심판 기능을 수행하던 국무총리 소속 행정심판위원회의 업무를 통합하였다.

행정의 자기통제·시정을 위한 3대 기능(고충해결, 부패방지, 행정심판)을 통합하여 우리나라 대표 국민권익보호기관으로 출범하였다. 국민의 불편을 한 곳에서 접수하고 해결할 수 있도록 일원화한 것이다. 다만, 대통령 소속이던 국민고충처리위원회는 국민권익위원회로 합쳐지면서 국무총리 소속으로 변경되었다.

〈2008년 국민권익백서〉는 "국민권익위원회 출범과 시대적 소명"에서 이래와 같이 표현했다.[36]

【국민권익위원회 출범과 시대적 소명】

제1장 국민권익위원회 출범과 시대적 소명

'현대 국가는 행정 국가다'라고 말할 정도로 현대 행정은 양적·질적으로 복잡·다양화되고 있으며, 세계 각국은 이러한 행정수요에 효과적으로 대처하기 위하여 끊임없는 변화와 발전을 모색해 오고 있다.

그러나 행정기능의 확장은 곧 행정권의 강화로 이어져 행정재량 내지 자의성이 필연적으로 증대되고 있으며, 이러한 현상은 결과적으로 행정권의 남용으로 이어져 국민의 권익과 자유가 침해되고 제약될 가능성을 내포하고 있다.

이러한 문제를 해결하기 위하여 세계 각국에서는 각종 행정통제 장치나 구제 수단에 대한 관심이 증대되고 있으며, 국민을 대리하여 행정에 대

---

36) 국민권익위원회, 〈2008년 국민권익백서〉(2009), 3쪽

한 국민의 고충을 조사하고 행정기관에 시정을 요구하는 권리구제 장치가 최근 들어 널리 도입되고 있다.

이명박 정부 출범을 계기로 탄생한 국민권익위원회가 바로 이러한 국민권리구제 기능을 담당하는 기구로서 과거 고충민원, 부패방지, 행정심판 등 여러 기관에 흩어져 있던 권익구제 기능을 한 곳으로 통합함으로써 국제사회의 흐름이자 선진 일류국가의 전제라 할 수 있는 국민권익보호를 위한 제도적 틀을 마련했다는 점에서 역사적 이정표를 세웠다고 할 수 있다.

국민의 고충처리를 위해 1994년 8월 8일 출범한 국민고충처리위원회와 부패방지를 위해 2002년 1월 25일 설치된 부패방지위원회(국가청렴위원회 전신), 1984년 「행정심판법」이 제정되면서 본격적으로 도입된 행정심판위원회는 시작 배경과 시기가 각기 다르지만, 행정행위로 인하여 억울함을 당한 국민의 권익을 보호한다는 측면에서 동일한 기능을 수행해 왔고, 궁극적인 목표는 결국 국민보호에 있는데, 이들 기관이 별도로 운영되면서 이용에 불편이 많아 통합한다는 것이다.

옴부즈만의 4가지 유형(정통 옴부즈만, 법치 옴부즈만, 인권 옴부즈만, 부패방지 옴부즈만) 가운데 인권 옴부즈만을 제외한 3개 유형(정통, 법치, 부패방지)을 통합한 것으로 해석할 수도 있지만, 서로 이질적인 조직통합의 한계는 있다.

3. 국민권익위원회 조직

국민권익위원회는 고충민원의 처리와 이에 관련된 불합리한 행정제도를 개선하고, 부패의 발생을 예방하며 부패행위를 효율적으로 규제하기 위하여 국무총리 소속으로 설치돼 독립적으로 업무를 수행한다. 업무를 독립적으로 수행한다는 규정은 2020년 이전 법률에는 없었으나, 2020년 6월 9일 개정된 법률에 추가하여 구체적으로 명시하였다.

> **부패방지권익위법**
>
> 제11조(국민권익위원회의 설치) ① 고충민원의 처리와 이에 관련된 불합리한 행정제도를 개선하고, 부패의 발생을 예방하며 부패행위를 효율적으로 규제하도록 하기 위하여 국무총리 소속으로 국민권익위원회(이하 "위원회"라 한다)를 둔다. 〈개정 2020. 6. 9.〉
>
> ② 위원회는 「정부조직법」 제2조에 따른 중앙행정기관으로서 그 권한에 속하는 사무를 독립적으로 수행한다. 〈신설 2020. 6. 9.〉

국민권익위원회는 부패방지권익위법에 따라 위원장 1명을 포함한 15명의 위원으로 구성되었다. 위원장을 제외한 부위원장 및 상임위원은 각각 3명이다. 위원장과 부위원장 3명은 정무직(장관급 1, 차관급 3) 공무원이며, 상임위원 3명은 고위공무원단 임기제공무원(직무등급은 가등급)이다.

행정심판 기능은 준사법 작용이므로 국민권익위원회에 전담위원회를 별도로 설치하였다. 중앙행정심판위원회의 위원장은 국민권익위원회의 부위원장 중 1명이 겸직한다. 위원은 위원장을 포함한 70명 이내의 위원으로 구성하되, 위원 중 상임위원 3명은 고위공무원단에 속하는 임기제공무원(직무등급 가등급)이다.

국민권익위원회의 사무를 처리하기 위하여 위원회에 사무처를 두고 있는데, 사무처장은 위원장이 지명한 부위원장이 겸직하고, 위원장의 명을 받아 위원회의 소관 사무를 관장하며 소속 직원을 지휘·감독한다.

【국민권익위원회 조직도】

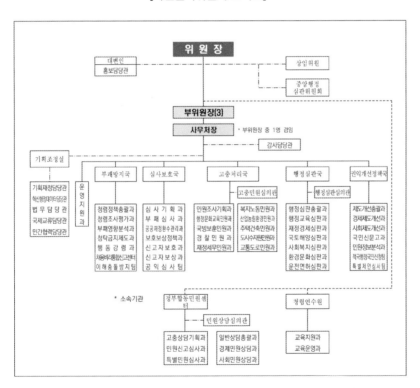

제2절 | 국민권익위원회의 구성과 운영

1. 위원 구성

국민권익위원회 위원장과 부위원장, 위원은 고충민원과 부패방지에 관한 업무를 공정하고 독립적으로 수행할 수 있다고 인정되는 자 가운데, 법률이 정하는 자격기준에 의하여 임명 또는 위촉된다.

위원회는 위원장 1명과 부위원장 3명, 상임위원 3명 등 모두 15명으로 구성된 합의제 기관이다. 위원회의 직무상 독립을 보장하기 위하여 위원장과 위원의 임기는 각각 3년으로 하되, 1차에 한하여 연임할 수 있으며, 위원은 법률에서 정하는 결격사유에 해당되는 경우를 제외하고는 그 의사에 반하여 면직 또는 해촉되지 않는다.

위원장 및 부위원장은 국무총리의 제청으로 대통령이 임명하고, 상임위원은 위원장의 제청으로 대통령이 임명하며 상임위원이 아닌 위원은 대통령이 임명 또는 위촉한다. 이 경우 상임위원이 아닌 위원 중 3명은 국회가, 3명은 대법원장이 추천한 자를 임명 또는 위촉한다.

2. 위원 자격기준

위원의 자격기준은 고충민원과 부패방지에 관한 업무를 공정하고 독립적으로 수행할 수 있다고 인정되는 자로서 ① 대학이나 공인된 연구기관에서 부교수 이상 또는 이에 상당하는 직에 8년 이상 있거나 있었던 자, ② 판사·검사 또는 변호사의 직에 10년 이상 있거나 있었던 자, ③ 3급 이상 공무원 또는 고위공무원단에 속하는 공무원의 직에 있거나 있었던 자, ④ 건축사·세무사·공인회계사·기술사·변리사의 자격을 소지하고 해당 직종에서 10년 이상 있거나 있었던 자, ⑤ 부패방지권익위법 제33조 제1항에 따라 시민고충처리위원회 위원으로 위촉되어 그 직에 4년 이상 있었던 자, ⑥ 사회적 신망이 높고 행정에 관한 식견과 경험이 있는 자로서 시민사회단체로부터 추천을 받은 자 등으로 되어 있다. 정리된 규정은 아래와 같다.

부패방지권익위법

제13조(위원회의 구성) ① 위원회는 위원장 1명을 포함한 15명의 위원(부위원장 3명과 상임위원 3명을 포함한다)으로 구성한다. 이 경우 부위원장은 각각 고충민원, 부패방지 업무 및 중앙행정심판위원회의 운영 업무로 분장하여 위원장을 보좌한다. 다만, 중앙행정심판위원회의 구성에 관한 사항은 「행정심판법」에서 정하는 바에 따른다. 〈개정 2010. 1. 25.〉

② 위원장, 부위원장과 위원은 고충민원과 부패방지에 관한 업무를 공정하고 독립적으로 수행할 수 있다고 인정되는 자로서 다음 각 호의 어느 하나에 해당하는 자 중에서 임명 또는 위촉한다.

1. 대학이나 공인된 연구기관에서 부교수 이상 또는 이에 상당하는 직에 8년 이상 있거나 있었던 자

2. 판사·검사 또는 변호사의 직에 10년 이상 있거나 있었던 자

3. 3급 이상 공무원 또는 고위공무원단에 속하는 공무원의 직에 있거

나 있었던 자

4. 건축사·세무사·공인회계사·기술사·변리사의 자격을 소지하고 해당 직종에서 10년 이상 있거나 있었던 자

5. 제33조 제1항에 따라 시민고충처리위원회 위원으로 위촉되어 그 직에 4년 이상 있었던 자

6. 그 밖에 사회적 신망이 높고 행정에 관한 식견과 경험이 있는 자로서 시민사회단체로부터 추천을 받은 자

③ 위원장 및 부위원장은 국무총리의 제청으로 대통령이 임명하고, 상임위원은 위원장의 제청으로 대통령이 임명하며, 상임이 아닌 위원은 대통령이 임명 또는 위촉한다. 이 경우 상임이 아닌 위원 중 3명은 국회가, 3명은 대법원장이 각각 추천하는 자를 임명 또는 위촉한다. 〈개정 2012. 2. 17.〉

④ 위원장과 부위원장은 각각 정무직으로 보하고, 상임위원은 고위공무원단에 속하는 일반직공무원으로서「국가공무원법」제26조의5에 따른 임기제공무원으로 보한다. 〈개정 2014. 5. 28.〉

⑤ 위원이 궐위된 때에는 지체 없이 새로운 위원을 임명 또는 위촉하여야 한다. 이 경우 후임으로 임명 또는 위촉된 위원의 임기는 새로이 개시된다

3. 위원 결격사유

국민권익위원회 위원은 기본적으로 대한민국 국민이어야 가능하다. 또한「국가공무원법」제33조 각호의 어느 하나에 해당하는 자는 위

원이 될 수 없다. 즉 ① 피성년후견인(피성년후견인은 질병·장애·노령, 그 밖의 사유로 인한 정신적 제약으로 사무를 처리할 능력이 지속적으로 결여된 사람으로서 일정한 자의 청구에 의하여 가정법원으로부터 성년후견개시의 심판을 받은 자), ② 파산선고를 받고 복권되지 아니한 자, ③ 금고 이상의 실형을 선고받고 그 집행이 끝나거나(집행이 끝난 것으로 보는 경우를 포함) 집행이 면제된 날부터 5년이 지나지 아니한 자, ④ 금고 이상의 형의 집행유예를 선고받고 그 유예기간이 끝난 날부터 2년이 지나지 아니한 자, ⑤ 금고 이상의 형의 선고유예를 받은 경우에 그 선고유예기간 중에 있는 자, ⑥ 법원의 판결 또는 다른 법률에 따라 자격이 상실되거나 정지된 자, ⑦ 공무원으로 재직기간 중 직무와 관련하여 「형법」 제355조(횡령·배임) 및 제356조(업무상의 횡령과 배임)에 규정된 죄를 범한 자로서 300만 원 이상의 벌금형을 선고받고 그 형이 확정된 후 2년이 지나지 아니한 자, ⑧ 성폭력범죄, 스토킹범죄, 음란물·폭력물 범죄 등으로 100만 원 이상의 벌금형을 선고받고 그 형이 확정된 후 3년이 지나지 아니한 자, ⑨ 성폭력 범죄 및 아동·청소년 대상 성범죄로 파면·해임되거나 형 또는 치료감호를 선고받아 그 형 또는 치료감호가 확정된 자, ⑩ 징계로 파면처분을 받은 때부터 5년이 지나지 아니한 자, ⑪ 징계로 해임처분을 받은 때부터 3년이 지나지 아니한 자 등 11가지 기준에 해당되어도 위원이 될 수 없다. 정당에 소속된 당원과 「공직선거법」에 따라 선거에 후보자로 등록된 사람도 안 된다. 범죄자와 정치적으로 특정 정당에 소속된 사람, 그리고 선거출마자 등을 제한하는 등 위원 자격을 엄격히 제한하는 것이다.

> **부패방지권익위법**
>
> **제15조(위원의 결격사유)** ① 다음 각 호의 어느 하나에 해당하는 자는 위원이 될 수 없다.
>
> 1. 대한민국 국민이 아닌 자
> 2. 「국가공무원법」 제33조 각 호의 어느 하나에 해당하는 자
> 3. 정당의 당원
> 4. 「공직선거법」에 따라 실시하는 선거에 후보자로 등록한 자
>
> ② 위원이 제1항 각 호의 어느 하나에 해당하게 된 때에는 당연히 퇴직된다.

4. 위원회 주요 기능 및 운영

1) 위원회 기능

국민권익위원회의 주요 기능은 부패방지권익위법 제12조에 명시되어 있다. 그 내용은 다음과 같이 요약할 수 있다.

기관 명칭이나 관련 법률에서 암시하듯 부패방지 업무와 고충민원 업무, 고충과 부패를 유발하는 제도개선 업무를 함께 수행한다. 국민의 권리보호와 권익구제, 부패방지 관련 정책수립 및 시행, 고충민원 관련 조사와 처리 및 이와 관련하여 시정권고·의견표명을 하며, 고충유발·행정개혁·부패유발사항에 대한 제도개선 기능도 수행한다. 청렴도 평가, 부패시책 관련 실태조사와 평가, 부패행위 신고, 신고자 보호·보상, 민원처리 관련 상담·안내, 지방옴부즈만인 시민고충처리위

원회 활동과 관련한 협력 및 지원 등 폭넓은 업무를 수행한다. 행정심판 기능은 국민권익위원회에 포함되어 있지만, 부위원장 중 1명이 중앙행정심판위원장 업무를 수행하기 때문에 사실상 별도로 운영된다고 보면 된다.

부패방지권익위법

제12조(기능) 위원회는 다음 각 호의 업무를 수행한다.

1. 국민의 권리보호·권익구제 및 부패방지를 위한 정책의 수립 및 시행

2. 고충민원의 조사와 처리 및 이와 관련된 시정권고 또는 의견표명

3. 고충민원을 유발하는 관련 행정제도 및 그 제도의 운영에 개선이 필요하다고 판단되는 경우 이에 대한 권고 또는 의견표명

4. 위원회가 처리한 고충민원의 결과 및 행정제도의 개선에 관한 실태조사와 평가

5. 공공기관의 부패방지를 위한 시책 및 제도개선 사항의 수립·권고와 이를 위한 공공기관에 대한 실태조사

6. 공공기관의 부패방지시책 추진상황에 대한 실태조사·평가

7. 부패방지 및 권익구제 교육·홍보 계획의 수립·시행

8. 비영리 민간단체의 부패방지활동 지원 등 위원회의 활동과 관련된 개인·법인 또는 단체와의 협력 및 지원

9. 위원회의 활동과 관련된 국제협력

10. 부패행위 신고 안내·상담 및 접수 등

11. 신고자의 보호 및 보상

12. 법령 등에 대한 부패유발요인 검토

13. 부패방지 및 권익구제와 관련된 자료의 수집·관리 및 분석

14. 공직자 행동강령의 시행·운영 및 그 위반행위에 대한 신고의 접수·처리 및 신고자의 보호

15. 민원사항에 관한 안내·상담 및 민원사항 처리실태 확인·지도

16. 온라인 국민 참여 포털의 통합 운영과 정부 민원 안내콜센터의 설치·운영

17. 시민고충처리위원회의 활동과 관련한 협력·지원 및 교육

18. 다수인 관련 갈등 사항에 대한 중재·조정 및 기업애로 해소를 위한 기업고충민원의 조사·처리

19. 「행정심판법」에 따른 중앙행정심판위원회의 운영에 관한 사항

20. 다른 법령에 따라 위원회의 소관으로 규정된 사항

21. 그 밖에 국민권익 향상을 위하여 국무총리가 위원회에 부의하는 사항

2) 위원회 운영

국민권익위원회 위원들은 그 권한에 속한 업무를 독립적으로 수행하도록 법률로 보장받고 있다. 임기를 3년으로 보장하되, 1회에 한해 연임할 수 있다. 특별한 사정이 없는 한 본인의 의사에 반해 면직 또는 해촉되지 않는다. 해촉이나 면직사유는 부패방지권익위법 제15조 제1항 각호 어느 하나에 해당될 때거나, 심신상의 장애로 직무를 수행하지 못할 때, 그리고 겸직금지를 위반한 경우를 들고 있어 이 조항에 해당되지 않으면 신분이 보장되는 것이다.

부패방지권익위법

제16조(직무상 독립과 신분보장) ① 위원회는 그 권한에 속하는 업무를 독립적으로 수행한다.

② 위원장과 위원의 임기는 각각 3년으로 하되 1차에 한하여 연임할 수 있다.

③ 위원은 다음 각 호의 어느 하나에 해당하는 경우를 제외하고는 그 의사에 반하여 면직 또는 해촉되지 아니한다.

1. 제15조 제1항 각 호의 어느 하나에 해당하는 때

2. 심신상의 장애로 직무수행이 현저히 곤란하게 된 때

3. 제17조에 따른 겸직금지의무에 위반한 경우

④ 제3항 제2호의 경우에는 전체 위원 3분의 2 이상의 찬성에 의한 의결을 거쳐 위원장의 제청으로 대통령 또는 국무총리가 면직 또는 해촉한다.

위원회는 전원위원회, 소위원회, 분과위원회 등으로 나누어 운영된다.

(1) 전원위원회

위원회 위원 전원으로 구성되는 전원위원회는 정기회 및 수시회의로 구분하여 개최되며, 전원위원회는 통상적으로 월 2회 정례적으로 개최하고, 수시회의는 위원장이 필요하다고 인정하는 때 또는 위원 5인 이상의 요구가 있을 때 위원장이 소집한다. 위원회는 재적위원 과반수의 출석으로 개의하고 출석위원 과반수의 찬성으로 의결한다. 다만, 위원회의 종전 의결례를 변경할 경우에는 재적위원 과반수의 찬성으

로 의결한다. 위원회 구성현황은 아래와 같다.

【국민권익위원회 전원위원회·소위원회·분과위원회 구성 현황】[37]

구 분	전원위원회	분과위원회(2개)	소위원회(5개)
근거 규정	부패방지권익위법 제13조	부패방지권익위법 제21조	부패방지권익위법 제20조
심의 내용	위원회 주요정책 결정·운영 등	부패방지·공익신고 관련 사항	고충민원 관련 사항
회의 개최	월 2회	월 2회	주 1회
위원 구성	15인	3인	3인

전원위원회의 심의·의결사항은 ① 위원회의 주요 정책 결정 및 운영에 관한 사항, ② 위원회 소관 법령 및 주요 훈령·예규 등의 제·개정에 관한 사항, ③ 다수인 관련 고충민원에 대한 시정권고에 관한 사항, ④ 고충민원의 예방과 부패방지를 위한 법령이나 제도, 정책 등의 개선을 권고하는 사항, ⑤ 소위원회·분과위원회에서 위원 이견으로 2회 이상 보류된 사항, ⑥ 위원회의 종전 의결례를 변경할 필요가 있는 사항, ⑦ 소위원회·분과위원회가 전원위원회에서 직접 처리하도록 의결한 사항, ⑧ 부패방지 또는 부패행위 신고사항 등과 관련하여 위원장이 정하는 사항, ⑨ 공익신고 사항 등과 관련하여 위원장이 정하는 사항, ⑩ 「부정청탁 및 금품 등 수수의 금지에 관한 법률」에 따른 위반행위 신고사항 등과 관련하여 위원장이 정하는 사항, ⑪ 그밖에 위원회에서 처리하는 것이 필요하다고 위원장이 인정하는 사항 등이다.

---

37) 국민권익위원회, 〈2023년 국민권익백서〉(2024), 16쪽

전원위원회에 안건을 상정하기 위해서는 먼저 소위원회와 분과위원회의 심의와 의결을 거쳐야 한다. 심의·의결을 거치면 전원위원회 개최 6일 전까지 안건을 전원위원회 담당 부서에 제출해야 하고 회의 개최 4일 전까지 위원들에게 안건을 배부해야 한다. 2023년 전원위원회와 소위원회, 분과위원회의 개최 현황과 처리건수는 아래와 같다.[38]

【국민권익위원회 회의 개최현황】

구분			2023년
전원위원회	회의 개최		26회
	처리안건	의결·결정사항	935건
		보고사항	129건
		소계	1,064건
소위원회	제1소위원회	회의개최	41회
		처리안건	4,434건
	제2소위원회	회의개최	41회
		처리안건	2,312건
	제3소위원회	회의개최	40회
		처리안건	1,757건
	제4소위원회	회의개최	42회
		처리안건	909건
	제5소위원회	회의개최	40회
		처리안건	1,375건

38) 국민권익위원회, 〈2023년 국민권익백서〉(2024), 16쪽

소위원회	소계	회의개최	204회
		처리안건	10,787건
분과위원회	제1분과위원회	회의개최	25회
		처리안건	167건
	제2분과위원회	회의개최	25회
		처리안건	233건
	소계	회의개최	50회
		처리안건	400건
총계	회의개최		280회
처리안건			12,251건

【전원위원회 안건 상정 개념도】

소위·분과위	안건상정	안건배부	의안심의
전원위 상정 전 소위·분과위 심의·의결	회의 개최 6일 전까지 의안 제출	회의 개최 4일 전까지 의안 통지	대면회의로 진행

(2) **소위원회**

소위원회는 고충민원처리에 관한 의안을 심의·의결하기 위해 구성된다. 소위원회는 소위원회 위원장을 포함한 3명의 위원으로 구성되며, 5개 소위원회로 운영된다. 소위원회 회의는 위원 전원출석으로 개의하고 전원찬성으로 의결한다.

각 소위원회별 업무분장으로 제1소위원회는 행정·교육·문화·복지·노동·교통·도로 등 일반 행정 및 사회 관련 분야를 맡는다. 제2소위원회는 세무·농림·수산·환경 및 재정 등 경제 관련 분야를 처리하고, 제3소위원회는 주택·건축 및 도시계획 등 건설 관련 분야의 민원에 대해 심의 처리한다. 제4소위원회는 국방·병무·보훈 관련 분야(현역장병 및 군 관련 의무복무자 등이 제기하는 고충민원을 포함한다)를 담당하고, 제5소위원회는 경찰기관(해양경찰기관을 포함한다)의 처분·수사 등 경찰 관련 분야의 고충민원과 이와 관련된 제도개선 권고사항 등을 맡아 처리하고 있다

부패방지권익위법

제19조(위원회의 의결) ① 위원회는 재적위원 과반수의 출석으로 개의하고 출석위원 과반수의 찬성으로 의결한다. 다만, 제20조 제1항 제4호의 사항은 재적위원 과반수의 찬성으로 의결한다.

② 제18조에 따라 심의·의결에 관여하지 못한 위원은 제19조 제1항에 따른 재적위원수의 계산에 있어서 이를 제외한다.

③ 그 밖에 위원회의 업무 및 운영에 관하여 필요한 사항은 대통령령으로 정한다.

제20조(소위원회) ① 위원회는 고충민원의 처리와 관련하여 다음 각 호의 어느 하나에 해당되지 아니하는 사항을 심의·의결하게 하기 위하여 3인의 위원으로 구성하는 위원회(이하 "소위원회"라 한다)를 둘 수 있다.

1. 제46조에 따른 시정을 권고하는 사항 중 다수인의 이해와 관련된 사안 등 대통령령으로 정하는 사항

2. 제47조에 따른 제도개선을 권고하는 사항

3. 제51조 제1항에 따른 감사의뢰의 결정에 관한 사항

4. 위원회의 종전 의결례를 변경할 필요가 있는 사항

5. 소위원회가 위원회에서 직접 처리하도록 의결한 사항

6. 그 밖에 위원회에서 처리하는 것이 필요하다고 위원장이 인정하는 사항

② 소위원회의 회의는 구성위원 전원의 출석과 출석위원 전원의 찬성으로 의결한다.

③ 그 밖에 소위원회의 업무 및 운영에 관하여 필요한 사항은 대통령령으로 정한다.

제21조(분과위원회) 위원회의 업무를 효율적으로 수행하기 위하여 위원회에 분야별로 분과위원회를 둘 수 있다.

부패방지권익위법 시행령

제16조(위원회 의결 등) ① 위원회는 다음 각 호의 사항을 심의·의결한다.

1. 위원회의 주요정책 결정 및 운영에 관한 사항

2. 법 제46조에 따른 시정을 권고하는 사항 중 제18조 각 호에 해당하는 사항

3. 법 제47조에 따른 제도개선을 권고하는 사항

4. 법 제51조 제1항에 따른 감사의뢰의 결정에 관한 사항

5. 위원회의 종전 의결례를 변경할 필요가 있는 사항

6. 소위원회가 위원회에서 직접 처리하도록 의결한 사항

7. 부패방지 또는 부패행위 신고사항 등과 관련하여 위원장이 정하는 사항

8. 「공익신고자 보호법」에 따른 공익신고 사항 등과 관련하여 위원장

이 정하는 사항

8의2. 「부정청탁 및 금품등 수수의 금지에 관한 법률」에 따른 위반행위 신고사항 등과 관련하여 위원장이 정하는 사항

8의3. 「공공재정 부정청구 금지 및 부정이익 환수 등에 관한 법률」에 따른 신고사항 등과 관련하여 위원장이 정하는 사항

9. 그 밖에 위원회에서 처리하는 것이 필요하다고 위원장이 인정하는 사항

② 위원회의 회의는 정례적으로 개최하되, 필요하다고 인정되는 경우에는 위원장이 수시로 소집할 수 있다.

제19조(분과위원회의 구성·운영 등) ① 법 제21조에 따른 분과위원회는 분과위원회 위원장을 포함한 3명 이상의 위원으로 구성한다.

② 위원장은 각 분과위원회의 위원장 및 구성위원을 지정하고 필요한 경우에는 구성위원을 변경할 수 있다.

③ 분과위원회는 위원회에 상정할 안건의 사전검토·조정, 조사·연구 그 밖에 위원회가 위임한 사항의 심의·의결에 관한 업무를 수행한다.

④ 분과위원회의 원격영상회의 방식에 관하여는 제16조 제3항을 준용한다.

(3) 분과위원회

국민권익위원회는 전원위원회에 상정할 부패방지 분야 의안의 사전검토·조정 및 조사·연구, 기타 전원위원회가 위임한 사항을 심의·의결하기 위하여 위원장을 포함한 3명의 위원으로 구성되는 2개 분과위원회를 운영하고 있다.

분과위원회 회의는 위원 전원 출석으로 개의하고 전원 찬성으로 의결한다. 다만, 구성위원 궐위 등 불가피한 사정이 있는 경우에는 구성위원 과반수의 출석과 출석위원 전원의 찬성으로 의결할 수 있다.

분과위원회별 업무분장 사항으로 제1분과위원회는 부패방지 및 청렴분야 정책 개발, 부패신고 및 행동강령 위반 신고의 처리, 부정청구 등 신고의 처리 및 제재처분 이행 또는 제도개선의 권고, 이해충돌방지법 위반행위 신고의 처리, 법 제27조에 의한 정치·일반행정·법무·외교·국방·병무 분야 제도개선 추진 업무를 다룬다.

제2분과위원회는 부패신고 등에 관한 심사와 보호·보상에 관한 정책 개발 및 제도의 운영, 비위면직자 등의 취업제한 처리, 공익신고 및 청탁금지법 위반 신고의 처리, 신고자의 보호 신청 처리, 법 제27조에 의한 사회·경제분야 제도개선 추진, 기타 제1분과위원회 분장 사항에 속하지 아니하는 사항을 맡아 처리하고 있다.

(4) 위원회 운영상황 매년 공표

국민권익위원회는 위원회 운영상황을 매년 공표한다. 부패방지권익위법 제26조(운영상황의 보고 및 공표 등)에 따라 해마다 위원회가 한 일을 중요사항 위주로 백서 형식으로 발간하는 것이다. 여기에는 전원위원회, 소위원회, 분과위원회 등의 개최실적과 안건처리실적도 포함된다.

〈2023년 국민권익백서〉에 따르면, 국민권익위원회는 2023년에 총 280회의 회의를 개최하여 총 1만2,251건의 의안을 처리했다. 여건에 따라 약간씩 다르지만, 해마다 비슷한 추이를 보인다.

위원회 유형별로는 전원위원회는 26회 개최하여 1,064건의 의안을, 소위원회는 204회 개최하여 1만787건의 의안을, 분과위원회는 50회 개최하여 400건의 의안을 각각 처리하였다.

국민권익위원회는 매년 고충민원과 관련한 위원회의 운영상황을 대통령과 국회에 보고하고 이를 공표하도록 하고 있다. 이는 다른 옴부즈만 기구에서도 나타나는 특성인데, 국민권익위원회도 운영상황을 언론과 국회, 대통령 등에 보고하고 있는 것이다. 또 필요하다고 인정될 때에는 대통령과 국회에 특별보고도 할 수 있다. 이에 국민권익위원회는 매년 〈국민권익백서〉 형태로 업무실적을 공개하고 있다. 또 국민권익위원회 의결에 대한 이행상황 등을 국무회의나 별도 방식으로 대통령에게 보고하고, 국회 상임위 등을 통해서도 활동상황을 국회에 보고한다.

부패방지권익위법과 같은 법 시행령에서 구체적으로 운영상황 공표에 담을 내용을 정해 놓았는데, 그 내용은 ① 고충민원의 접수상황 및 그 처리결과, ② 고충민원과 관련하여 위원회가 권고 또는 의견을 표명한 사항, ③ 고충민원과 관련하여 위원회의 권고 또는 의견에 대하여 관계 행정기관 등이 수용하지 아니한 사항 중 위원회가 중요하다고 인정하는 사항, ④ 그 밖에 고충민원 관련 제도개선 등을 위하여 위원회가 필요하다고 인정하는 사항 등이다.

부패방지권익위법

제26조(운영상황의 보고 및 공표 등) ① 위원회는 매년 고충민원과 관련하여 위원회의 운영상황을 대통령과 국회에 보고하고 이를 공표하여야 한다.

② 위원회는 제1항에 따른 보고 외에 필요하다고 인정하는 경우에는 대통령과 국회에 특별보고를 할 수 있다.

부패방지권익위법 시행령

제28조(운영상황) 법 제26조에 따른 위원회의 운영상황에는 다음 각 호의 사항이 포함되어야 한다.

1. 고충민원의 접수상황 및 그 처리결과

2. 고충민원과 관련하여 위원회가 권고 또는 의견을 표명한 사항

3. 고충민원과 관련하여 위원회의 권고 또는 의견에 대하여 관계 행정기관 등이 수용하지 아니한 사항 중 위원회가 중요하다고 인정하는 사항

4. 그 밖에 고충민원 관련 제도개선 등을 위하여 위원회가 필요하다고 인정하는 사항

부패방지권익위법 시행령에 명시된 사항을 고려할 때 국민권익위원회의 업무가 고충민원 외에도 부패방지, 제도개선 등 여러 분야를 포괄하지만, 국민권익위원회의 옴부즈만 기능은 국민의 고충처리 분야 위주로 규정되어 있음을 알 수 있다.

5. 위원회 지원조직

1) 사무처

국민권익위원회의 조직을 보면, 옴부즈만 역할을 하는 위원회와 이 위원회를 보좌하는 사무처로 구성되어 있다. 옴부즈만 역할을 하는 위원들만 있으면 업무에 한계가 있을 수밖에 없다. 그래서 위원회가 효율적으로 운영될 수 있도록 사무처를 두고 옴부즈만을 지원하도록 한 것이다. 이에 국민권익위원회는 다양한 인력을 배치하여 옴부즈만

활동을 돕고 있다.

부패방지권익위법 제23조에는 위원회의 사무를 처리하기 위해 사무처를 두며, 위원장이 지명한 부위원장이 사무처장을 겸하도록 하고 있으며, 사무처장은 위원장의 지휘를 받아 위원회 소관 사무를 관장하며 소속 직원을 지휘·감독하도록 하고 있다. 또한 위원회 업무를 효율적으로 지원하고 전문적인 조사 및 연구업무를 수행하기 위해 학계, 사회단체, 그밖에 관련분야의 전문가를 전문위원으로 둘 수 있게 했다.

사무처는 1실 5국 2관 1대변인 41과·담당관 3팀으로 구성되었다. 보조기관으로 운영지원과, 부패방지국, 심사보호국, 고충처리국, 행정심판국, 권익개선정책국을 두고, 보좌기관으로 위원장 밑에 대변인, 사무처장 밑에 기획조정실과 감사담당관을 두고 있다. 소속기관으로는 정부합동민원센터와 청렴연수원이 있다. 국민권익위원회 총 정원은 2023년 12월 31일 기준 564명으로, 본부는 486명, 소속기관은 78명(정부합동민원센터 54명, 청렴연수원 24명)이다.[39]

2) 전문위원 제도
전문위원은 고충민원처리 분야 6명, 제도개선 분야 1명 등 모두 7명이다.

3) 자문기구 운영
위원회는 업무수행에 필요한 사항의 자문을 위해 자문기구를 둘 수 있도록 하고 있다. 사회 각계의 덕망 있는 원로급 인사, 중진급 실무전문가로 해당 분야에 대한 지식·경험이 풍부한 자 중에서 국민권익위

---

39) 국민권익위원회, 〈2023년 국민권익백서〉(2024), 10쪽

원장이 위촉하는데, 50명 이내로 임기는 2년이고 연임이 가능하다. 자문위원의 역할은 위원회 중장기 발전방향 및 주요정책 관련 논의 및 자문, 제도개선 권고안 및 법령 제·개정안 마련, 고충민원처리, 부패방지 등 업무추진 과정에서 발생한 개별사안에 대한 자문 등이다.

다만, 자문위원은 심신장애로 인하여 직무를 수행할 수 없게 된 경우나 직무와 관련된 비위사실이 있는 경우, 직무와 관련하여 부당하게 영향력을 행사하거나 부정한 청탁을 받는 등 청렴성을 훼손한 경우, 직무태만, 품위손상이나 그 밖의 사유로 인하여 위원으로 적합하지 아니하다고 인정되는 경우 등은 임기만료 전에 해촉할 수 있도록 하였다. 2024년 현재 1~6기까지 운영했으며, 6기 자문위원은 42명이다.

4) 전문상담위원 위촉 및 공무원파견 제도 운영

자문기구 외에도 국민권익위원회는 민원업무와 관련하여 국민의 상담에 응하기 위해 변호사·세무사 등 해당분야 전문가를 전문상담위원으로 위촉할 수 있으며, 이들에게는 예산의 범위에서 수당이나 여비 등 필요한 경비를 지원하고 있다.

아울러, 위원회는 업무수행을 위해 필요할 경우 국가기관·지방자치단체, 공공기관 등에서 공무원이나 직원을 파견받을 수 있다. 이에 따라 2024년 현재 국민권익위원회는 고충민원처리를 위해 정원에 포함된 인력 21명을 파견받고 있다. 이와는 별도로 정원 외 인력도 일부 파견받고 있다.

구분	파견기관별 인원
정원 내 (21)	감사원 1, 문체부 1, 교육부 1, 행안부 2, 국토부 6, 보훈부 1, 경찰청 2, 국세청 2, 노동부 1, 농림부 1, 환경부 1, 해수부 1, 복지부 1

부패방지권익위법

제22조(전문위원) ① 위원장은 위원회의 업무를 효율적으로 지원하고 전문적인 조사 및 연구업무를 수행하기 위하여 필요하다고 인정할 때에는 위원회에 학계, 사회단체 그 밖에 관련분야의 전문가를 전문위원으로 둘 수 있다.

② 제1항에 따른 전문위원은 위원장이 임명 또는 위촉한다.

제23조(사무처의 설치) ① 위원회의 사무를 처리하기 위하여 위원회에 사무처를 둔다.

② 사무처에 사무처장 1명을 두되, 사무처장은 위원장이 지명한 부위원장이 겸직하고, 위원장의 지휘를 받아 위원회의 소관 사무를 관장하며 소속 직원을 지휘·감독한다.

③ 이 법에 규정된 사항 외에 사무처의 조직 및 운영에 관하여 필요한 사항은 대통령령으로 정한다.

제24조(자문기구) ① 위원회는 그 업무수행에 필요한 사항의 자문을 위하여 자문기구를 둘 수 있다.

② 제1항에 따른 자문기구의 조직과 운영에 관하여 필요한 사항은 대통령령으로 정한다.

제25조(공무원 등의 파견) ① 위원회는 그 업무수행을 위하여 필요하다

고 인정하는 경우에는 국가기관·지방자치단체·「공공기관의 운영에 관한 법률」 제4조에 따른 기관 또는 관련 법인이나 단체에 대하여 그 소속 공무원 또는 직원의 파견을 요청할 수 있다.

② 제1항에 따라 위원회에 공무원이나 직원을 파견한 국가기관·지방자치단체·「공공기관의 운영에 관한 법률」 제4조에 따른 기관 또는 관련 법인이나 단체의 장은 위원회에 파견된 자에 대하여 인사·처우 등에 있어서 우대조치를 강구하여야 한다.

부패방지권익위법 시행령

제23조(자문기구) ① 법 제24조에 따른 자문기구의 자문위원은 복지, 산업, 건축, 도시, 도로, 군사, 경찰, 노동, 환경, 민·형사 등 해당 분야에 대한 지식과 경험이 풍부한 자 중에서 위원장이 위촉한다.

② 제1항에 따른 자문위원의 임기는 2년으로 하되, 연임할 수 있다.

③ 위원회는 법 제24조에 따라 자문기구에 다음 각 호의 사항에 대하여 자문을 요청 할 수 있다.

1. 위원회의 정책과 운영에 관한 사항

2. 고충민원의 처리와 제도개선에 관하여 필요한 사항

3. 부패방지 및 신고자 보호 등에 관하여 필요한 사항

4. 그 밖에 위원장 또는 소위원회·분과위원회의 위원장이 필요하다고 인정하는 사항

제24조(전문상담위원의 위촉) ① 위원장은 민원업무에 관한 국민의 상담에 응하게 하기 위하여 변호사·세무사 등 해당 분야의 전문가를 전문상담위원으로 위촉할 수 있다.

② 전문상담위원의 임기는 2년으로 하되, 연임할 수 있다.

제26조(공무원 등의 파견) ① 법 제25조 제1항에 따라 파견을 요청받은 기관의 장은 위원회에 파견 근무하는 공무원 또는 직원(이하 "파견직원"이라 한다)을 다음 각 호의 어느 하나에 해당하는 자 중에서 제21조에 따른 기준에 적합한 자를 선발하여 파견하여야 한다.

1. 6급 이하 공무원(이에 상당하는 특정직공무원을 포함한다)은 공무원 경력이 5년 이상인 자

2. 관련 법인 또는 단체의 직원은 과장급 이상의 직위에 있는 자

3. 소관 업무에 관하여 상당한 경력과 전문성을 갖춘 자

4. 업무처리에 있어서 책임감과 능력이 있고 친절·성실한 자 등 위원회에서 정하는 자

② 법 제25조 제1항에 따라 위원회에 공무원 또는 직원을 파견한 기관의 장은 파견 후 복귀한 자에 대하여 보직부여 등에 있어서 우대조치를 강구하여야 하며, 파견 직원이 위원회에 1년 이상 근무한 경우에는 경력가점을 부여하는 등 평정시 우대할 수 있다.

6. 옴부즈만으로서 국민권익위원회의 기능

2008년 출범한 국민권익위원회는 과거 국민고충처리위원회와 국가청렴위원회, 국무총리 소속 행정심판위원회가 통합되면서 고충민원처리와 부패방지기능, 행정심판기능을 함께 수행한다.

통합된 국민권익위원회는 장관급 국민권익위원장 밑에 3명의 부위원장(차관급)이 고충처리(국민신문고 제도개선 포함), 부패방지, 행정심판

업무(중앙행정심판위원회)를 각각 나누어 맡고 있다. 소속기관으로 정부합동민원센터를 두어 대국민 전화상담(국민콜110), 온라인 민원상담, 직접 방문상담 등 다양한 소통창구를 운영한다.

3개 조직은 업무 방식에서 차이가 난다. 고충처리 분야는 과거 옴부즈만 기관의 역할을 살려 대부분 고충민원처리와 제도개선 업무를 수행하며, 업무성격도 권고 성격을 띤다. 고충처리 부위원장이 관장한다.

부패방지 분야는 우리나라의 반부패정책을 총괄하면서 국가전반의 청렴도 향상을 위해 노력하는 한편, 부패 및 공익신고를 받고 신고자를 보호한다. 부패방지에 초점이 맞추어져 있고, 적발 및 강제성 위주의 행정도 있다. 부패방지 부위원장이 담당한다.

준사법적 기능이 있는 행정심판 분야는 재결(판결) 성격으로, 결정에 따라 상대 행정기관이 의무적으로 결정에 따라야 하는 기속력이 있다는 점에서 업무 성격에 많은 차이가 있다. 행정심판 부위원장이 맡고 있다.

1) 고충처리 분야는 확실한 정통 민원 옴부즈만 기능 수행

옴부즈만 기능을 수행하는 고충처리 분야는 우리나라 대표 옴부즈만의 성격을 갖고 있는 만큼 일반적인 옴부즈만 기구가 갖고 있는 기능을 그대로 수행한다. ① 행정통제 기능(권익구제 기능), ② 갈등해결 기능, ③ 행정개혁 기능, ④ 정보공개 기능 등을 수행한다. 또 ① 독립성, ② 비강제성(권고), ③ 의회에 대한 보고와 언론 공표권, ④ 명확한 법적 근거 등의 요건을 구성한다.

국민권익위원회의 업무 분야로 보면, 고충민원처리와 제도개선 업무는 직접 옴부즈만 업무에 해당한다. 고충처리국과 권익개선정책국 소관이다. 대표적으로 의사결정 형태가 비강제적(권고)성격이다. 국민신문고와 정부합동민원센터 [국민콜110(정부민원안내전화), 온라인 민원상담, 방문상담] 등은 민원 접수와 답변, 상담, 안내 등 옴부즈만 업무와 관련된 필수 분야의 업무를 수행하여 옴부즈만 기능과 직·간접적으로 관련이 있다.

2) 부패방지 분야도 넓게 보면 부패방지 옴부즈만 역할에 해당

부패방지 분야도 넓은 의미에서 옴부즈만 기능을 수행한다고 할 수 있다. 부패방지 분야는 과거 통합되기 전 국가청렴위원회에서 맡았던 업무로, 민원 옴부즈만 기구인 고충처리에 부패방지 기능이 합쳐졌다. 따라서 넓은 의미에서는 고충처리와 부패방지 기능이 합쳐진 '한국형 옴부즈만' 역할을 수행한다고 해석할 수 있다. 부패방지 업무의 최종결정도 최고의사결정기구인 전원위원회에서 하고 있으며, 전원위원회에 안건상정을 위해서는 분과위원회를 거쳐야 한다. 부패·공익신고제도 운영, 부패·공익신고자 보호 등 상당수 업무는 부패방지 옴부즈만 업무성격을 지닌다. 공공기관의 부패방지시책 차원에서 '청렴옴부즈만 제도'(청렴시민감사관)를 적극 추진하도록 한다는 점에서 옴부즈만 기능에 부합한다고 할 수 있다.

반면, 국민권익위원회 부패방지 업무는 우리나라의 부패방지 총괄기관으로서 국가의 반부패정책을 총괄하는 컨트롤타워 역할을 하고 있다. 국가의 반부패정책 총괄 및 정책수립·추진, 청렴도평가제도 운영, 부정부패 단속, 공직자행동강령 제도 운영 등은 강제성도 있어 옴부즈만 기능과 다소 거리가 먼 측면도 있다.

참고로, 국민권익위원회의 옴부즈만 업무 관장은 고충민원 업무를 총괄하는 고충처리국 민원조사기획과에서 맡고 있다. 부패방지권익위법 제26조에 따라 매년 공표되는 운영상황도 '고충민원과 관련'해서만 하고 있는 점에서 볼 때 부패방지 업무까지 국민권익위원회가 수행하는 옴부즈만 영역에 넣을지는 논의가 필요한 사항이다.

3) 행정심판기능은 옴부즈만과 거리 멀어

반면, 행정심판위원회는 준사법적 형태로, 국민의 권익구제 업무를 수행하지만, 행정심판위원회의 결정사항인 '재결'은 권고가 아닌 강제성이 있기 때문에 옴부즈만 기능보다 사법적 기능에 가깝다. 우리나라의 행정여건상 국민권익위원회 소속으로 조직을 구성하고 국민권익위원회 부위원장 중 1명이 중앙행정심판위원장을 맡아 별도로 운영될 뿐 나머지, 위원 구성과 운영방식은 다르기 때문에 중앙행정심판위원회가 국민권익위원회 소속이라고 해서 옴부즈만 기능을 수행한다고 해석하는 것은 적절하지 않다. 다만, 국민권익위원회 소속 직원 간 인사교류는 모든 영역에서 자유롭게 이루어진다는 점은 참고할 필요성이 있다.

따라서 이 책에서는 옴부즈만 제도와 시민고충처리위원회 관련 사항을 주로 다루는 점을 고려하여 시민고충처리위원회와 직·간접적으로 관련이 많은 고충처리와 제도개선, 그리고 국민이 민원을 접수하고 상담하는 국민신문고와 국민콜110 등을 중심으로 다룬다.

3절 │ 국민권익위원회 고충민원처리 관련 제도

1. 일반민원과 고충민원

민원처리법 제2조는 '민원'을 일반민원과 고충민원으로 구분하고, 일반민원은 민원처리법에서 정의하고 있고, 고충민원은 부패방지권익위법에 따른 정의를 차용하고 있다.

일반민원은 행정기관에 인허가·대장 등록·증명 등을 신청하는 법정민원, 법령·제도 등에 대한 질의민원, 행정제도 및 운영 개선을 요구하는 건의민원, 그 밖에 기타민원을 말한다.

반면, 고충민원은 이러한 일반민원의 처리결과에 만족하지 못하는 경우 처리결과에 불복하여 제기되는 2차 민원 성격이 강하다. 부패방지권익위법 제2조 제5호에서는 고충민원을 "행정기관 등의 위법·부당하거나 소극적인 처분(사실행위 및 부작위를 포함한다) 및 불합리한 행정제도로 인하여 국민의 권리를 침해하거나 국민에게 불편 또는 부담을 주는 사항에 관한 민원(현역장병 및 군 관련 의무복무자의 고충민원을 포함한다)을 말한다."고 정의하였다. 민원처리법 제2조(정의)에서도 "고충민원은 부패방지권익위법 제2조 제5호에 따른 고충민원"이라고 정의하였다. 민원처리법에서 고충민원은 부패방지권익위법의 정의를 따르도록 한 것이다.

아울러, 부패방지권익위법 시행령 제2조에서는 고충민원에 대해 ① 행정기관 등의 위법·부당한 처분(사실행위를 포함한다)이나 부작위 등으로 인하여 권리·이익이 침해되거나 불편 또는 부담이 되는 사항의 해결요구, ② 민원사무의 처리기준 및 절차가 불투명하거나 담당 공무원의 처리지연 등 행정기관 등의 소극적인 행정행위나 부작위로 인하여 불편 또는 부담이 되는 사항의 해소 요청, ③ 불합리한 행정제도·법령·시책 등으로 인하여 권리·이익이 침해되거나 불편 또는 부담이 되는 사항의 시정요구, ④ 그 밖에 행정과 관련한 권리·이익의 침해나 부당한 대우에 관한 시정요구 등으로 정리하였다.

【 일반민원과 고충민원 관련 규정】

민원처리법 제2조 제1호	부패방지권익위법 제2조 제5호
가. 일반민원 •법정민원 : 인·허가, 승인, 특허·면허, 등록·등재, 확인·증명 •질의민원 : 행정업무에 관한 설명·해석 요구 •건의민원 : 행정제도 운영 개선 요구 •기타민원 : 법정·질의·건의 및 고충민원 외에 단순한 행정절차/형식요건 등의 상담·설명요구/불편사항에 대해 알리는 등 특정한 행위요구 민원 나. 고충민원 : 부패방지권익위법 제2조 제5호에 따른 고충민원	고충민원 •위법·부당하거나 소극적 처분 (사실행위, 부작위 포함) •불합리한 행정제도·법령·시책 등 권리·이익 침해, 불편·부담, 부당한 대우의 시정·개선의 요구

고충민원은 행정기관 등에서 민원처리법에서 정한 절차에 따라 처리할 경우, 원 처리기관의 감사부서 또는 그 고충민원과 관련한 사무에 대한 지도 권한을 가진 감독기관에서 처리하는 것이 원칙이다.

민원처리법 시행령

제17조(고충민원의 처리 등) ① 행정기관의 장은 고충민원을 접수한 때에는 특별한 사유가 없으면 7일 이내에 처리하여야 한다.

② 행정기관의 장은 민원인이 동일한 내용의 고충민원을 다시 제출한 경우에는 감사부서 등으로 하여금 이를 조사하도록 하여야 한다.

③ 행정기관의 장은 제1항에 따라 처리하는 고충민원의 내용이 정당한 사유가 있다고 인정될 때에는 지체 없이 원처분(原處分)의 취소·변경 등 적절한 조치를 하고, 이를 민원인에게 통지하여야 한다.

④ 행정기관의 장은 고충민원의 처리를 위하여 필요한 경우 14일의 범위에서 현장조사 등을 할 수 있다. 다만, 부득이한 사유로 14일 내에 현장조사 등을 완료하기 어렵다고 인정되는 경우에는 7일의 범위에서 그 기간을 한 차례만 연장할 수 있다. 〈개정 2021. 1. 5.〉

⑤ 제4항에 따른 현장조사 등에 걸린 기간은 제1항에 따른 처리기간에 산입하지 않는다. 〈개정 2021. 1. 5.〉

⑥ 민원인은 제2항에 따른 감사부서 등의 조사를 거친 경우에는 그 고충민원과 관련한 사무에 대한 지도·감독 등의 권한을 가진 감독기관의 장에게 고충민원을 신청할 수 있다. 이 경우 감독기관의 고충민원처리기간 및 처리방법 등에 관하여는 제1항, 제2항, 제4항 및 제5항을 준용한다.

⑦ 감독기관의 장은 제6항에 따른 고충민원의 처리결과를 소관 행정기관의 장에게 통보하여야 한다. 이 경우 소관 행정기관의 장은 특별한 사유가 없으면 그 결과를 존중하여 적절한 조치를 하고, 이를 민원인에게 통지하여야 한다.

⑧ 민원인은 고충민원을 신청하거나 제1항부터 제7항까지의 규정에 따

라 처리결과를 통보받은 경우에도 국민권익위원회 또는 「부패방지 및 국민권익위원회의 설치와 운영에 관한 법률」 제2조 제9호에 따른 시민고충처리위원회에 고충민원을 신청할 수 있다. 〈신설 2019. 6. 4.〉

[제목개정 2019. 6. 4.]

하지만, 이와 별개로 국민권익위원회가 고충민원을 직접 처리할 수도 있는데, 이는 국민권익위원회가 행정부 내 최종적인 민원처리 기관으로서의 역할을 수행하고 있고, 부패방지권익위법 제39조에 따라 누구든지 국민권익위원회에 민원을 신청할 수 있기 때문이다. 또한, 민원처리법 시행령 제17조 제6항에 따라 감사부서나 감독기관에서 처리한 민원에 대해서도 같은 법 시행령 제17조 제8항에 따라 국민권익위원회나 시민고충처리위원회에 다시 민원을 신청할 수 있다.

국민권익위원회는 원 처리기관의 감사부서·감독기관과 달리, 국가옴부즈만으로서 독립된 조직과 기능을 가지고 국민고충을 조사·처리한다. 국민권익위원회의 고충민원처리는 행정기관에 대한 고충민원을 접수하여 중립적인 입장에서 조사한 후 필요한 경우 시정권고 또는 의견을 표명할 수 있다. 국민과 행정기관 간의 분쟁을 조정·중재하고, 잘못된 행정관행을 개선하여 정부 신뢰와 국민 만족도를 높이자는 것이다.

2. 고충민원의 대상이 되는 행위

부패방지권익위법 제2조와 같은 법 시행령 제2조를 종합하면, 고충민원의 대상은 다음과 같이 구분할 수 있다.[40]

1) 행정처분

행정청이 행하는 구체적 사실에 관한 법 집행으로서의 공권력의 행사 또는 그 거부와 그 밖에 이에 준하는 행정작용을 말한다. 공권력의 행사란 행정청이 행하는 권력적 행정작용을 의미하는데, 상대방의 처분 신청에 대하여 이를 거부하는 행위를 거부처분이라고 한다. 예컨대, 인허가 등 신청에 대하여 이를 거부하는 경우가 해당된다.

민원처리법

제2조(정의) 이 법에서 사용하는 용어의 뜻은 다음과 같다.

4. "처분"이란 「행정절차법」 제2조 제2호의 처분을 말한다.

「행정절차법」

제2조(정의) 이 법에서 사용하는 용어의 뜻은 다음과 같다.

2. "처분"이란 행정청이 행하는 구체적 사실에 관한 법 집행으로서의 공권력의 행사 또는 그 거부와 그 밖에 이에 준하는 행정작용(行政作用)을 말한다.

---

40) 국민권익위원회, 〈시민고충처리위원회 설치·운영 안내서〉(2023), 106~110쪽

2) 부작위

부작위란 행정청이 당사자의 신청에 대하여 상당한 기간(법령에 규정된 민원사무 처리기간) 내에 일정한 처분을 하여야 할 법률상 의무가 있는데도 불구하고 처분을 하지 아니하는 경우를 말한다. 「행정심판법」 제2조 제2호에서는 아래와 같이 정의해 놓고 있다.

> **「행정심판법」**
> **제2조(정의)** 이 법에서 사용하는 용어의 뜻은 다음과 같다.
> 2. "부작위"란 행정청이 당사자의 신청에 대하여 상당한 기간 내에 일정한 처분을 하여야 할 법률상 의무가 있는데도 처분을 하지 아니하는 것을 말한다.

3) 비권력적 사실행위[41]

행정처분은 아니지만, 위법·부당하여 민원인의 권리·이익을 침해하거나 불편·부담이 되는 경우가 해당된다. 여기서 비권력적 사실행위는 대외적 구속력은 없는 경고, 권고 등과 같은 정보제공행위나 단순한 지식표시행위인 행정지도, 통지 등을 의미한다. 반면 권력적 사실행위는 행정청의 우월적 지위에서 일방적으로 행해지는 행위로, 처분성이 인정된다.

> ① 권력적 사실행위 : 행정청의 우월적 지위에서 일방적으로 강제하는 행위로서 처분성 인정

---

41) 국민권익위원회, 〈시민고충처리위원회 설치·운영 안내서〉(2023), 107쪽

(예: 위법한 영업소의 폐쇄조치, 전염병환자의 강제격리, 위법한 관세

물품의 영치행위 등)

② 비권력적 사실행위 : 대외적 구속력이 없음

(예: 경고, 권고 등과 같은 정보제공행위나 단순한 지식표시행위인 행

정지도, 통지 등)

4) 소극행정

공무원이 부작위 또는 직무태만 등 소극적 업무행태로 국민의 권익을 침해하거나 국가 재정상 손실을 발생하게 하는 행위를 말한다. 인사혁신처가 운영하는 적극행정 운영규정(대통령령)에는 적극행정과 소극행정에 대해 아래와 같이 정의하고 있다. 또한 국민권익위원회 예규인 「소극행정 예방 및 신고처리에 관한 지침」에도 아래와 같이 정의하고 있다.

「적극행정 운영규정」(인사혁신처)[대통령령 제34825호]

제2조(정의) 이 영에서 사용하는 용어의 뜻은 다음과 같다.

1. "적극행정"이란 공무원이 불합리한 규제를 개선하는 등 공공의 이익을 위해 창의성과 전문성을 바탕으로 적극적으로 업무를 처리하는 행위를 말한다.

2. "소극행정"이란 공무원이 부작위 또는 직무태만 등 소극적 업무행태로 국민의 권익을 침해하거나 국가 재정상 손실을 발생하게 하는 행위를 말한다.

「소극행정 예방 및 신고 처리에 관한 지침」 [국민권익위원회예규 제276호]

제2조(정의) 이 지침에서 사용하는 용어의 정의는 다음과 같다.

1. "소극행정"이란 「적극행정 운영규정」 제2조 제2호 「지방공무원 적극
   행정 운영규정」 제2조 제3호에 따른 "공무원이 부작위 또는 직무태만
   등 소극적 업무행태로 국민의 권익을 침해하거나 국가 재정상 손실을
   발생하게 하는 행위"를 말한다.

5) 불합리한 행정제도

불합리한 행정제도는 현실과 제도 간 괴리에서 생기는 것으로, 잘못
된 제도로 인해 불편을 겪는 것을 의미한다. 사회는 급변하는데, 법과
제도는 따르지 못해 발생하기도 한다.

당연히 법령에 포함되어야 할 내용이 누락되어 국민의 불편을 초래
하거나, 유사 법령 간 내용이 다르거나 모순되어 발생하는 행정 불합
리 및 국민 불편사항, 행정절차가 불합리하거나 복잡하여 민원 야기
등 국민에게 불편을 초래하는 경우, 국민의 권리·의무에 직접적 영향
을 미치는 사항을 법률이 아닌 시행령이나 내부 행정규칙으로만 정하
고 있는 경우 등 많은 경우가 생길 수 있다.

3. 고충민원의 특징

국민권익위원회에 제기되는 고충민원은 정말 다양한 특징을 지니고
있다. 부패방지권익위법에 명시된 고충민원의 정의 외에도 여러 가지
복합적인 성격을 띤다. 고충민원의 사안이 매우 복잡하고 갈등관계가

심하여 처리에 오랜 시간이 걸린다. 행정기관에서 제대로 처리되지 않아 제기되는 특징을 감안할 때 일반민원과 다음과 같은 차이가 있다고 할 수 있다.[42)]

1) 비정형성

제기되는 사안이 개별적이고 다양하며 예외적으로 발생하기 때문에 일정한 구비서류나 절차·처분요건 등을 규정하기 어려운 비정형성을 가진다. 국민신문고에 민원을 신청할 때나 서신으로 제출할 때 일정하게 정해진 양식이나 원칙이 있기는 하나 민원인이 쓰고 싶은 내용을 자유롭게 쓰다 보니 나타나는 현상이다. 그렇기 때문에 민원인이 제기한 내용에 대해 고충민원 조사관이 민원내용을 다시 확인하는 과정을 거치기도 한다. 그래서 국민권익위원회는 접수된 민원에 대해 요약 보고하는 과정을 거친다.

2) 복합성

내용·절차가 복잡하여 행정기관이 단독으로 처리하기보다는 관계 기관의 협조와 조정이 요구되며, 이로 인해 장시간이 소요될 수 있다. 민원내용이 한 기관에만 해당하는 경우는 민원처리가 쉬운 편이다. 하지만, 상당수 민원은 여러 기관에 걸쳐있어 해결하기가 쉽지 않은 측면이 있다. 이를 해결하기 위해서는 여러 기관을 불러 조율하는 등 복잡한 과정을 거치기도 한다.

---

42) 국민권익위원회, 〈시민고충처리위원회 설치·운영 안내서〉(2023), 111쪽

3) 조사관의 전문성

고충민원의 비정형성, 복합성 등의 특성으로 인해 전문적 시각에서 법·제도 등을 고려하되, 탄력적이고 유연하게 재해석할 필요가 있다. 고충민원 조사과정에서 중요한 덕목은 조사관의 전문성이다. 조사관이 전문지식이 있고, 열의가 있으면, 다각적으로 해결방안을 모색할 수 있다.

4) 해결에 장시간 소요

비정형성, 복합성, 전문성 등의 성격으로 인해 조사·분석, 현장방문, 유관 기관과의 협조 등을 위해 처리에 많은 시간이 소요되는 특성이 있다. 그래서 고충민원의 처리기간이 법적으로 60일 이내이지만, 60일을 초과하는 경우도 많다.

5) 시급성

요구내용이 건축, 주택, 도시계획, 도로개설, 교통, 환경녹지 등 주로 실제 생활과 관련되어 있어 대부분 신속히 처리를 요구하는 민원이 많다. 특히, 장애인이나 사회적 취약계층 등 바로 정부의 도움을 받아야 하는 경우도 있어 국민권익위원회 조사관들은 이런 민원은 우선순위를 바꾸어 처리하기도 한다.

6) 심리적·경제적 비용 발생

고충민원은 민원인이 이익의 침해나 불편·부당함을 느껴서 제기한 것이기 때문에 문제가 해소될 때까지는 계속 영향을 미친다. 특히 민원을 제기하는 민원인의 상당수는 기본적으로 피해를 봤다고 생각하는 경우가 많아 민원인의 요구가 받아들여지지 않았을 때 결과에 승복하지 못하는 경우도 있다.

7) 갈등관리 필요

고충민원은 주민의 의견이 실현되도록 하는 지향성이 있으며, 접수·처리과정에서 정치적 갈등으로 확산되거나 집단행동으로 표출될 가능성이 있다. 때로는 단순해 보이지만 내부적으로 자세히 보면 집단민원 성격을 나타내는 경우가 많다.

8) 사후관리적 성격

고충민원은 이미 취해진 행정처분, 사실행위 등에 대한 시정을 요구하는 것이기 때문에 주로 사후적인 의미나 성격을 가진다. 그래서 처분 등이 취소되어도 민원인 입장에서는 완전히 불만이 해소되지 않는 측면이 있다.

9) 제도개선 필요 사항 많아

민원내용을 살펴보면 현실과 제도 간 차이로 인해 실제 억울함이 발생하는 경우가 많다. 전국적으로 공통적으로 나타나는 현상으로 제도개선을 통해서 해결하는 경우가 많은데, 그렇다보니 민원을 제기하는 민원인 본인은 혜택을 받지 못하기도 한다.

10) 때로는 특혜논란도 야기

고충민원이란 기본적으로 제도의 사각지대에서 제기되는 경우가 많다. 그렇다보니 행정청의 입장에서는 규정과 원칙론을 내세우며 고충민원을 해소해 줄 수 없다고 주장한다. 민원인의 요구를 들어주면 특혜 소지가 있다는 것이다. 국민권익위원회가 이때 검토하는 것이 의견표명 제도이다. 국민권익위원회는 의견표명을 하면서 특혜소지보다는 민원인의 주장에 타당성이 있다는 점을 적극 설명할 필요가 있다.

제4절 | 고충민원처리 절차

1. 고충민원 신청

　국민권익위원회에 고충민원 신청은 누구든지 다양한 방법으로 할 수 있다. 국내에 거주하는 외국인도 가능하다. 기본적으로 국민권익위원회가 마련한 '고충민원 신청서' 양식에 따라 신청인의 성명, 주소, 전화번호 등을 기재하는데 대리인이나 대표자도 적도록 하고 있다. 피신청기관과 민원제목, 민원내용도 작성해야 한다.

　민원인이 이 양식을 활용하지 않아도 민원신청을 할 수 있다. 우선 소개할 수 있는 것이 인터넷 국민신문고이다. 인터넷으로 국민신문고 (https://www.epeople.go.kr)에 접속한 뒤 회원가입 후 민원을 제기할 수 있다. 이외에도 직접 방문하여 제출하거나 우편 등 오프라인으로도 신청이 가능하다. 어떤 형태로든 국민권익위원회에 고충민원 성격의 문서가 접수되면 국민권익위원회는 이를 국민신문고 시스템에 입력하여 절차에 따라 처리한다.

　고충민원은 원칙적으로 문서로 제출해야 하지만, 부패방지권익위법 제39조 제2항에 문서로 할 수 없는 특별한 사정이 있는 경우에는 구술로도 신청할 수 있도록 하였다. 민원인이 구술로 민원을 신청할 때는 담당 공무원이 대신 작성한 뒤 민원인으로 하여금 그 내용을 확인한 후 서명하도록 하고 있다.

【국민권익위원회 고충민원 신청서 양식】

고충민원 신청서

① 신 청 인 성 명(명칭)　　　　　　　　 외　　　 명
　　　　　　　주　소
　　　　　　　전　화　　　　　　　　　(이동전화)

② 대 표 자 성　명
　(대 리 인) 주　소
　　　　　　　전　화　　　　　　　　　(이동전화)
　　　　　　　신청인과의 관계

③ 피 신 청 인 기관명
　　　　　　　　주　소

④ 민원 제목
⑤ 민원 내용

⑥ 기타 참고사항
　가. 소송 또는 다른 불복구제절차의 신청유무 :
　나. 증거·참고자료 기타 조사방법에 관한 의견 :
⑦ 처리결과 통보방식
　서신 □　전자우편(주소　　　　　　) □ 휴대전화 문자메세지 □
⑧ 개인정보 공개 : 동의 □　부동의 □

　　　　　　　　　　　　　　　　　　　20　．　．　．
　　　　　　　　　　　　　　신청인　　　　(서명 또는 인)

이 신청서는 신청인(대리인)이 구술하는 내용을 듣고 작성한 것입니다.
　　　　　작성자　직급　　　　성명　　　　(서명 또는 인)

※ 유의하실 사항
　① 민원내용 기재란이 부족한 경우에는 별지에 계속 기재하여 주십시오.
　② 지면이 여러 장일 때에는 신청인과 작성자가 간인을 하여 주십시오.
　③ 신청인이 단체·기관이거나 다수인일 경우 대표자란을 기재하여 주십시오.
　④ '피신청인'란은 신청인이 요구하는 처분 등과 관련된 기관을 기재하여 주십시오.
　⑤ 신청인이 5명 이상인 경우 연명부 원본을 제출하여 주십시오.

「국민권익위원회 고충민원 처리지침」 제4조 제5항에서 특별한 사정이 있는 경우로 ① 신청인이 문맹이나 문서 이해능력의 부족 등으로 스스로 문서를 작성하는 것이 어렵다고 인정되는 경우, ② 신청인이 고령·질병·장애 등으로 인하여 문서를 작성하는 것이 어렵다고 인정되는 경우, ③ 신청인이 현역장병 및 군 관련 의무복무자에 해당하여 문서로 민원을 신청하는 것이 어렵다고 인정되는 경우 등이다.

고충민원은 법정대리인 외에 ① 신청인의 배우자, 직계 존·비속 또는 형제자매, ② 신청인인 법인의 임원 또는 직원, ③ 변호사, ④ 다른 법률의 규정에 따라 고충민원 신청을 대리할 수 있는 자, ⑤ ①~④호의 규정 외의 자로서 국민권익위원회의 허가를 받은 자 등은 당사자를 대신하여 민원을 제기할 수 있다.

민원인을 대리하기 위해 국민권익위원회의 허가를 받기 위해서는 ① 대리인이 될 자의 인적사항, ② 대리인을 선임하고자 하는 이유, ③ 민원인과 대리인과의 관계 등을 적어 제출하면 국민권익위원회는 지체 없이 이를 심사하여 허가여부를 결정하고 그 결과를 당사자에게 통지하도록 되어 있다.

고충민원의 처리과정을 간략히 요약하면, 국민신문고와 우편, 팩시밀리, 방문 등으로 접수된 고충민원은 소관부서로 배정된다. 이후 민원과장이 조사관을 지정하고, 조사관은 서면조사와 실지조사 등을 거쳐 결과보고서를 작성하여 소위원회에 상정한다. 소위원회는 기능 및 업무분야별로 나뉘어져 심의를 하는데, 시정권고·의견표명, 조정·합의, 기각, 각하, 심의안내, 이송 등의 형태로 처리된다. 이후 처리결과는 민원인에게 통보된다. 또한, 권고사항에 대한 이행관리 등 사후관리를 하게 된다. 관련 사항을 정리하면 아래 개념도와 같다.

【고충민원처리절차 개념도】

접수·분류	민원 조사	위원회 의결	결과 통보	사후관리
•(접수) 국민 신문고·우 편·팩스·방 문 등 •(분류) 소관 부서 배정	•조사관 지정 •서면·실지 조사 등 •결과보고서 작성	•시정권고, 의 견표명, 조 정, 합의 •기각, 각하, 심의안내, 이송	•처리결과 통보 (처리기간 60일, 60일 연장 가능)	•권고 이행 관리 •피신청인 : 권고 불복 (재심의)

【대표자 선정 양식】

대표자 선정서

1. 민원표시	민원번호 제목	
2. 신청인	성명(명칭)	
	주 소	
	전 화	(이동전화)
3. 선정된 대표자	성 명	
	주 소	
	전 화	(이동전화)

「부패방지 및 국민권익위원회의 설치와 운영에 관한 법률 시행령」 제36조 제1항 에 따라 위와 같이 선정합니다.

20 . . .

신청인 :   (서명 또는 인)

국민권익위원회 귀중

비고	1. 기재란이 부족한 경우에는 별지를 사용하실 수 있습니다. 2. "1. 민원표시"에는 고충민원과 관련하여 문서를 받으신 경우 그 문서번호와 일 자를 기재하셔도 됩니다.

210㎜×297㎜(일반용지 60g/㎡(재활용품))

2. 고충민원의 조사

고충민원에 대한 조사는 민원인이 주장한 내용과 사실관계, 법률관계 등을 확인하는데 중점을 두어야 한다. 먼저 해당 민원에 대해 피신청기관으로부터 공문으로 자료를 제출받는 서면조사를 실시한 뒤 현장조사(실지조사)와 출석조사 등 적절한 조사방법을 결정한다. 이때 정해진 규정을 지키지 않으면 갑질이나 규정위반 등의 문제를 야기할 수 있으니 정해진 규정에 따라 진행해야 한다.

1) 서면조사

고충민원의 신청 취지와 핵심 내용, 사실관계, 관련 법령을 포함한 규정 등 피신청인에게 필요한 자료를 한 번에 구체적으로 요구한다. 피신청인으로부터 받은 자료가 부실할 경우, 추가 자료를 요구할 수 있다.

민원인이 제출한 고충민원에 대한 불복구제 절차 진행 여부나 다른 기관에서 조사가 진행 중인지 여부, 권리관계가 확정된 사항인지 여부도 확인해야 한다. 만일 관계기관이 있다면 관계기관의 의견도 들어야 한다. 마지막으로는 해당 민원에 대한 종합적인 피신청인의 입장도 들어야 한다.

2) 현장조사(실지조사)

현장조사(실지조사)는 민원현장을 직접 방문하여 진행하는 조사를 의미한다. 직접 민원현장을 방문할 뿐만 아니라 소관 기관에도 방문하여 제출한 자료를 토대로 사실 여부를 확인하고 민원해소 방법을 논의한다. 간혹, 해당 기관에서 민원에 대한 사실 확인을 제대로 하지 않아 서면조사와 실제 사실 간 차이가 나는 경우도 생기고, 민원인이 잘못된 주장을 하거나 부풀려서 주장하는 경우도 있으니 가급적 현장조사를 하는 것이 좋다. 그래서 '현장에 답이 있다'는 이야기가 있는 것이다. 현장 조사 시 민원인도 만나 사실관계에 대해 심도 있게 확인할 필요가 있으며, 필요하다고 인정될 경우, 피신청기관 담당자를 만날 때 민원인과 함께 방문할 필요가 있으나, 피신청기관 담당자가 원하지 않거나 부적절하다는 판단될 경우에는 민원인을 대동하지 않는 것도 좋다.

3) 출석조사

피신청인과 관계기관 담당자 등을 국민권익위원회로 불러 조사를 진행하는 방식이다. 통상적으로 서면조사와 현장조사를 진행한 뒤에도 민원에 대해 의견조율이 되지 않을 경우 진행하곤 한다. 조사관과 담당과장이 진행할 수도 있지만, 필요에 따라 고충처리국장이나 상임위원, 부위원장이 진행하는 경우도 있다.

3. 안건 상정과 관련한 제도

고충민원에 대한 조사가 완료되면, 조사관은 조사결과보고서를 작성하여 소위원회에 상정하여 처리하여야 한다. 소위원회는 통상 매주 1회 열리는데, 조사관들은 상정 안건을 보통 근무일 기준 회의 개최 3일 전까지 제출해야 하고, 위원들은 소위원회 개최 전에 미리 안건을 받아보고 사전 검토를 한 뒤 회의에 참석하여 안건을 심의한다.

소위원회는 소위원장과 주심위원 등 3인이 참석하여 만장일치로 결정한다. 위원 간 의견일치를 보지 못하게 되면 보류되거나, 전원위원회에 넘겨 처리한다. 안건보고는 소관과장이 요점 위주로 직접 보고하고 의사담당은 심의과정에 배석하여 회의록 작성 등을 하고, 회의 종료 후에는 회의결과를 공람한다.

담당조사관은 다시 국민신문고 시스템에 회의 결과 등을 등록하고 담당과장의 결재를 받아 민원인에게 최종 결정 내용을 통지하는 것으로 민원처리는 마무리된다.

이에 앞서 조사관과 민원과장은 민원처리 방향에 대해 결정을 해야 한다. 고충민원은 민원인이 '행정기관 등의 위법·부당하거나 소극적인 처분(사실행위 및 부작위 포함)으로 인하여 권리를 침해받거나 불편 또는 부담을 겪었을 때'에 신청할 수 있는데, 조사결과 이에 부합하는지 여부를 검토하는 것이다.

조사결과에 따라 시정권고, 의명표명, 조정·합의, 기각, 심의안내, 이송, 각하, 종결 등 다양한 방식으로 처리한다. 이중 시정권고와 의견표명, 조정·합의 등은 인용(민원인의 요구를 받아들임)이라고 한다. 반면, 기각, 심의안내, 각하, 종결은 불인용(민원인의 요구를 받아들이지 않음)이라고 한다. 국민권익위원회의 고충민원처리과정을 좀 더 설명한다. 다음은 고충민원처리를 정리한 절차도다.

【국민권익위원회 고충민원처리 절차도】[43]

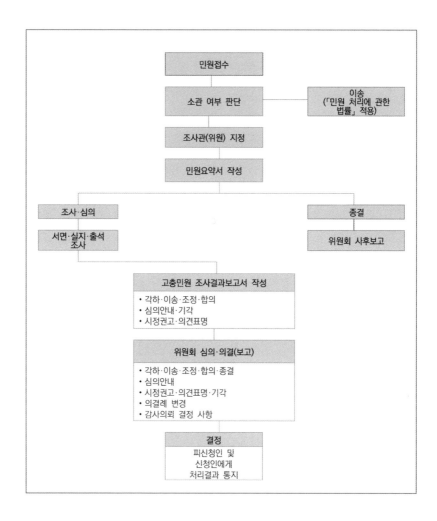

43) 국민익위원회, 〈시민고충처리위원회 설치·운영안내서〉(2023), 134쪽

1) 시정권고 및 의견표명

국민권익위원회는 고충민원 조사결과 행정기관 등의 처분이 위법·부당하다고 인정할 만한 상당한 이유가 있는 경우에는 관계 행정기관 등에 시정을 권고한다. 국민권익위원회가 가지고 있는 사실상 최고 강력한 조치지만, 강제성은 없다. 또한 위법·부당하지는 않지만, 신청인의 주장에 상당한 이유가 있다고 판단되는 경우에는 의견을 표명하여, 관계 행정기관에 자기 시정의 기회를 제공한다. 이 또한 강제성을 부여하지는 않지만, 충분한 사전 조율을 거쳐 민원인의 억울한 사정을 적극 설명하여 억울함을 해소하도록 하고 있다.

2) 불합리한 법령·제도에 대한 개선권고 및 의견표명

국민권익위원회는 이와 함께 고충민원처리과정에서 관련 법령이나, 제도, 정책 등의 개선이 필요하다고 인정되는 경우에는 관계 행정기관 등의 장에게 합리적인 개선을 권고하거나 의견을 표명하여 동일한 민원이 재발되지 않도록 하는 사전적 예방 기능을 수행한다.

관련 법률에서는 시정권고, 의견표명, 제도개선 권고 및 의견표명을 할 때는 관계 행정기관의 의견을 반드시 듣도록 하고 있다. 국민권익위원회의 시정권고나 의견표명에 대해서는 상당수의 행정기관과 지방자치단체에서 '적극행정 면책규정'을 적용할 수 있도록 별도의 지침이나 조례로 만들어 운영하기도 한다.

부패방지권익위법

제46조(시정의 권고 및 의견의 표명) ① 권익위원회는 고충민원에 대한 조사결과 처분 등이 위법·부당하다고 인정할 만한 상당한 이유가 있는

경우에는 관계 행정기관 등의 장에게 적절한 시정을 권고할 수 있다.

② 권익위원회는 고충민원에 대한 조사결과 신청인의 주장이 상당한 이유가 있다고 인정되는 사안에 대하여는 관계 행정기관 등의 장에게 의견을 표명할 수 있다.

제47조(제도개선의 권고 및 의견의 표명) 권익위원회는 고충민원을 조사·처리하는 과정에서 법령 그 밖의 제도나 정책 등의 개선이 필요하다고 인정되는 경우에는 관계 행정기관 등의 장에게 이에 대한 합리적인 개선을 권고하거나 의견을 표명할 수 있다.

제48조(의견제출 기회의 부여) ① 권익위원회는 제46조 또는 제47조에 따라 관계 행정기관 등의 장에게 권고 또는 의견표명을 하기 전에 그 행정기관 등과 신청인 또는 이해관계인에게 미리 의견을 제출할 기회를 주어야 한다. 〈개정 2019. 4. 16.〉

② 관계 행정기관 등의 직원·신청인 또는 이해관계인은 권익위원회가 개최하는 회의에 출석하여 의견을 진술하거나 필요한 자료를 제출할 수 있다.

3) 제3자적 입장에서 고충민원 합의·조정

국민권익위원회는 민원인과 피신청기관 사이에서 제3자적 조정·중재자 역할을 수행하여 원만한 합의를 도출하거나 다수인 관련 공공갈등 사항을 중재·조정한다. 부패방지권익위법 제44조는 국민권익위원회는 고충민원에 대한 공정한 해결을 위해 합의를 권고할 수 있도록 하고 있으며, 부패방지권익위법 시행령 제47조는 당사자 간 자율적으로 합의가 성립되면 합의서를 작성하도록 하고 있다.

특히, 다수인이 관련되거나 사회적 파급효과가 크다고 인정되는 고충민원을 대상으로는 조정회의를 통해 해결하도록 하고 있는데, 조정은 대안적 분쟁해결(ADR)[44]의 한 형태이다. 이상 3가지 유형은 신청인의 주장을 받아들이는 '인용'결정으로 해석한다.

부패방지권익위법

제44조(합의의 권고) 권익위원회는 조사 중이거나 조사가 끝난 고충민원에 대한 공정한 해결을 위하여 필요한 조치를 당사자에게 제시하고 합의를 권고할 수 있다.

제45조(조정) ① 권익위원회는 다수인이 관련되거나 사회적 파급효과가 크다고 인정되는 고충민원의 신속하고 공정한 해결을 위하여 필요하다고 인정하는 경우에는 당사자의 신청 또는 직권에 의하여 조정을 할 수 있다.

② 조정은 당사자가 합의한 사항을 조정서에 기재한 후 당사자가 기명날인하거나 서명하고 권익위원회가 이를 확인함으로써 성립한다.

③ 제2항에 따른 조정은 「민법」상의 화해와 같은 효력이 있다.

부패방지권익위법 시행령

제47조(합의 권고 및 조정 절차) ① 법 제44조에 따른 합의 권고로 당사자 간 합의가 성립된 경우나 당사자 간 자발적인 합의가 성립된 경우에는 합의서를 작성하여 당사자로 하여금 서명 또는 기명날인하게 한 후 권익위원회가 이를 확인한다.

② 권익위원회는 법 제45조에 따른 조정을 위하여 조정회의를 개최할

---

44) 대안적 분쟁해결(Alternative Dispute Resolution):법원의 소송에 의하지 않고 법원 외의 공정하고 중립적인 제3의 조정자로 하여금 분쟁을 해결하도록 하는 소송 외의 분쟁해결 제도

수 있다.

③ 조정회의는 권익위원회 위원장 또는 권익위원회 위원이 주재한다.

④ 권익위원회는 조정회의의 원활한 진행을 위하여 고충민원의 신청인과 책임 있는 관계 행정기관 등의 직원에게 출석을 요구할 수 있으며, 신청인의 요청이 있거나 효율적인 조정을 위하여 필요하다고 인정되는 경우에는 이해관계인·참고인 등으로 하여금 조정회의에 출석하여 의견을 진술하게 할 수 있다.

4) 불인용과 종결

불인용에 해당하는 것은 기각, 심의안내, 이송, 각하, 종결 등이다. 불인용 고충민원처리 형태를 정리했다.

【불인용 고충민원처리 형태】

불인용	기각	• 신청인의 주장이 법령상 타당하지 아니한 경우
	심의안내	• 행정절차나 제도·필요한 조치 등을 안내하는 경우
	이송	• 접수된 고충민원이 부패방지권익위법 제43조 제1항 각호의 어느 하나에 해당하는 경우 ① 고도의 정치적 판단을 요하거나, 국가기밀 또는 공무상 비밀에 관한 사항
	이송	② 국회·법원·헌법재판소·선거관리위원회·감사원·지방의회에 관한 사항 ③ 수사·형집행에 관한 사항으로 관장기관 처리가 적당, 감사원의 감사 착수사항 ④ 행정심판·행정소송·헌법재판소·감사원 등 불복구제 절차 진행 중인 사항

불인용	이송	⑤ 화해·알선·조정·중재 등 당사자 간 이해를 조정하는 절차가 진행 중인 사항 ⑥ 판결·결정·재결·화해·조정·중재 등으로 확정된 권리관계, 감사원 처분 요구사항 ⑦ 사인 간의 권리관계 또는 개인의 사생활에 관한 사항 ⑧ 행정기관 등의 직원에 관한 인사 행정상의 행위에 관한 사항 ⑨ 그밖에 관계 행정기관 등의 직접 처리가 타당하다고 판단되는 사항
	각하	• 접수된 고충민원이 부패방지권익위법 제43조 제1항 각호의 어느 하나에 해당하면서 관계 행정기관 등에 이송하는 것이 적절하지 아니하다고 인정되는 경우
	종결	• 위원회의 결정이 있기 전까지 민원 취하를 신청한 경우 • 위원회에서 각하한 민원을 다시 제기한 경우, 신청인과 직접적 이해관계가 없는 경우, 단순 질의 등 • 고충민원의 내용이 거짓이거나 정당한 사유가 없다고 인정되는 사항 • 정당한 사유 없이 3회 이상 반복 신청한 경우, 2회 신청서 보완요구에 응하지 아니한 경우 • 성명·주소 등이 분명하지 아니한 경우

부패방지권익위법

제41조(고충민원의 조사) ① 권익위원회는 고충민원을 접수한 경우에는 지체 없이 그 내용에 관하여 필요한 조사를 하여야 한다. 다만, 다음 각 호의 어느 하나에 해당하는 경우에는 조사를 하지 아니할 수 있다.

1. 제43조 제1항 각 호의 어느 하나에 해당하는 사항

2. 고충민원의 내용이 거짓이거나 정당한 사유가 없다고 인정되는 사항

3. 그 밖에 고충민원에 해당하지 아니하는 경우 등 권익위원회가 조사하는 것이 적절하지 아니하다고 인정하는 사항

② 권익위원회는 조사를 개시한 후에도 제1항 각 호에 해당하는 사유 등 조사를 계속할 필요가 없다고 인정하는 경우에는 이를 중지 또는

중단할 수 있다.

③ 권익위원회는 접수된 민원에 관하여 조사를 하지 아니하거나 조사를 중지 또는 중단한 경우에는 지체 없이 그 사유를 신청인에게 통보하여야 한다.

제43조(고충민원의 이송 등) ① 권익위원회는 접수된 고충민원이 다음 각 호의 어느 하나에 해당하는 경우에는 그 고충민원을 관계 행정기관 등에 이송할 수 있다. 다만, 관계 행정기관 등에 이송하는 것이 적절하지 아니하다고 인정하는 경우에는 그 고충민원을 각하할 수 있다.

1. 고도의 정치적 판단을 요하거나 국가기밀 또는 공무상 비밀에 관한 사항

2. 국회·법원·헌법재판소·선거관리위원회·감사원·지방의회에 관한 사항

3. 수사 및 형집행에 관한 사항으로서 그 관장기관에서 처리하는 것이 적당하다고 판단되는 사항 또는 감사원의 감사가 착수된 사항

4. 행정심판, 행정소송, 헌법재판소의 심판이나 감사원의 심사청구 그 밖에 다른 법률에 따른 불복구제절차가 진행 중인 사항

5. 법령에 따라 화해·알선·조정·중재 등 당사자 간의 이해 조정을 목적으로 행하는 절차가 진행 중인 사항

6. 판결·결정·재결·화해·조정·중재 등에 따라 확정된 권리관계에 관한 사항 또는 감사원이 처분을 요구한 사항

7. 사인간의 권리관계 또는 개인의 사생활에 관한 사항

8. 행정기관 등의 직원에 관한 인사행정상의 행위에 관한 사항

9. 그 밖에 관계 행정기관 등에서 직접 처리하는 것이 타당하다고 판단되는 사항

② 권익위원회는 제1항에 따라 고충민원을 이송 또는 각하한 경우에는 지체 없이 그 사유를 명시하여 신청인에게 통보하여야 한다. 이 경우 필요하다고 인정하는 때에는 신청인에게 권리의 구제에 필요한 절차와 조치에 관하여 안내할 수 있다.

부패방지권익위법 시행령

제39조(신청서의 보완) ① 권익위원회는 신청서에 보완할 사항이 있는 경우에는 상당한 기간을 정하여 신청인에게 보완할 것을 요청할 수 있다.
② 권익위원회는 제1항에 따른 요청에도 불구하고 신청인이 보완을 하지 아니한 경우에는 일정한 기간을 정하여 다시 보완을 요청할 수 있다.
③ 권익위원회는 제2항에 따른 보완요청을 받은 신청인이 보완요청 기간 내에 보완을 하지 아니하고 그 보완 없이는 고충민원을 처리할 수 없는 경우에는 결정으로 이를 종결처리 할 수 있다.

제43조(반복 고충민원 등의 처리) ① 권익위원회는 신청인이 동일한 내용의 고충민원을 정당한 사유 없이 3회 이상 반복하여 신청한 경우로서 2회 이상 그 처리결과를 통지한 후에 신청되는 사안에 대하여는 종결처리 할 수 있다.
② 권익위원회는 성명·주소 등이 분명하지 아니한 자가 신청한 고충민원에 대하여는 이를 종결처리 할 수 있다.

「국민권익위원회 고충민원 처리지침」

제16조(조사의 종결 등) ① 법 제41조 제1항 제3호에서 "그 밖에 고충민원에 해당하지 아니하는 경우 등 권익위원회가 조사하는 것이 적절하지 아니하다고 인정하는 사항"이란 다음 각 호의 사항을 말한다.

1. 법 제2조 제5호 및 영 제2조 각 호에 따른 고충민원에 해당하지 아니하는 경우

2. 위원회에서 각하한 고충민원을 그 사유의 해소 없이 다시 제기한 경우

3. 위원회에서 이미 처리한 고충민원과 동일한 고충민원이 다른 기관으로부터 이송된 경우

4. 신청인 자신과 직접적 이해관계가 없는 경우

5. 삭제 〈2019. 10. 17.〉

② 민원과장은 고충민원이 다음 각 호의 어느 하나에 해당한다고 인정되는 경우에는 조사 없이 종결할 수 있다.

1. 제1항 각 호에 해당되는 경우

2. 영 제39조 제3항에 따라 신청인이 기한 내 고충민원 보완을 하지 않아 고충민원을 처리할 수 없는 경우

3. 법 제41조 제1항 제2호에 따라 고충민원의 내용이 거짓이거나 정당한 사유가 없다고 인정되는 경우

4. 영 제43조에 따라 동일한 내용의 고충민원을 정당한 사유 없이 3회 이상 제기한 경우

5. 신청인이 영 제40조에 따라 고충민원을 취하한 경우

4. 처리결과 통지 및 종결

민원조사관은 소위원회에서 고충민원에 대한 심의가 마무리되면, 내부 결재를 거쳐 민원인과 피신청인에게 처리결과를 통보해야 한다.

시정권고나 의견표명은 정해진 양식에 따라 작성한 뒤 의결서를 첨부하여 민원인과 피신청인에게 통지한다. 합의나 심의안내의 경우, 간단하게 처리결과를 작성하여 문서로 통지한다.

제5절 | 국민권익위원회 고충민원처리 제도의 특징

국민권익위원회는 매년 3만~4만여 건 안팎의 고충민원을 처리하고 있다. 이중 인용률은 통상 20~30% 수준이다.

국민권익위원회가 처리한 고충민원 건수를 보면, 2023년 4만2,581건으로, 2022년 3만7,598건보다는 늘었지만, 2021년 5만8,880건보다는 줄었다. 하지만 꾸준히 4만~5만 건을 유지하고 있다.[45]

【고충민원처리현황】

구 분	'21년	'22년	'23년
접 수	56,423	37,569	44,390
처 리	58,880	37,598	42,581

국민권익위원회가 처리하는 고충민원의 특징을 정리하면 아래와 같다.

1. 비용이 전혀 들지 않는다

국민 누구든지, 정부에 요구하고 싶은 민원내용을 작성하여 인터넷 국민신문고나 우편 등으로 접수하면 된다. 만약 민원인이 반드시 국민

---

45) 국민권익위원회, 〈2023년 국민권익백서〉(2024), 192쪽

권익위원회가 처리해 줄 것을 요구할 경우에는 국민신문고 시스템에서 처리기관을 국민권익위원회로 체크하면 된다. 접수비용이나 처리비용이 전혀 들지 않기 때문에, 특히 경제사정이 어려운 서민들에게 유용한 수단이다. 일부 민원인들은 변호사나 행정사를 선임해 민원을 신청하는 경우가 있는데, 그럴 필요가 없다. 민원내용을 자세히 기록하고 관련 법령도 구체화하면 좋지만, 여건이 여의치 않으면 사실관계만 제대로 기록하여 제출해도 조사가 이루어진다. 민원이 접수되면 전문 조사관이 사실 여부를 충분히 확인하고, 민원 서류상으로 민원 취지가 불분명하면 조사관이 전화로 확인하거나 내용을 보완해달라고 요청하는 과정을 거치기 때문이다. 이런 확인과정을 거쳐 충분한 자료조사와 법령검토 등을 통해 합리적인 해결책을 찾아준다.

2. 긴급을 요할 경우 우선처리 제도를 운영한다

국민권익위원회는 「국민권익위원회 고충민원 처리지침」 제12조에서 우선 처리할 수 있는 민원에 대해 규정하고 있다.

「국민권익위원회 고충민원 처리지침」
제12조(우선 처리할 고충민원) ① 민원과장은 다음 각 호에 해당하는 고충민원을 우선 처리할 수 있다.
1. 2 이상의 행정기관이 관련된 복합 고충민원
2. 5세대 이상의 이해관계와 관련하여 5인 이상이 연명으로 제출한 다수인 관련 고충민원

3. 고충민원 해결에 소요되는 추정 예산이 50억 원 이상인 고충민원

4. 사회적 갈등으로 반대 민원이 발생할 소지가 있는 고충민원

5. 고충민원처리 결과에 대한 불만족으로 반복민원을 제기하는 경우로서 특별한 관심과 응대가 필요한 고충민원

6. 긴급한 조치가 필요한 취약계층의 고충민원

7. 위원장이 우선 처리하도록 지시한 고충민원

8. 기타 민원과장이 우선 처리할 필요가 있다고 판단한 고충민원

② 민원과장은 제1항에 따른 고충민원 중 중요사안으로 판단되는 경우에는 별지 제20호 서식에 따른 사회적 현안 고충민원 접수보고서를 작성하여 국장(심의관)에게 보고하여야 한다.

③ 민원과장은 사회적 현안 고충민원의 조사 진행상황을 수시로 소위원회 위원장에게 보고하고 법 제44조 및 제45조에 따른 합의·조정이 이루어지도록 노력하여야 한다.

이 규정에 따르면, ① 2 이상의 행정기관이 관련된 복합 고충민원, ② 5세대 이상의 이해관계와 관련하여 5인 이상이 연명으로 제출한 다수인 관련 고충민원, ③ 고충민원 해결에 소요되는 추정 예산이 50억 원 이상인 고충민원, ④ 사회적 갈등으로 반대 민원이 발생할 소지가 있는 고충민원, ⑤ 고충민원처리결과에 대한 불만족으로 반복민원을 제기하는 경우로서 특별한 관심과 응대가 필요한 고충민원, ⑥ 긴급한 조치가 필요한 취약계층의 고충민원, ⑦ 위원장이 우선 처리하도록 지시한 고충민원, ⑧ 기타 민원과장이 우선 처리할 필요가 있다고 판단한 고충민원 등 지침에서 정한 8가지 경우에 해당되면 우선 처리할 수 있도록 한 것이다. 고충민원의 경우, 접수순서에 따라 처리하는

것이 기본이지만, 취약계층 보호를 위한 긴급성이 요구되거나 다수인
이나 사회적 파급효과가 큰 민원 등을 우선처리 순위에 포함시켜 처
리하고 있다.

3. '달리는 국민신문고'를 운영한다

국민의 어려움을 현장에서 직접 청취하고 신속하게 해결하기 위해
2003년부터 민원현장에 직접 찾아가는 '달리는 국민신문고'를 운영
하고 있다. 전용 버스 2대와 소형 차량 등으로 전국을 찾아다니며 국
민권익위원회를 직접 방문하거나 인터넷 국민신문고로 접수하기 어려
운 농어촌 주민이나 사회적 취약계층을 대상으로 민원상담과 고충민
원을 접수받아 처리해주고 있다.

'달리는 국민신문고' 운영을 위해 전담조직을 신설하였고, 2011년
부터는 분야별 맞춤형 국민신문고를 운영하는 등 권익보호 사각지
대 해소를 위해 노력한다. 전담팀에서 연간 일정을 정해 전국을 돌며
민원상담과 민원접수를 받는 한편, 각 부서에서도 업무 특성에 맞게
'맞춤형 국민신문고'를 운영하여 업무 사각지대를 해소하는 형태로
특화된 민원처리를 하는 것이다. 2003년부터 2024년까지 1,192회를
실시하였다. 2003년부터 2024년 말까지 3만920건의 민원을 상담하였
고, 2024년에만 105회 운영하여 2,140건의 민원을 상담하였다.

구분		계	'03.~'07.	'08.~'12.	'13.~'17.	'18.	'19.	'20.	'21.	'22.	'23.	'24.
운영횟수	계	1,192	55	178	292	84	101	78	91	104	104	105
	지역형	590	55	140	146	33	36	33	31	40	40	36
	맞춤형	602	–	38	146	51	65	45	60	64	64	69
상담실적	계	30,920	1,543	6,441	8,928	2,163	2,519	1,511	1,482	1,929	2,264	2,140
	민원접수	8,089	541	2,088	2,079	370	346	264	247	356	440	1,358
	(현장합의)	(2,823)	(–)	(1,206)	(919)	(130)	(135)	(54)	(41)	(57)	(92)	(189)
	현장상담종결	22,831	1,002	4,353	6,849	1,793	2,173	1,247	1,235	1,573	1,824	782

2022년과 2023년에는 매달 3개 지방자치단체씩 연간 각각 40개 지방자치단체를 방문하여 민원 상담을 진행하였다. 2024년에는 36개 지방자치단체를 찾았다. '달리는 국민신문고'가 해당 지방자치단체를 찾아갈 때는 해당 지방자치단체뿐만 아니라 인근 지방자치단체에도 참여를 적극 유도해 실질적인 지역주민들의 참여는 훨씬 많다.

'달리는 국민신문고'가 지방자치단체를 찾아 갈 때는 각 부서에 배치된 전문조사관 10여명 이상이 국민권익위원회의 대형버스에 함께 타고 이동하고, 법률구조공단 등 유관기관에서도 함께 동행하여 상담을 지원하고 있다. 국민권익위원회는 국민의 상담편의를 위해 대형버스 2대를 구입하여 상담활동을 별도로 지원하고, 2025년엔 이동편의를 위해 소형 차량 2대를 추가로 구입하여 활동에 편의를 도모하고 있다.

이와는 별도로 '달리는 국민신문고'팀과 각 과에서 전통시장이나 지역터미널, 군부대, 경찰관서 등 주민이나 민원인이 많이 방문하는 곳을 찾아 운영하는 '맞춤형 국민신문고'는 2022년 64회, 2023년 64회, 2024년 69회를 운영했다.

【2022~2024년 달리는 국민신문고(지역형) 운영현황】

<2022년>

월별	권역별	운 영 · 참 여 지 역 지 자 체	
		운영(거점)	참여(인접)
		40개	80개
1월	경남	거제시(1. 19.)	통영시, 고성군
		의령군(1. 20.)	함안군, 창녕군
		산청군(1. 21.)	함양군, 거창군
3월	강원·경기	동해시(3. 16.)	삼척시
		강릉시(3. 17.)	양양군
		이천시(3. 18.)	여주시
4월	전남·전북	나주시(4. 6.)	화순군, 장흥군
		무안군(4. 7.)	영암군
		익산시(4. 8.)	전주시, 완주군
	충북·경북	단양군(4. 27.)	제천시
		예천군(4. 28.)	영주시, 문경시
		청주시(4. 29.)	보은군, 진천군, 증평군
6월	전남·전북	여수시(6. 15.)	순천시, 광양시
		임실군(6. 16.)	순창군, 남원시
		진안군(6. 17.)	무주군, 장수군
7월	울산·경남	울산 중구(7. 6.)	울산 남구, 북구, 동구, 울주군
		양산시(7. 7.)	밀양시
		김해시(7 .8.)	창원시
8월	경남·충북·충남	창녕군(8. 17.)	합천군
		옥천군(8. 18.)	영동군, 대전 동구
		계룡시(8. 19.)	논산시, 대전시 유성구

월별	권역별		
9월	서울·경기	김포시(9. 20.)	강화군, 파주시, 고양시
		부천시(9. 21.)	인천시 부평구, 광명시, 시흥시
		동작구(9. 22.)	영등포구, 구로구, 관악구, 서초구
		군포시(9. 23.)	안양시, 의왕시, 안산시
10월	전남·전북	목포시(10. 19.)	신안군, 해남군
		함평군(10. 20.)	광주 광산구, 장성군
		부안군(10 .21.)	고창군
11월	충남	서천군(11 .2.)	보령시, 부여군
		당진시(11. 3.)	서산시, 예산군
		천안시(11. 4.)	아산시
	강원·충북	정선군(11 .23.)	태백시, 영월군
		평창군(11. 24.)	횡성군, 홍천군
		충주시(11. 25.)	괴산군, 음성군
12월	경북	청송군(11. 30.)	안동시, 영양군, 영덕군
		군위군(12. 1.)	구미시, 칠곡군
		김천시(12. 2.)	상주시, 성주군
12월	경기	가평군(12. 14.)	남양주시, 포천시, 양평군
		하남시(12. 15.)	성남시, 광주시
		안성시(12. 16.)	평택시, 용인시

\<2023년\>

월별	권역별	운영·참여 지역 지자체	
		운영(날짜)	참여(인접)
		40개	60개
1월	경북	영천시(1 .11.)	경산시, 경주시
		칠곡군(1. 12.)	군위군, 구미시
		상주시(1. 13.)	문경시, 김천시
2월	전북·충남·충북	무주군(2. 22.)	장수군
		금산군(2. 23.)	논산시
		진천군(2. 24.)	증평군, 음성군
3월	경기	의정부시(3. 15.)	양주시, 서울 노원구
		구리시(3. 16.)	남양주시, 서울 중랑구
		성남시(3. 17.)	광주시, 서울 송파구

월	지역		
4월	전남·전북	영암군(4. 5.)	장흥군, 강진군
		정읍시(4. 6.)	김제시, 고창군
		완주군(4. 7.)	전주시, 진안군
	경기	광명시(4. 18.)	서울 구로구, 금천구
		안양시(4. 19.)	과천시
		화성시(4 .20.)	수원시
		오산시(4. 21.)	평택시
5월	강원·경기	고성군(5. 17.)	속초시
		인제군(5. 18.)	양구군
		양평군(5. 19.)	여주시
6월	경남·경북	창원시(6. 14.)	함안군
		밀양시(6. 15.)	김해시, 창녕군
		청도군(6. 16.)	경산시
7월	전남	고흥군(7. 12.)	보성군
		광양시(7. 13.)	순천시
		곡성군(7. 14.)	순창군, 구례군
8월	경남	고성군(8. 30.)	통영시
		합천군(8. 31.)	의령군
		거창군(9. 1.)	산청군
9월	강원·충북	삼척시(9. 13.)	태백시, 동해시
		원주시(9. 14.)	횡성군
		제천시(9. 15.)	충주시, 단양군
10월	전남·전북	완도군(10. 11.)	해남군
		신안군(10. 12.)	목포시, 무안군
		군산시(10. 13.)	익산시
11월	경북·충북	경주시(11. 8.)	포항시
		구미시(11. 9.)	군위군, 의성군
		보은군(11. 10.)	청주시, 옥천군
12월	충남	태안군(12. 13.)	서산시
		보령시(12. 14.)	부여군, 서천군
		공주시(12. 15.)	예산군, 청양군

<2024년>

월별	권역별	운영·참여 지역 지자체	
		운영(날짜)	참여(인접)
		36개	68개
1월	경남	사천시(1. 17.)	고성군
		진주시(1. 18.)	의령군, 함안군, 하동군
		함양군(1. 19.)	거창군, 산청군
2월	강원·충북	춘천시(2. 21.)	화천군, 양구군, 가평군
		홍천군(2. 22.)	인제군, 횡성군
		음성군(2 .23.)	충주시, 진천군
3월	전남·전북	해남군(3. 6.)	강진군, 영암군, 완도군
		담양군(3 .7.)	순창군, 광주 북구
		장수군(3 .8.)	진안군, 무주군
4월	경기	포천시(4. 17.)	연천군, 철원군
		남양주시(4. 18)	.하남시, 구리시
		용인시(4. 19.)	이천시
5월	전남·충남	여수시(5. 22.)	순천시, 광양시
		구례군(5. 23.)	곡성군
		부여군(5. 24.)	논산시
6월	부산·울산·대구	기장군(6. 12.)	해운대구
		울주군(6. 13.)	울산 남구, 양산시
		달성군(6. 14.)	달서구, 고령군, 창녕군
7월	경북·충북	영덕군(7. 10.)	울진군, 영양군
		의성군(7. 11.)	청송군, 군위군
		영동군(7. 12.)	옥천군, 금산군
8월	경기·충남	평택시(8. 28.)	안성시
		당진시(8.29.)	서산시
		예산군(8. 30.)	홍성군, 아산시
9월	전남·충남	진도군(9. 25.)	목포시, 해남군
		장성군(9. 26.)	영광군, 고창군
		서천군(9. 27.)	보령시
10월	강원·경북·충북	영월군(10. 16.)	정선군, 평창군
		문경시(10. 17.)	예천군, 상주시
		괴산군(10. 18.)	증평군, 청주시

11월	경기	파주시(11. 6.)	고양시, 연천군
		부천시(11. 7.)	김포시, 광명시
		의왕시(11. 8.)	군포시, 안양시
12월	경남·전남·전북	남해군(12. 4.)	하동군.
		순천시(12. 5.)	고흥군, 구례군
		남원시(12. 6.)	임실군, 순창군, 곡성군
'25. 1월	전남·전북	장흥군(1. 15.)	강진군, 완도군
		화순군(1. 16.)	보성군
		김제시(1. 17.)	부안군, 정읍시

특히, '달리는 국민신문고'는 국민이 국민권익위원회를 찾아와 민원을 제기하는 것을 기다리지 않고, 국민권익위원회 조사관들이 전국 방방 곡곡을 돌며 직접 국민의 어려움을 청취하고 해소하려는 노력을 보인 다는 점에서 높은 평가를 받는다.

국민권익위원회가 운영하는 국민신문고 버스

충청남도 서천군에서 국민권익위원회 '달리는 국민신문고'팀이 민원상담을 하는 모습

부산광역시 기장군에서 국민권익위원회 '달리는 국민신문고'팀이 민원상담을 하는 모습

충청남도 서산시에서 국민권익위원회 '달리는 국민신문고'팀이 민원상담을 하는 모습

4. 제도개선 기능이 있다

고충민원 조사·처리과정에서 관련 법령, 그 밖의 제도나 정책 등의 개선이 필요하다고 인정되는 경우에는 관계 행정기관의 장에게 이에 대한 합리적인 개선을 권고하거나 의견을 표명하여 동일한 민원이 재발되지 않도록 하는 사전 예방적 기능을 수행한다. 매년 45~50여 건의 고충민원과 관련한 제도개선 과제를 발굴하여 각 기관에 제도개선을 유도하고 있다. 이와는 별도로 권익개선정책국에는 제도개선총괄과와 경제제도개선과, 사회제도개선과 등 제도개선 업무를 전담하는 3개 과를 별도로 두고 있다. 부패방지권익위법 제47조에는 제도개선 권고 및 의견표명에 대해 규정되어 있으며, 법 제48조에는 국민권익위원회가 관련 행정기관 등에 권고 및 의견표명을 할 때는 관계 행정기관과 민원인, 그리고 이해관계인에게 의견을 듣도록 하고 있다.

5. 빈발민원에 대한 기획조사를 한다

민원이 지속적으로 제기되는 분야에 대한 기획조사를 통해 제기되는 민원을 줄이려고 노력한다. 제도개선 관련 규정은 부패방지권익위법 제47조에 명시되어 있다. 국민권익위원회는 이와 별도로 빈발하는 민원 분야에 대해 근본적으로 민원을 해소하기 위해 기획조사제도를 도입하고 있는 것인데, 이와 관련, 고충처리국 각 민원과에서는 해마다 2~3건의 기획조사를 실시하고 있다.

「국민권익위원회 고충민원 처리지침」 제2조에 기획조사 규정을 두고 있다. 부패방지권익위법 제47조에 제도개선관련 사항을 명시하고 있지만, 고충처리국 각 부서가 자유롭게 빈발 분야 등에 대한 조사를 해 민원발생 요소를 차단하도록 하는 것이다.

「국민권익위원회 고충민원 처리지침」

제2조(기획조사) 소관민원 담당과장(이하 "민원과장"이라 한다)은 법 제12조 제1호 내지 제4호에 따라 고충민원과 관련한 다음 각 호의 사항에 대한 기획조사를 영 제7조의 방법 등으로 실시할 수 있다.

1. 빈발·반복 고충민원 분야
2. 불합리한 법령과 행정규칙 및 지침 등으로 고충민원을 유발하는 분야
3. 행정기관 등의 시설 기준 및 관리 부실로 국민안전을 위협하거나 불편을 초래하는 분야
4. 행정기관 등에서 수립한 정책의 장기 미집행 등으로 국민의 재산권을 침해하거나 불편 등을 초래하는 분야
5. 기타 제1호 내지 제4호와 유사한 분야
6. 위원장 또는 소위원회 위원장이 지시하는 사항

6. 집단민원이 많아 조정으로 해결하는 경우가 많다

다수인과 관련한 집단민원이 계속 늘어나고 있다. 이로 인해 민원인과 피신청기관 사이에서 제3자적 조정자 역할을 수행하는 기능이 커졌다. 당사자들 간의 원만한 합의를 도출해 내고 대형 공공갈등의 발생을 사전에 예방하는 기능을 한다.

국민권익위원회의 민원처리 내용을 살펴보면, 국민 개개인이 제기하는 고충민원도 처리하지만, 다수의 국민이 제기하는 집단민원이 꾸준히 늘고 있다.

국민권익위원회는 민원처리법 제2조에 따라 5명 이상이 제기하는 민원을 '다수인관련민원'으로 분류하여 적극 해결하려고 노력하고 있다. 이를 위해 별도로 집단고충조사팀을 운영하기도 한다.

> **민원처리법**
> **제2조(정의)** 이 법에서 사용하는 용어의 뜻은 다음과 같다.
> 6. "다수인관련민원"이란 5세대(世帶) 이상의 공동이해와 관련되어 5명 이상이 연명으로 제출하는 민원을 말한다.

이처럼 다수인 관련 민원이 늘어나는 것은 사회가 복잡하고 국가정책이 많은 국민들에게 적용되면서 나타나는 현상이다. 정부의 개별 정책 변화나 제도변화가 많은 국민에게 적용 또는 영향을 미치면서 이들의 집단화와 조직화 현상이 뚜렷해지는 것이다. 게다가 민주주의를 추구하는 국가일수록 유권자들의 목소리가 커지고 이들이 조직화되어 행정조직을 압박하면서 갈등요인으로 불거져 어느 한 기관에서 해결하기 어려운 반면, 개별 기관들은 소속기관의 입장을 주로 대변하면서 문제해결이 어려워져 제3자 입장에서 중재자 역할이 커지고 있는 것이다.

국민이 요구하는 집단민원 중에는 여러 기관의 행정이나 역할이 복잡하게 얽혀 있다 보니 어느 한 행정조직만으론 해결하는데 한계가 있어 결국 국민권익위원회와 같은 제3자적 입장에서 중재와 조정이 필요한 것이다. 인터넷 등 커뮤니케이션 환경이 발전한 요인도 있다.

이러한 집단민원은 특성상 이해관계자가 많고, 민원인의 목소리도 통일성을 보이지 않는 경우가 많아 집단민원 해결이 어렵고 해결을 위해서는 전문성과 함께 많은 시간과 예산이 수반된다.

하지만, 사회적 파급효과가 큰 만큼 해당 민원이 해결되면 국민 사이에 국민권익위원회의 존재감 역시 커져 집단민원 갈등조정은 앞으로 국민권익위원회의 주요기능 중 하나로 자리 잡을 것으로 보인다.

실제로 국민권익위원회에 접수된 집단민원 현황을 보면 매년 240~380건 정도의 추이를 보였으며, 코로나19 시기 등 특별한 기간을 제외하고는 매년 꾸준히 증가추세를 보이고 있다.

국민권익위원회의 조정은 「민법」상 화해와 같은 효력이 있다. 조정과 합의는 민원을 사실상 해소하는 의미가 있어 민원해결의 중요한 기능을 한다. 국민권익위원회가 주재하는 조정회의에서 신청인과 피신청인, 관계기관 등이 조정서를 확인한 뒤 기명날인하고, 회의를 주재한 위원장이나 위원이 확인하고 서명함으로써 성립된다.

또한, 조정의 경우 한 기관이 아닌 여러 기관이 얽혀 있는 경우가 많아 조사관의 역량이 필요하다. 자칫하면 조정한 내용이 이행되지 않을 수도 있으니 조정한 내용에 대한 이행여부를 계속 확인하여야 한다.

이런 이유 때문에 국민권익위원회와 일부 정치권에서 별도의 집단민원조정법 제정을 추진하고 있지만, 정부 일각과 일부 정치권의 입장차이로 난항을 겪고 있다.

구분	'11	'12	'13	'14	'15	'16	'17	'18	'19	'20	'21	'22	'23
접수	285	361	362	241	255	242	216	227	264	299	310	317	384
조정	24	42	43	54	65	72	76	65	47	53	41	33	63
조정해결비율	8.4	11.6	11.9	22.4	25.5	29.7	35.2	28.6	17.8	17.7	13.2	10.4	16.4

7. '적극행정 면책규정'이 적용될 수 있다

정부는 공무원들의 적극행정을 확산하고 소극행정을 없애 국민권익을 증진하기 위해 적극행정을 적극 권장하고 있다. 적극행정 공무원을 발굴하여 포상하는 한편, 공무원이 적극행정을 하는 과정에 고의나 중대한 과실이 없을 때는 책임을 면제·감경해 주는 제도도 도입했다. 이 제도는 2019년 3월 14일 열린 총리 주재 국정현안점검조정회의에서 적극행정 면책기준을 확정하였고, 후속조치로 「지방공무원 적극행정 운영규정」(행정안전부, 2019년 8월 6일 시행) 및 「적극행정 운영규정」(인사혁신처, 2019년 5월 31일 시행)을 전파하여 각 기관별로 자체감사규정을 개정하도록 하였다. 감사원 관련 법률을 포함한 관련 조항을 정리했다.

---

46) 국민권익위원회, 〈2023 국민권익백서〉(2024), 199쪽

「적극행정 운영규정」(인사혁신처)[대통령령 제34825호]

제5조(의견 제시 요청) ① 「공공감사에 관한 법률 시행령」 제12조 제1항에 따른 자체감사 대상기관의 장(이하 "자체감사 대상기관의 장"이라 한다)은 소속 공무원이 인가·허가·등록·신고 등과 관련한 규제나 불명확한 법령 등으로 인해 업무를 적극적으로 추진하기 곤란한 경우에는 「공공감사에 관한 법률」 제2조 제6호에 따른 감사기구의 장(이하 "감사기구의 장"이라 한다)에게 해당 업무의 처리 방향 등에 관한 의견의 제시를 요청할 수 있다.

② 제1항에 따라 의견 제시 요청을 받은 감사기구의 장이 사안이 중대하거나 둘 이상의 기관이 관련되어 있는 등의 사유로 의견을 제시하기 곤란한 경우에는 해당 감사기구의 장이 소속된 중앙행정기관의 장이 감사원에 제1항에 따른 업무의 처리 방향 등에 관한 의견의 제시를 요청할 수 있다.

제11조(적극행정위원회) ① 「국가공무원법」 제50조의2 제2항에 따라 적극행정 추진에 관한 사항을 심의하기 위하여 각 중앙행정기관에 적극행정위원회(이하 "위원회"라 한다)를 둔다.

② 「국가공무원법」 제50조의2 제2항 제3호에서 "대통령령 등으로 정하는 사항"이란 다음 각 호의 사항을 말한다. 〈개정 2022. 12. 27.〉

1. 제14조에 따른 적극행정 우수공무원 선발 및 우수사례 선정에 관한 사항

2. 제16조 제4항에 따른 면책 건의에 관한 사항

3. 자체감사 대상기관의 장이 제5조 제1항에 따라 의견 제시를 요청한 내용이 국민생활에 미치는 영향이 크거나 여러 이해관계자와 관련되는 등 신중한 검토가 필요하여 감사기구의 장이 자문한 사항

3의2. 공무원(퇴직한 공무원을 포함한다)이 제18조 제2항 또는 제3항에 따른 중앙행정기관의 지원 대상이 되는지 여부

4. 그 밖에 적극행정 과제 발굴 등 적극행정 관련 정책의 수립·추진에 관한 사항

제13조(위원회에 대한 의견 제시 요청) 공무원은 인가·허가·등록·신고 등과 관련한 규제나 불명확한 법령 등으로 인해 업무를 적극적으로 추진하기 곤란한 경우에는 위원회에 직접 해당 업무의 처리 방향 등에 관한 의견의 제시를 요청할 수 있다.

제16조(징계요구 등 면책) ① 공무원이 적극행정을 추진한 결과에 대해 그의 행위에 고의 또는 중대한 과실이 없는 경우에는 「감사원법」 제34조의3 및 「공공감사에 관한 법률」 제23조의2에 따라 징계 요구 또는 문책 요구 등 책임을 묻지 않는다.

② 공무원이 사전컨설팅 의견대로 업무를 처리한 경우에는 제1항에 따른 면책 요건을 충족한 것으로 추정한다. 다만, 공무원과 대상 업무 사이에 사적인 이해관계가 있거나 감사원이나 감사기구의 장이 사전컨설팅을 하는 데 필요한 정보를 충분히 제공하지 않은 경우에는 그렇지 않다.

③ 공무원이 제13조에 따라 위원회가 제시한 의견대로 업무를 처리한 경우에는 「공공감사에 관한 법률」 제23조의2에 따른 면책 요건을 충족한 것으로 추정한다. 다만, 해당 공무원과 대상 업무 사이에 사적인 이해관계가 있거나 위원회가 심의하는 데 필요한 정보를 충분히 제공하지 않은 경우에는 그렇지 않다. 〈신설 2020. 8. 25.〉

④ 위원회는 공무원이 적극행정을 추진한 결과에 대해 「감사원법」에 따른 감사원 감사를 받게 되는 경우에는 해당 공무원의 요청에 따

라 감사원에 같은 법 제34조의3에 따른 면책을 건의할 수 있다. 〈신설 2020. 8. 25.〉

제17조(징계 등 면제) ① 공무원이 적극행정을 추진한 결과에 대해 그의 행위에 고의 또는 중대한 과실이 없는 경우에는 징계 관련 법령에 따라 징계의결 또는 징계부가금 부과의결(이하 "징계의결 등"이라 한다)을 하지 않는다.

② 공무원이 사전컨설팅 의견대로 업무를 처리한 경우에는 징계 관계 법령에 따라 징계의결 등을 하지 않는다. 다만, 공무원과 대상 업무 사이에 사적인 이해관계가 있거나 감사원이나 감사기구의 장이 사전컨설팅을 하는 데 필요한 정보를 충분히 제공하지 않은 경우에는 그렇지 않다.

③ 공무원이 제13조에 따라 위원회가 제시한 의견대로 업무를 처리한 경우에는 징계의결 등을 하지 않는다. 다만, 공무원과 대상 업무 사이에 사적인 이해관계가 있거나 위원회가 심의하는 데 필요한 정보를 충분히 제공하지 않은 경우에는 그렇지 않다.

④ 「공무원 징계령」 제2조 제1항에 따른 징계위원회(특정직공무원의 경우에는 해당 징계 관련 법령에 따른 징계위원회를 말한다)는 징계의결 등이 요구된 공무원이 적극행정 추진에 따라 발생한 비위임을 주장할 경우에는 징계 관계 법령에 따라 이를 고려하여 심의하고 그 결과를 징계 및 징계부가금(이하 "징계 등"이라 한다) 의결서에 구체적으로 밝혀야 한다. 〈개정 2020. 8. 25.〉

제18조의2(적극행정 국민신청) ① 법령이 없거나 법령이 명확하지 않다는 사유로 다음 각 호의 어느 하나에 해당하는 통지를 받은 사람은 소관 중앙행정기관의 장에게 해당 업무를 적극적으로 처리해 줄 것을

신청(이하 "적극행정 국민신청"이라 한다)할 수 있다.

1. 「민원 처리에 관한 법률」제27조 제1항에 따라 민원[같은 법 제2조 제1호 가목4]의 기타민원은 제외한다]의 내용을 거부하는 통지

2. 「국민 제안 규정」제10조 제1항에 따라 국민제안이 채택되지 않았다는 통지

② 적극행정 국민신청은 「부패방지 및 국민권익위원회의 설치와 운영에 관한 법률」제12조 제16호에 따른 온라인 국민참여포털을 통해 해야 한다.

③ 국민권익위원회는 제2항에 따라 접수된 적극행정 국민신청의 내용에 상당한 이유가 있다고 인정되는 경우에는 의견을 첨부하여 소관 중앙행정기관의 장에게 보내야 한다.

④ 중앙행정기관의 장은 소속 공무원으로 하여금 적극행정 국민신청의 내용을 검토한 후 제5조 또는 제13조에 따른 의견 제시 요청 등을 활용하여 적극적으로 업무를 처리하도록 해야 한다.

⑤ 중앙행정기관의 장은 제4항에 따라 소속 공무원이 업무를 처리한 경우 그 결과를 국민권익위원회에 통보해야 한다.

⑥ 제1항부터 제5항까지에서 규정한 사항 외에 적극행정 국민신청의 방법·절차·처리기준, 처리결과 통보, 사후관리, 그 밖에 필요한 사항은 국민권익위원회가 정한다.

[본조신설 2021. 7. 27.]

「감사원법」

제34조의3(적극행정에 대한 면책) ① 감사원 감사를 받는 사람이 불합리한 규제의 개선 등 공공의 이익을 위하여 업무를 적극적으로 처리한 결과에 대하여 그의 행위에 고의나 중대한 과실이 없는 경우에는 이 법에 따른 징계 요구 또는 문책 요구 등 책임을 묻지 아니한다.

② 제1항에 따른 면책의 구체적인 기준, 운영절차, 그 밖에 필요한 사항은 감사원규칙으로 정한다.

「감사원 감사사무 처리규칙」

제33조(적극행정면책) ① 감사원 감사를 받는 자가 불합리한 규제의 개선 등 공공의 이익을 위하여 업무를 적극적으로 처리(이하 "적극행정"이라 한다)한 결과에 대하여는 법에 따른 불이익한 처분요구 등을 하지 않는 등 그 책임을 면제(이하 "적극행정면책"이라 한다)할 수 있다.

② 제1항에서 "법에 따른 불이익한 처분요구 등"이란 법 제32조 제1항의 징계요구, 같은 조 제8항의 문책요구, 같은 조 제9항의 해임요구, 제33조 제1항의 주의요구(기관에 대한 주의요구를 포함한다), 제34조의2 제1항의 통보(인사자료 통보에 한정한다) 등을 말한다.

제34조(적극행정면책의 범위) ① 적극행정면책은 감사원의 감사대상 업무 전반에 적용한다.

② 국가적인 경제난 및 감염병 확산 등에 따른 국가 재난 상황 극복을 위한 정책의 수립 또는 집행과 직접적으로 관련된 업무처리 및 불합리한 규제개선과 관련한 업무처리에 대해서는 관련된 모든 정상(情狀)을 더욱 심도 있게 검토하여 면책 여부를 결정한다.

제35조(면책 대상자) 적극행정면책은 법 제22조부터 제24조까지 등에 규정된 중앙행정기관, 지방자치단체, 공공기관 등 모든 감사대상 기관과 그에 소속된 공무원 또는 임직원 등에게 적용한다.

제36조(적극행정면책의 기준) ① 감사원 감사를 받는 자가 적극행정면책의 대상이 되기 위하여는 다음 각 호에서 정한 기준을 모두 충족하여야 한다.

1. 업무처리가 불합리한 규제의 개선, 공익사업의 추진 등 공공의 이익을 위한 것일 것

2. 업무를 적극적으로 처리한 결과일 것

3. 고의 또는 중대한 과실이 없을 것

② 제1항에도 불구하고 감사원 감사를 받는 자가 감사원이나 자체감사기구에 사전컨설팅(적극행정을 추진하는 과정에서 의사결정에 어려움을 야기하는 요인이 있어 해당 기관이 사전에 관련 규정의 해석 등에 대한 의견을 구하고 감사원이나 자체감사기구가 그에 대한 의견을 제시하는 행위를 말한다)을 신청하여 사전컨설팅 의견대로 업무를 처리한 경우에는 제1항의 기준을 충족한 것으로 추정한다. 다만, 감사원 감사를 받는 자와 대상 업무 사이에 사적인 이해관계가 있는 등 특별한 사유가 있어 적극행정면책을 하는 것이 부적절한 경우에는 그러하지 아니하다.

③ 감사원 감사를 받는 자가 다음 각 호에서 정한 바를 모두 충족한 경우에는 제1항 제3호에서 정한 고의 또는 중대한 과실이 없는 것으로 추정한다.

1. 감사원 감사를 받는 자와 대상 업무 사이에 사적인 이해관계가 없을 것

2. 대상 업무를 처리하면서 중대한 절차상의 하자가 없을 것

부패방지권익위법에 따른 고충민원에는 소극행정도 포함되어 있다. 만일 국민권익위원회와 시민고충처리위원회가 행정기관 직원 등의 소극적인 처분으로 민원인이 피해를 입었다고 판단되면 시정권고나 의견표명을 할 수 있으며, 이는 소극행정을 근절하고 적극행정을 유도하는 것이 된다.

부패방지권익위법

제2조(정의) 이 법에서 사용하는 용어의 뜻은 다음과 같다.

5. "고충민원"이란 행정기관 등의 위법·부당하거나 소극적인 처분(사실행위 및 부작위를 포함한다) 및 불합리한 행정제도로 인하여 국민의 권리를 침해하거나 국민에게 불편 또는 부담을 주는 사항에 관한 민원(현역장병 및 군 관련 의무복무자의 고충민원을 포함한다)을 말한다.

1) 시정권고·의견표명 불수용되면, '적극행정 국민신청 제도' 활용

인사혁신처가 마련한 「적극행정 운영규정」에 따르면, '적극행정 면책 제도'란 공직자 등이 공공의 이익을 위하여 성실하고 적극적으로 업무를 처리한 결과에 대하여 설사 잘못이 있더라도 고의나 중대한 과실이 없다면 책임을 면제·감경해 주는 제도이다.

「적극행정 운영규정」 제5조(의견제시요청)에 따른 사전컨설팅 결과와 같은 규정 제13조(위원회에 대한 의견 제시 요청)에 따라 적극행정위원회가 제시한 의견을 수용하여 추진한 경우, 징계를 받지 않는다. 행정안전부가 마련한 「지방공무원 적극행정 운영규정」에도 동일한 내용이 포함되어 있다.

「감사원법」에도 "감사원 감사를 받는 사람이 불합리한 규제의 개선 등 공공의 이익을 위하여 업무를 적극적으로 처리한 결과에 대하여 그의 행위에 고의나 중대한 과실이 없는 경우에는 이 법에 따른 징계 요구 또는 문책 요구 등 책임을 묻지 아니한다."고 규정되어 있다.

또한, 감사원 「감사사무처리규칙」 제36조 제1항에서는 "적극행정 면책의 기준으로 ① 업무처리가 불합리한 규제의 개선, 공익사업의 추진 등 공공의 이익을 위한 것일 것, ② 업무를 적극적으로 처리한 결과일 것, ③ 고의 또는 중대한 과실이 없을 것" 등을 들었다. 제2항에서는 "감사원 감사를 받는 자가 감사원이나 자체감사기구에 사전컨설팅을 신청하여 사전컨설팅 의견대로 업무를 처리한 경우는 적극행정 면책 기준을 충족한 것으로 본다."고 되어 있다.

결론적으로, 「감사원법」과 「감사사무처리규칙」을 종합하면, 공무원이 적극행정을 추진하는 과정에 ① 업무처리가 불합리한 규제의 개선, 공익사업의 추진 등 공공의 이익을 위한 것일 것, ② 업무를 적극적으로 처리한 결과일 것, ③ 고의 또는 중대한 과실이 없을 것 등에 해당하거나, 감사원이나 자체감사기구에 사전컨설팅을 신청하여 사전컨설팅 의견대로 업무를 처리한 경우는 면책받을 수 있다고 볼 수 있다. 아울러, 감사원의 「감사사무처리규칙」 제36조 제3항에서는 '고의 또는 중대한 과실이 없을 것'에 대해서는 ① 감사원 감사를 받는 자와 대상 업무 사이에 사적인 이해관계가 없을 것, ② 대상 업무를 처리하면서 중대한 절차상의 하자가 없을 것 등을 제시했다.

이와 함께 인사혁신처의 「적극행정 운영규정」 제18조의2(적극행정 국민신청)(「지방공무원 적극행정 운영규정」 제17조의2)에는 민원 또는 국민제안을 제출했지만, 법령이 없거나 법령이 명확하지 않다는 사유로 '적극적으로 처리하지 못한 것으로 판단될 경우', '적극행정 국민신청'

을 하도록 하고 있다.

'적극행정 국민신청'은 온라인 국민신문고를 통해 국민권익위원회로 접수하면 된다. 국민권익위원회는 접수된 적극행정 국민신청의 내용에 상당한 이유가 있다고 인정되는 경우에는 의견을 소관 중앙행정기관의 장(지방자치단체의 장)에게 제시하도록 되어 있다.

또한, 중앙행정기관의 장(지방자치단체의 장)은 소속 공무원으로 하여금 국민권익위원회가 제시한 내용을 제5조(의견 제시 요청, 사전컨설팅) 또는 제13조(위원회에 대한 의견제시 요청)를 활용하여 적극적으로 업무를 처리하도록 하고 있다. 이처럼 제5조와 제13조를 활용하여 국민권익위원회의 의견을 수용하면 「적극행정 면책규정」의 적용을 받는다.

이는 국민이 고충민원을 신청하거나 제도개선을 요청했고, 국민권익위원회가 이에 대해 시정권고나 의견표명을 했는데, 공공기관(지방자치단체장 포함)이 법령 미비 등으로 불수용할 경우, 활용할 수 있는 방법이다.

적극행정 국민신청 처리과정을 개념도로 표현하면 아래와 같다.[47]

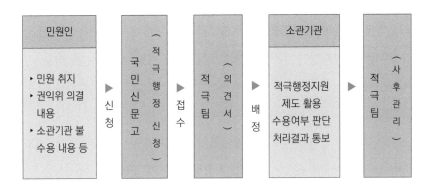

---

47) 국민권익위원회 적극행정 국민신청팀 내부자료

국민권익위원회가 고충민원을 검토한 결과, 민원인의 주장이 타당하다고 판단하여 시정권고나 의견표명을 하였지만, 해당 공공기관이나 행정기관이 불수용 입장을 고수할 경우, 민원인은 다시 국민신문고를 통해 '적극행정 국민신청'을 하도록 하고 있다. 이후 국민권익위원회 권익개선정책국 소속 적극행정 국민신청팀에서 검토하여 해당 기관에 그 결과를 담은 의견서를 보내고, 해당 기관에서 국민권익위원회의 적극행정 국민신청팀의 의견을 수용하면 「적극행정 면책규정」의 적용을 받는 것이다.

국민권익위원회 적극행정 국민신청팀에서는 국민권익위원회가 고충민원에 대해 시정권고를 하였는데, 피신청기관이 불수용할 경우, 담당 조사관(과)에게 아래와 같은 안내 문구를 민원인에게 보내도록 안내하고 있다.

【(예시)고충민원 의결(시정권고, 의견표명)에 대한 피신청인 답변 안내】

1. 귀하께서 우리 위원회에 제출한 고충민원(민원번호, 민원제목)에 대해 우리 위원회에서는 상당한 이유가 있어 피신청인에 대해 시정을 권고(의견을 표명)하였으나, 피신청인이 수용하기 어렵다는 의견을 전달하였기에, 이를 알려드립니다.
2. 참고로 우리 위원회에서 의결하여 피신청인에게 통보하였으나 수용되지 않은 고충민원에 대해 다시 '적극행정 국민신청'(국민신문고로 의결서 등을 첨부하여 신청 가능)을 할 수 있습니다. 적극적으로 활용하여 주시기 바랍니다.

2) 자체규정에 '부패방지권익위법에 따른 시정권고·의견표명 수용 시 면책규정'이 있으면 면책가능

이와는 별도로 각 기관 자체 감사규정에 "「부패방지 및 국민권익위원회의 설치와 운영에 관한 법률」 제46조 및 제47조에 근거한 국민권익위원회의 고충민원에 대한 시정권고 및 의견표명에 따라 대상 업무를 처리한 경우에는 면책 기준을 충족한 것으로 본다."는 규정이 있으면, 국민권익위원회의 시정권고와 의견표명을 수용하여도 문제 삼지 않는다.

이는 정부가 2019년 3월 14일 총리 주재 국정현안점검조정회의에서 적극행정 면책기준을 마련하고, 이를 토대로 인사혁신처가 일선 행정기관에 통보한 「적극행정 운영지침」(인사혁신처, 2019년 5월 31일 시행)에 '국민권익위원회의 시정권고 및 의견표명 등의 이행은 부패방지권익위법에 따른 조치로 적극행정 면책기준을 적용'하도록 되어 있으며, 각급 공공기관은 이런 내용을 2019년 6월까지 자체감사규정에 포함하여 개정하도록 했기 때문이다. 지방자치단체는 행정안전부가 같은 지침을 전파했다.[48]

인사혁신처의 「적극행정 운영지침」에 담긴 고충민원 관련 국민권익위원회 시정권고 및 의견표명 등의 이행은 부패방지권익위법에 따른 조치로 '적극행정 면책기준'을 적용한다는 내용은 아래와 같다.

「적극행정 운영지침」(인사혁신처)

자체감사의 적극행정 면책

o 각 기관은 적극행정 면책 확대를 위해 자체감사규정 개정 추진

---

48) 인사혁신처, 〈적극행정 운영지침〉(2019.5) 34쪽 및 51쪽

- (고충민원 관련) 국민권익위원회 시정권고 및 의견표명 등의 이행은 부패방지권익위법에 따른 조치로 적극행정 면책기준*을 적용

> * 면책기준
> ① 불합리한 규제의 개선, 공익사업의 추진 등 공공의 이익을 위한 것일 것
> ② 업무를 적극적으로 처리한 결과일 것
> ③ 고의 또는 중대한 과실이 없을 것

※ 국민권익위원회는 고충민원의 조사결과에 따라 각급 기관에 시정권고 및 의견표명을 실시하고 관계기관의 장은 이를 존중하여야 함
※ 의견표명은 위법·부당은 아니지만 민원인의 의견에 상당한 이유가 있는 것으로 이에 따른 개선은 적극행정에 해당
ㅇ 적극행정 면책 확대를 위해 각 기관은 자체감사규정 개정('19. 6.까지)

　인사혁신처와 행정안전부의 지침에 따라 국토교통부, 기획재정부 등 중앙행정기관뿐만 아니라, 서울특별시·경기도 등 많은 지방자치단체에서 국민권익위원회의 시정권고 및 의견표명 등의 이행은 부패방지권익위법에 따른 조치로 적극행정 면책기준을 적용한다는 내용을 담았다. 각 기관이 담은 감사규정 등을 정리했다.

① 「국토교통부 감사규정」

제1조(목적) 이 규정은 「공공감사에 관한 법률」 및 같은 법 시행령, 「감사원법」, 「지방자치법」, 「지방자치단체에 대한 행정감사규정」, 「국토교통부 및 그 소속청 소관 비영리법인의 설립 및 감독에 관한 규칙」 등에 따라 국토교통부장관이 그 소관 사무에 대하여 실시하는 자체감사 등에 필요한 사항을 규정함을 목적으로 한다.

제2조(정의) 이 규정에서 사용하는 용어의 뜻은 각 호와 같다.

7. "적극행정면책"이란 자체감사를 받는 사람이 고의 또는 중과실 없이 적극적으로 업무를 처리한 결과에 대하여 「국토교통부 감사규정」에 따른 불이익한 처분요구를 하지 않는 등 그 책임을 면제하는 것을 말한다.

제41조(적극행정에 면책의 요건) ① 자체감사를 받는 사람이 적극행정 면책의 대상이 되기 위해서는 다음 각 호에서 정한 기준을 모두 충족하여야 한다.

1. 자체감사를 받는 사람의 업무처리가 불합리한 규제의 개선, 공익사업의 추진 등 공공의 이익을 위한 것일 것

2. 자체감사를 받는 사람이 대상업무를 적극적으로 처리한 결과일 것

3. 자체감사를 받는 사람의 행위에 고의나 중과실이 없을 것

② 자체감사를 받는 사람이 다음 각 호의 요건을 모두 충족한 경우에는 제1항 제3호에서 정한 고의 또는 중대한 과실이 없는 것으로 추정한다.

1. 자체감사를 받는 사람과 대상 업무 사이에 사적인 이해관계가 없을 것

2. 대상 업무를 처리하면서 중대한 절차상의 하자가 없었을 것

③ 제1항에도 불구하고 자체감사를 받는 사람이 감사원이나 국토교통부 감사관에 사전컨설팅을 신청하여 사전컨설팅 의견대로 업무를 처리한 경우에는 제1항의 기준을 충족한 것으로 추정한다. 다만, 자체감사를 받는 사람과 대상 업무 사이에 사적인 이해관계가 있는 등 특별한 사유가 있어 적극행정 면책하는 것이 부적절한 경우에는 그러하지 아니하다.

④ 「부패방지 및 국민권익위원회의 설치와 운영에 관한 법률」 제46조, 제47조 및 제50조에 따른 국민권익위원회의 시정권고 또는 의견표명을 이행한 경우에는 제1항 및 제2항에서 정한 적극행정면책의 요건을 충족한 것으로 간주한다.

② 「기획재정부 감사업무 처리규정」

제1조(목적) 이 규정은 기획재정부 및 그 소속기관과 기획재정부장관(이하 "장관"이라 한다)의 감독을 받는 기관·법인·단체에 대하여 「공공감사에 관한 법률」(이하 "법"이라 한다) 및 다른 법령의 규정에 따라 장관이 직접 실시하거나 관련기관에 위임 또는 대행(이하 "위탁"이라 한다)하여 실시하는 감사의 기준과 시행방법에 관하여 필요한 사항을 규정함을 목적으로 한다.

제8장 적극행정 면책제도

제34조(정의) 이 장에서 사용하는 용어의 뜻은 다음 각 호와 같다.

1. "적극행정"이란, 기획재정부 소속 공무원 등이 불합리한 규제를 개선하거나 공익사업을 추진하는 등 공공의 이익을 증진하기 위하여 성실하고 적극적으로 업무를 처리하는 행위를 말한다.

2. "적극행정 면책"이란 제1호에 따른 적극행정 결과에 대하여 그의 행위에 고의 또는 중대한 과실이 없는 경우 「기획재정부 감사업무 처리규정」상의 불이익한 처분요구 등을 하지 않거나 감경하는 등 그 책임을 면제하는 것을 말한다.

3. "기획재정부 소속 공무원 등"이란, 제4조에서 정한 감사대상 기관과 그 감사대상 기관에 소속된 공무원 또는 그에 소속된 임직원 등을 말한다.

4. 제2호에서 「기획재정부 감사업무 처리규정」 상의 "불이익한 처분요구 등"이란 제25조에서 정한 변상명령 등을 말한다.

제37조(적극행정면책 기준) ① 기획재정부 소속 공무원 등이 적극행정 면책을 받기 위해서는 다음 각 호의 요건을 모두 갖추어야 한다.

1. 업무처리가 불합리한 규제의 개선, 공익사업 추진 등 공공의 이익을 위한 것일 것

2. 대상 업무를 적극적으로 처리한 결과일 것

3. 고의 또는 중대한 과실이 없을 것

② 제1항 제3호의 요건을 적용하는 경우 기획재정부 소속 공무원 등이 다음 각 호의 요건을 모두 갖추어 업무를 처리한 것으로 인정되는 경우에는 그 행위에 고의나 중대한 과실이 없는 경우에 해당하는 것으로 추정한다.

1. 기획재정부 소속 공무원 등과 대상 업무 사이에 사적인 이해관계가 없을 것

2. 대상 업무를 처리하면서 중대한 절차상의 하자가 없었을 것

③ 기획재정부 소속 공무원 등이 「부패방지 및 국민권익위원회의 설치와 운영에 관한 법률」 제46조에 근거한 권익위원회의 고충민원에 대한 시정 권고 및 의견 표명에 따라 대상 업무를 처리한 경우에는 제1항 및 제2항의 면책 기준을 충족한 것으로 본다.

③ 「서울특별시 적극행정 면책제도 운영규정」

제1조(목적) 이 규정은 「공공감사에 관한 법률 시행령」 제13조의4 제6항에서 규정하는 적극행정에 대한 면책의 운영절차 및 결과의 처리 등에 관한 세부사항을 정하고, 공무원 등이 불합리한 규제의 개선 등 공공의 이익을 위하여 업무를 적극적으로 처리한 결과에 대하여 일정 요건을 충족한 경우 「서울특별시 행정감사 규칙」에 따른 불이익한 처분 요구를 하지 않거나 감경함으로써 일하는 공직분위기를 조성하고 감사 결과 처리의 투명성과 절차적 정당성을 제고함을 목적으로 한다.

제4조(적용 범위) ① 이 규정은 서울특별시(이하 "시"라 한다)의 감사대상 업무 전반에 걸쳐 적용한다.

② 국가 또는 시의 주요정책의 수립이나 집행과 직접적으로 관련된 업무처리에 대해서는 모든 사정을 더욱 심도 있게 검토하여 면책 여부를 결정한다.

제5조(면책 대상자) 면책 대상자는 감사규칙 제2조에 따른 감사대상 기관과 그에 소속하는 공무원 또는 임·직원 등에게 적용된다.〈개정 2015.10.8.〉

제6조(적극행정 면책의 기준 등) ① 적극행정 면책의 대상이 되기 위해서는 다음 각 호에서 정한 기준들을 충족하여야 한다.〈개정 2017.1.5, 2020.5.19〉

1. 면책심사신청자의 업무처리가 불합리한 규제의 개선, 공익사업의 추진, 화해·조정 등 공공의 이익을 위한 것일 것

2. 면책심사신청자가 대상 업무를 적극적으로 처리한 결과일 것

3. 삭제 〈2020. 5. 19〉

4. 면책심사신청자의 행위에 고의나 중대한 과실이 없을 것

② (생략)

③ 다음 각 호의 어느 하나에 해당하는 경우에는 제1항 제1호 및 제2호의 기준을 충족한 것으로 추정한다. 〈신설 2020.5.19〉

1. 면책심사신청자가 감사규칙 제17조의2 제5항에 따라 통보받은 사전컨설팅 의견대로 업무를 처리한 경우(사전컨설팅 검토의견을 제시하는 데 필요한 정보를 충분히 제공하지 않는 등 특별한 사유가 있는 경우에는 제외한다)

2. 면책심사신청자의 업무처리가 「부패방지 및 국민권익위원회의 설치와 운영에 관한 법률」 제46조 및 제47조 또는 「서울특별시 시민감사옴부즈만위원회 운영 및 주민감사청구에 관한 조례」 제19조 및 제23조에 따른 권고 및 의견대로 이행한 결과인 경우

3. 면책심사신청자의 업무처리가 다음 각 목에 따라 인증 또는 성능 확인 등을 받아 그 보호기간 내에 있는 신기술·제품·서비스·공법 등의 입찰, 계약 진행 과정 또는 도입 결과와 관련된 경우

④ 「경기도 공무원 등 적극행정 면책 및 경고 등 처분에 관한 규정」

제1조(목적) 「경기도 감사규칙」 제4조 제1항 제1호 및 제2호의 감사대상 기관에 소속한 공무원 또는 임·직원 등이 그 직무를 성실하고 적극적으로 처리하는 과정에서 부분적인 절차상 하자 등의 부작용이 발생하였더라도 일정 요건을 충족한 경우 징계 등 불이익한 처분 및 처분요구 등을 하지 아니하거나 감경 처리하는 적극행정 면책제도의 적용대상 및 요건, 운영절차 등을 규정하고, 징계사유에 해당하지 아니하는 경미한 비위나 잘못에 대한 경고 등 처분의 근거와 구체적인 기준 및 절차를 규정함을 목적으로 한다.

제3조(적용범위) 이 규정은 「지방자치법」 및 「지방자치단체에 대한 행정감사 규정」에 따라 도지사가 실시하는 감사(감찰을 포함한다. 이하 같다)결과 면책 및 경고등처분은 감사대상 기관 및 공무원 등에게 적용한다. 〈개정 2012.5.3.〉

제5조(적극행정 면책요건) ① 감사를 받는 공무원 등이 적극행정 면책을 받기 위해서는 다음 각 호의 요건을 모두 갖추어야 한다.

1. 감사를 받는 공무원 등의 업무처리가 불합리한 규제의 개선, 공익사업의 추진 등 공공의 이익을 위한 것일 것

2. 감사를 받는 공무원 등이 대상 업무를 적극적으로 처리하였을 것

3. 삭제 〈2019. 08. 14.〉

4. 감사를 받는 공무원 등의 행위에 고의나 중대한 과실이 없을 것

② 감사를 받는 공무원 등이 다음 각 호에서 정한 요건을 모두 충족한 때에는 제1항 제4호에서 정한 고의나 중대한 과실이 없는 것으로 추정한다.

1. 감사를 받는 공무원 등과 대상 업무 사이에 사적인 이해관계가 없을 것

2. 대상 업무를 처리하면서 중대한 절차상의 하자가 없었을 것 [전문개정 2019. 08. 14.]

3. 삭제 〈2019. 08. 14.〉

4. 삭제 〈2019. 08. 14.〉

③ 감사를 받는 공무원 등이 다음 각 호의 어느 하나에 해당하는 경우에는 제1항 각 호의 요건을 충족하지 않아도 면책할 수 있다. 〈신설 2020.06.22.〉

1. 「부패방지 및 국민권익위원회의 설치와 운영에 관한 법률」 제46조 및 제47조에 따른 국민권익위원회의 시정권고·의견표명을 이행한 경우 〈신설 2020.06.22.〉

2. 경기도 사전 컨설팅 감사를 신청하여 감사관이 통보한 의견대로 처리한 경우 〈신설 2020.06.22.〉

3. 경기도 옴부즈만의 권고에 따라 처리한 경우 〈신설 2020.06.22.〉

⑤ 「아산시 적극행정 면책 및 공무원 경고 등 처분에 관한 규정」

제1조(목적) 이 규정은 감사결과 공무원 등이 그 직무를 성실하고 적극적으로 처리하는 과정에서 부분적인 절차상 하자 등의 부작용이 발생하였더라도 일정 요건을 충족한 경우 관련 공무원 등에 대하여 징계 등 불이익한 처분(요구) 등을 하지 않거나 감경 처리하는 적극행정 면책제도의 적용대상 및 요건, 운영절차 등을 정하고, 「지방공무원법」에

의한 징계사유에 이르지 아니하는 경미한 비위나 잘못에 대하여 아산시 소속기관과 하부행정기관 또는 그 소속 공무원에게 주의 각성을 촉구하고 인사관리의 적정을 기하기 위한 경고 등 처분의 근거와 구체적인 기준 및 절차 등을 규정함을 목적으로 한다.

제2조(정의) 이 규정에서 사용하는 용어의 뜻은 다음과 같다.

1. "적극행정"이란 아산시와 그 소속기관·산하단체에 소속된 공무원 또는 임·직원 등(이하 "공무원 등"이라 한다)이 아산시 또는 공공의 이익을 증진하기 위해 성실하고 능동적으로 업무를 처리하는 행위를 말한다.

2. "면책"이란 「아산시 자체감사 규칙」에 의한 감사결과 적극행정 과정에서 발생한 절차상 하자 또는 현실과 부합되지 아니한 여러 규정으로 말미암아 발생한 위반사항 등과 관련하여 그 업무를 처리한 공무원 등에 대하여 징계 등 불이익한 처분 및 처분요구 등을 하지 않거나 감경하는 것을 말한다.

3. "경고 등 처분"이란 「지방공무원법」에 의한 징계사유에 이르지 아니하는 경미한 비위나 잘못에 대하여 각성을 촉구하기 위한 주의, 훈계 및 경고(기관 및 부서 경고를 포함한다) 처분을 말한다.

제4조(적극행정 면책기준) ① 이 규정에 따른 면책을 받기 위해서는 다음 각 호의 요건을 모두 갖추어야 한다.

1. 감사를 받는 공무원 등의 업무 처리가 불합리한 규제의 개선, 공익사업의 추진 등 공공의 이익을 위한 것일 것

2. 감사를 받는 공무원 등이 대상 업무를 적극적으로 처리한 결과일 것

3. 감사를 받는 공무원 등의 행위에 고의나 중대한 과실이 없을 것

② 감사를 받는 공무원 등이 다음 각 호에서 정한 요건을 모두 충족한

때에는 제1항 제3호에서 정한 고의나 중대한 과실이 없는 것으로 추정한다.

1. 감사를 받는 공무원 등과 대상 업무 사이에 사적인 이해관계가 없을 것

2. 대상 업무를 처리하면서 중대한 절차상의 하자가 없었을 것

③ 제1항에도 불구하고 감사를 받는 공무원 등이 사전컨설팅을 신청하여 그 의견대로 업무를 처리한 경우 또는 국민권익위원회의 권고·의견표명을 이행한 경우, 「아산시 시민 옴부즈만 구성 및 운영에 관한 조례」에 따른 옴부즈만의 권고·의견표명을 이행한 경우에는 제1항의 기준을 충족한 것으로 추정할 수 있다. 다만, 제2항의 각 호에 위배되는 등 특별한 사유가 있어 면책 하는 것이 부적절한 경우에는 그러하지 아니하다.

8. 수용률을 높이기 위해 충분한 사전 협의를 한다

국민권익위원회는 시정권고 및 의견표명한 민원에 대해 피신청기관이 국민권익위원회의 결정을 이행하도록 다양한 방법을 쓰고 있다.

【단계적 수용률 제고 방안】

1단계		2단계		3단계		4단계
서면조사		현장점검		전략회의		결과보고
수용 실태 서면 전수 조사	▶	불수용 기관 방문 점검	▶	미흡기관 대상 전략회의 개최	▶	이행실태 점검 결과 보고

우선 1단계로 모든 시정권고·의견표명 건을 대상으로 수용 여부 및 이행상황을 서면으로 전수 조사해 기관별 이행실태를 파악한다. 2단계로는 피신청기관 및 처분 현장을 방문하여 불수용 사유를 확인하고 수용을 독려하는 현장점검을 진행한다. 3단계로는 수용률이 낮은 기관을 대상으로 전략회의를 개최하여 불수용 원인을 진단·분석하고 수용률 제고 방안을 모색한다. 아울러 지방자치단체에 대해서는 미이행 시 민원서비스 평가에 반영됨을 설명한다. 마지막으로 4단계에서는 상·하반기 점검 및 전략회의 이후 기관별 수용률 및 불수용 사유 등을 정리해 전원위원회에 결과를 보고한다.

국민권익위원회가 처리하는 고충민원은 1차 민원을 처리한 행정기관 등이 거부한 민원에 대해 다시 처리해 주는 2차 민원 성격이 강하다. 때문에 고충민원의 인용률은 20~30% 안팎으로 높은 편이 아니다. 그렇지만, 국민권익위원회가 신청인의 주장을 받아들여 시정권고 또는 의견표명한 건에 대해 피신청기관이 받아들이는 수용률은 이 같은 단계적 수용률 제고 노력으로 평균 90%대에 달할 정도로 매우 높은 편이다.

실제로 국민권익위원회가 2008년 출범 이후 2024년 8월 말까지 시정권고와 의견표명을 한 1만1,473건 중 90.7%인 1만402건이 수용되었다. 시정권고가 91.5%로 의견표명(89.9%)보다 조금 더 높다.

기관별로는 중앙행정기관이 92.3%로 가장 높고, 지방자치단체(90.7%), 공공기관 등(88.3%) 순이다.[49]

---

49) 국민권익위원회, 2024년 국회 국정감사자료 재인용

【시정권고·의견표명 수용률 : 90.7%('08년~'24년 6월)】

(단위 : %, 건)

의결 유형	수용률	시정권고·의견표명 건수			
		총건수	수용 건수	불수용 건수	미확정* 건수
합 계	90.7	11,473	10,402	967	104
시정권고	91.5	5,726	5,237	451	38
의견표명	89.9	5,747	5,165	516	66

* 미확정 : 피신청인이 일정한 절차를 거친 후 수용 여부를 통보하겠다고 한 사안

　국민권익위원회의 인용결정에 대한 수용률이 이처럼 높은 것은 국민권익위원회 조사관들과 해당 기관 간 사전에 충분한 협의를 했기 때문이다. 사전협의나 조율 없이 무조건 일방적으로 시정권고와 의견표명을 하는 것이 아니라 논리적으로 충분히 설득을 하고 협의를 하는 과정을 거치기 때문에 높은 수용률을 보인다고 하겠다.

【기관유형별 수용현황('08년~'24년 6월)】

(단위 : %, 건)

기관 유형	수용률	권고 등 총 건수	수용 건수
합 계	90.7	11,473	10,402
중앙행정기관	92.3	4,443	4,099
지방자치단체	90.7	3,972	3,604
공공기관·기타	88.3	3,058	2,699

　또한, 국민권익위원회는 인용한 민원(시정권고, 의견표명, 조정, 합의)

이 잘 이행되도록 지속적으로 관리를 한다. 국민권익위원회는 시정권고와 의견표명, 제도개선 권고나 의견표명을 할 경우, 해당 기관에 부패방지권익위법 제50조에 따라 30일 이내에 그 처리결과를 통보하도록 하고 있다. 해당 기관이 이행을 하지 아니할 경우, 그 이유를 문서로 통보하도록 하고 있다. 아울러, 부패방지권익위법 제52조(권고 등 이행실태의 확인·점검)에 따라 권고와 의견표명에 대한 이행실태를 확인·점검하도록 하고 있다. 사후관리와 관련하여 정리한 개념도는 아래와 같다.

【권고 등 사후관리 절차 개요】

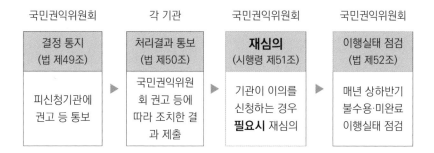

뿐만 아니라, 국민권익위원회는 부패방지권익위법 제53조(공표)를 통해 처리결과를 언론과 국회 등에 공표하도록 하고 있다. 공표에는 시정권고 및 의견표명 내용, 처리결과, 불수용한 경우 해당 기관과 불수용 사유 등을 공표하여 직·간접적으로 수용하도록 유도하는 것이다.

9. 재심의 제도를 운영한다

국민권익위원회의 결정을 특별한 사정으로 이행하지 아니할 경우, 관계 행정기관장은 그 이유를 문서로 통보하여야 하며, 이 경우 국민권익위원회는 안건에 대해 재심의를 할 수 있다.

부패방지권익위법 시행령
제51조(처리결과의 통보 등) ① 관계 행정기관 등의 장은 권익위원회의 권고 또는 의견대로 조치하기가 곤란하다고 판단되는 특별한 사정이 있는 경우에는 그 이유를 권익위원회에 통보하여야 하며, 이 경우 권익위원회는 해당 사안을 재심의 할 수 있다.

국민권익위원회는 재심의 요청이 접수되면 안건을 다시 검토하여야 한다. 재심의 여부는 해당 소위원회의 심의·의결을 거쳐야 하며, 전원위원회 의결사항은 전원위원회 심의·의결을 거치도록 하고 있다.

피신청인이 재심의 요청을 하면, 민원조사기획과장은 민원조사기획과 내 조사관을 지정하여 재심의 여부를 검토하도록 하고, 지정 조사관은 검토 결과를 소위원회 또는 전원위원회에 보고하도록 하고 있다. 이 경우 전문위원 검토는 원 민원을 검토한 전문위원이 아닌 다른 전문위원이 작성하도록 하고 있다. 국민권익위원회 고충민원처리지침 제34조(재심의 여부 결정)의 내용은 다음과 같다.

「국민권익위원회 고충민원 처리지침」

제34조(재심의 여부 결정) ① 영 제51조 제1항에 따른 재심의 여부는 해당 소위원회에서 심의·의결한다. 다만, 전원위원회에서 의결한 사안의 재심의 여부는 전원위원회에서 심의·의결한다.

② 피신청인이 영 제51조 제1항에 따라 다음 각 호의 어느 하나에 해당하는 특별한 사정을 통보할 경우 민원조사기획과장은 민원조사기획과 내 조사관을 재심의 여부 검토 담당자로 지정하고, 지정받은 조사관은 별지 제31호 서식의 재심의 여부 검토 보고서를 작성하여 소위원회 또는 전원위원회에 보고하여야 한다. 이 경우 전문위원 검토 의견은 원민원을 검토한 전문위원이 아닌 동일 소위원회의 다른 전문위원이 작성하고, 원민원 처리부서는 재심의 여부 검토에 적극 협조하여야 한다.

1. 시정권고 또는 의견표명에 영향을 미친 진술이나 서류 등의 내용이 객관적인 사실과 다른 때

2. 시정권고 또는 의견표명에 영향을 미친 전문기관의 의견, 감정 등에 중대한 오류가 있는 때

3. 시정권고 또는 의견표명에 영향을 미칠 중요한 사항에 관하여 판단을 누락한 때

4. 시정권고 또는 의견표명에 적용된 법리에 명백한 오류가 있거나 법령의 적용이 잘못된 때

5. 그 밖에 피신청인이 위원회의 시정권고 또는 의견표명대로 조치하기가 곤란하다고 판단되는 때

10. 감사원에 감사의뢰권이 있다

국민권익위원회는 고충민원처리과정에 행정기관 등의 직원이 고의 또는 중대한 과실로 위법·부당하게 업무를 처리한 사실을 발견한 경우, 감사원에 감사를 의뢰할 수 있다.

부패방지권익위법 제51조에는 고충민원의 조사·처리과정에서 관계 행정기관 등의 직원이 고의 또는 중대한 과실로 위법·부당하게 업무를 처리한 사실을 발견한 경우 국민권익위원회는 감사원 또는 관계 행정기관 등의 감독기관에 감사를 의뢰할 수 있다. 국민권익위원회의 감사를 의뢰받은 기관은 그 처리결과를 국민권익위원회에 통보하도록 되어 있다. 감사원에 감사를 의뢰할 경우, 민원과장은 소위원회에 보고하여야 하며, 소위원회에서 감사 필요성이 인정되면 전원위원회 의결로 감사를 의뢰한다.

부패방지권익위법

제51조(감사의 의뢰) ① 고충민원의 조사·처리과정에서 관계 행정기관 등의 직원이 고의 또는 중대한 과실로 위법·부당하게 업무를 처리한 사실을 발견한 경우 위원회는 감사원 또는 관계 행정기관 등의 감독기관(감독기관이 없는 경우에는 해당 행정기관 등을 말한다. 이하 같다)에, 시민고충처리위원회는 해당 지방자치단체에 감사를 의뢰할 수 있다. 〈개정 2022. 1. 4.〉

② 감사원, 관계 행정기관 등의 감독기관 또는 지방자치단체는 제1항에 따라 감사를 의뢰받은 경우 그 처리결과를 감사를 의뢰한 위원회 또는 시민고충처리위원회에 통보하여야 한다. 〈신설 2022. 1. 4.〉

제6절 | 옴부즈만 기능을 하는 국민권익위원회 조직

국민권익위원회에서 국민의 고충민원을 접수받아 처리하는 곳은 고충처리국이다. 이와는 별도로 제도개선업무와 국민신문고 운영, 민원분석 등을 하는 권익개선정책국과 상담실과 국민콜110 등 상담창구를 운영하는 정부합동민원센터도 직·간접적으로 옴부즈만 기능을 수행한다.

1. 고충민원조사 조직…1국 11개과 136명의 전문 조사관 배치

고충처리국은 국민이 제기한 고충민원을 전적으로 처리하는 역할을 한다. 고충처리국에는 국장 1명(고위공무원)을 두고, 그 밑에 국장을 보좌하는 1명을 두는데 고충민원심의관(고위공무원)이 그 역할을 맡고 있다. 또한 고충처리국에는 정규직제로 민원조사기획과 등 10개과를 두고 있고, 한시직제로 현장고충조사과를 두고 있다. 부이사관 또는 서기관이 과장을 맡고 있다.

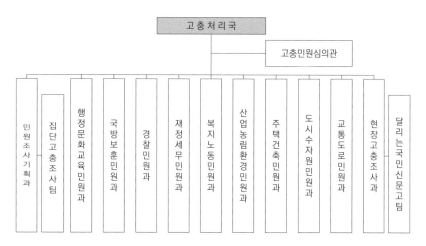

쉽게 표현하면, 고충민원업무를 총괄하는 민원조사기획과와 10개의 민원과를 두고 각 분야의 민원을 처리한다. 이와 함께 총괄과인 민원조사기획과에 집단민원을 전담 처리하는 집단고충조사팀을, 현장고충조사과에는 민원신청이 어려운 국민들을 직접 찾아가 상담해주고 민원을 접수받는 '달리는 국민신문고팀'을 두고 있다. 정원은 136명이지만, 필요에 따라 다른 기관에서 공무원을 파견받기도 한다.

구분	계	고공단	3·4급	4급	4·5급	5급	6급	7급	8급 이하	전문 경력관	특정직
정원	136	2	3	8	12	58	43	1	1	6	2

조사관들은 전문성이 매우 중요한 만큼 각 분야에서 오랜 행정경험을 가진 행정공무원을 많이 배치했다. 사무관(5급) 58명과 6급 43명이 주류를 이룬다. 사무관에서 승진한 후에도 고참 조사관으로 활동하는 4·5급 서기관도 12명 있다.

각 부서별로 맡은 분야가 각각 다르며 사각지대를 없애기 위해 다양한 노력을 한다. 각 부서와 배치인력, 맡은 분야 등을 표와 직제, 직제시행규칙 등을 표로 정리했다.

부서명	분야	정원(명)	세부 업무
민원조사 기획과	민원조사기획	20	• 고충민원처리에 관한 계획 수립·조정 및 총괄 • 시민고충처리위원회 협력 및 활성화 지원 • 고충민원처리실태 평가, 기타 고충처리국 총괄 업무

	집단고충조사팀		• 주요 다수인 관련 민원의 조사, 처리
10개 조사과	행정문화교육	12	• 자치행정·지방재정, 지적, 교육, 과학기술, 문화체육, 외교·통일 분야
	국방보훈	11	• 현역장병·군 의무복무자 복무 등 국방·병무·보훈 분야
	경찰민원	12	• 경찰기관의 수사, 처분 등 경찰 관련 분야
	재정세무	11	• 기획재정, 세무(지방세를 포함) 및 금융 분야
	복지노동	15	• 보건복지, 노동·여성 및 방송통신 분야
	산업농림환경	13	• 산업통상자원·농림축산식품·해양수산 및 환경 분야
	주택건축	11	• 주택, 건축 분야
	도시수자원	13	• 도시, 수자원 분야
	교통도로	11	• 철도·차량·항공·운수 및 도로 분야
	현장고충	7	• 기업운영 애로, 취약계층 등 긴급한 현안 민원
	달리는 국민신문고팀		• 소외지역·계층 대상 '달리는 국민신문고' 운영

2. 다양한 소통창구로 국민 접근성 높아

국민권익위원회는 대한민국 대표 옴부즈만답게 정부와 국민 간 대표적인 소통창구 역할을 하고 있다. 국민이 행정기관을 직접 방문하지 않고도 각 행정기관에 온라인으로 민원과 국민제안을 할 수 있게 '국민신문고'를 운영하고 있다. 또한, 정부업무와 관련하여 국민이 전화로 상담할 수 있도록 '국민콜110'도 운영하고 있고, 온라인과 직접 방문으로 민원을 상담할 수 있게 '민원실'도 운영한다.

이처럼 국민신문고와 국민콜110, 민원실 운영 등은 옴부즈만이 가져야할 기본적인 소통창구로, 일반 국민이 옴부즈만 기관으로의 접근성을 높이는데 크게 기여하고 있다는 점에서 다른 나라 옴부즈만 기관들의 부러움을 산다.

실제로 국민신문고는 소통과 참여기능 측면에서 국내외에서 인정받고 있다. 2011년 UN공공행정상(Public Service Awards) '정부지식관리 분야' 우수상을 수상하였고, UN 전자정부 평가의 '온라인 참여지수' 부문에서 2010년, 2012년, 2014년 3회 연속 1위를 달성하였다. 2017년 대한민국 전자정부 50주년 기념사업으로 행정안전부에서 주관한 '전자정부 50선' 국민 참여 투표결과, 국민신문고가 국민이 직접 뽑은 '우수 행정서비스 10선'으로 선정되어 '명예의 전당'에 헌정되었다.

2020년에는 아시아-태평양스티비상 '정부 혁신경영 부문' 최우수상을 수상하는 등 국내외적으로 국민신문고의 우수성이 널리 인정받는 성과를 거두었다.[50]

1) 온라인 국민신문고 운영

온라인 국민신문고(https://www.epeople.go.kr)는 2005년 7개 중앙행정기관 민원처리시스템 통합을 시작으로 업무를 시작하여 2023년 말 현재 국민신문고를 통해 민원과 제안을 접수·처리할 수 있는 기관은 중앙행정기관, 지방자치단체, 시·도교육청, 사립대, 공공기관 등 1,200곳에 이른다.[51]

국민신문고를 통해 접수되는 민원은 매년 증가하고 있는데 2006년 40만2,442건이었으나, 4년 만인 2011년 100만 건을 넘어섰고, 15년이 지난 2021년에는 1,327만 건에 달한다. 이후 코로나19 등 외부이슈로

---

50) 국민권익위원회, 〈2023년 국민권익백서〉(2024), 292쪽
51) 국민권익위원회 홈페이지, '쉽고 빠른 민원처리, 국민신문고 하나로 해결'(2024. 10. 7., 보도자료)

감소되다가 2023년에는 1,237만 건이 접수되어 대한민국의 대표적인 국민소통 창구로 자리 잡고 있다.

【국민신문고 이용 등 현황(연도별)】

구분	'20년	'21년	'22년	'23년
민원 (월평균)	957만 건 (79.8만 건)	1,327만 건 (110.5만 건)	1,071만 건 (892.0만 건)	1,237만 건 (103.1만 건)
제안 (월평균)	13.7만 건 (11,417건)	17.4만 건 (14,492건)	19.4만 건 (16,153건)	14.9만 건 (12,432건)
대국민 인지도	83.2%	84.3%	85.0%	91.8%

국민신문고는 현재 민원접수 및 처리뿐만 아니라, 국민의 의견을 수렴하여 정책에 반영하는 국민생각함, 국민이 정부에 정책을 제안하는 국민제안코너, 적극행정코너, 민원빅데이터 분석 등 다양한 국민참여 서비스를 제공하는 범정부 국민참여 포털로 자리매김하고 있다.

2024년 8월말 기준으로, 국민신문고로 연결되어 민원처리가 이루어지는 기관은 1,212개이다. 중앙부처, 지방자치단체, 교육청은 물론 각종 공공기관, 사립대, 재외공관까지 연결되어 있다.

【국민신문고 이용기관('24.8월 기준)】

(단위 : 개)

합계	중앙	지자체*	교육청	교육 지원청	국립대	사립대	공공기관	재외공관
1,212	67	243	17	188	39	52	432	174

2) 정부합동민원센터 운영

① 국민이 상담받을 수 있는 온-오프라인 민원실 운영

정부합동민원센터는 국민권익위원회를 찾아와 억울함을 호소하는 국민의 사연을 직접 듣고 신속 정확하게 상담·안내하여 줌으로써 민생 안정에 기여하고 최종적으로 사회적 약자의 권익보호에 힘쓴다는 취지에서 설치되었다.

세부적으로는 행정업무(허가·인가·특허·면허·승인·지정·인정·추천·시험·검사·검정 등)에 관한 법령·제도·절차를 안내하고, 행정기관의 각종 처분 등으로 인하여 발생하는 국민의 권익침해 또는 불편사항에 대해 해결방안을 상담·안내하는 고충민원상담서비스를 제공하는 것이다.

국민권익위원회는 이를 위해 국민권익위원회 본부를 방문하는 민원인과 충청지역 인근 주민 등을 위한 세종 민원실과 서울·경기 등 수도권 주민을 위하여 정부합동민원센터에 서울민원실을 각각 설치·운영하고 있다.

이 민원실을 방문하면 국민권익위원회 고충민원 조사관과 고충민원에 대해 상담할 수 있다. 또한, 생활민원 관련 법률적 지식이 없거나 권익보호의 사각지대에 있는 저소득층·서민 등 경제적으로 어려운 국민이 언제든지 아무런 부담 없이 방문하여 전문상담위원(변호사, 노무사, 세무사) 또는 민원상담위원(행정 경험이 풍부한 퇴직 공무원)과 상담을 통해 적절한 구제 방법 등을 안내받을 수 있다.

전문상담위원은 날로 다양화·전문화되고 있는 민원상담 요구에 부응하기 위하여, 변호사, 공인노무사, 세무사 등 해당 분야 전문가를 위촉하여 상담 서비스를 제공하고 있는데, 2013년 이전에는 법률·노무 중심으로 전문상담이 이루어졌으나 2014년부터는 실생활과 밀착된 세무 상담 분야 등이 추가되어 총 9개 분야의 전문상담이 이루어지고 있다.

전문상담위원 중 변호사는 부동산 소유권 보전 및 임대차 보호, 채권·채무이행, 손해배상 등 민사 관련 민원, 고소·고발사건 수사 및 부당수사 시정 등 형사 관련 민원, 이혼·상속 등 가사 관련 민원, 그리고 행정소송 청구 등 법률 분야 전반의 민원을 상담한다.

공인노무사는 산업재해보상청구·장해등급 판정 및 요양, 체불임금 청구 및 정리해고 등 부당노동행위에 관하여, 세무사는 국세와 지방세 등 세무 관련 민원을 각각 상담하고 있다.

2023년 전문상담위원 상담안내 건수는 총 1,152건으로 이 중 변호사 상담이 1,077건으로 가장 많았다.

또한, 지방자치단체·경찰 등에서 오랜 기간 재직하고 퇴직한 공무원을 민원상담위원으로 위촉하여 각종 민원 상담·안내를 수행하고 있다. 민원상담위원은 민원신청서의 작성 및 민원처리 절차에 대한 단순한 안내부터 어느 특정기관에 호소하기 어려운 각종 불평·불만 등 다양한 하소연에 대해서도 상담하여 대국민 만족도 제고를 위해 노력하고 있다. 2023년 민원상담위원 상담안내 건수는 총 675건으로 세종상담센터에서 90건, 서울상담센터에서 585건을 상담·안내하였다.

뿐만 아니라, 국민권익위원회는 우리나라가 인터넷이 발달한 점을 고려하여 '온라인 상담시스템'도 구축·운영하여 국민이 인터넷을 통해 24시간 편리하게 상담을 하도록 하고 있다. 인터넷을 통한 접근이 용이하고 주말에도 이용이 가능해 젊은층 등 잠재된 상담수요가 지속적으로 유입되고 있다. 2023년 1년간 모두 2만6,274건의 상담이 이루어졌는데, 이중 대부분인 2만6,211건이 일반민원이고, 63건이 고충민원이었다.

② 전화로 상담받을 수 있는 국민콜110 운영

국민권익위원회가 운영하는 국민콜110(정부민원안내)은 정부 업무와 관련하여 국민이 단일번호 '110번'을 통하여 각종 문의·신고 및 건의 등을 하는 정부 민원 안내전화이다.

민원인이 국번 없이 전화번호 110을 누르면, 전문상담사들이 전화를 받아 상담·안내를 하거나 소관기관으로 중계하여 One-Call, One-Stop 서비스를 제공하기 위하여 설치되었다.

2007년 5월 10일 전국적인 서비스를 개시한 국민콜110은 상담사 228명이 배치되어 있으며, 2023년에만 256만 콜을 상담하였고, 2007년부터 2023년 말까지 약 4,200만 콜을 상담하였다.

제3장

—

시민고충처리위원회 운영

시민고충처리위원회는 부패방지권익위법에 따라 설치되는 법적 기구다. 세계옴부즈만협회(IOI)는 '국회가 제정한 법률에 기반을 두고 있는 기관'과 조사권, 독립성, 신분보장 등 여러 가지 요건을 갖출 경우, 옴부즈만 기구로 인정하여 가입을 허용하고 있는데, 현재 지방자치단체에 설치된 시민고충처리위원회도 가입조건을 어느 정도 충족했다. 따라서 지방자치단체에 설치된 시민고충처리위원회도 세계옴부즈만협회의 가입 여부를 검토할 수 있다.

제1절 | 시민고충처리위원회 관련 법령

1. 시민고충처리위원회 설치 근거

시민고충처리위원회는 부패방지권익위법에 설치 근거를 두고 있는 만큼 부패방지권익위법이 정한 위원 위촉 기준, 결격사유, 겸직금지 행위 등 운영규정을 잘 준수해야 한다.

【세계옴부즈만협회 가입 자격요건】[52]

① 입법기관이 제정한 법률에 의해 설립될 것

② 그 역할이 공공기관의 부당행정, 권리침해, 불공정, 권력남용, 부패, 또는 다른 부정으로부터 국민을 보호하는 것일 것

③ 옴부즈만을 관할하는 공공기관으로부터 독립되어 있으며, 독립성을 해치는 어떤 지시도 받지 않을 것

④ 위 ②항의 원인에 의해 제기된 사안에 대해 국민의 민원을 조사할 충분한 권한이 있을 것

⑤ 위 ②항에 열거된 공공기관의 행위를 바로잡고, 방지하며, 필요한 경우 제도개선 권고의 권한이 있을 것

⑥ 입법기관 또는 공공기관에 업무 수행을 보고함으로써 공공에 대한

---

52) 한국행정학회, 〈지방옴부즈만의 역할 강화 방안 연구〉(2019), 32쪽

책임을 질 것

⑦ 관할 범위는 국가 전체 또는 일부 지역일 수 있음

⑧ 관할 범위는 공공기관 전체이거나 일부기관, 혹은 일부 분야일 수 있음

⑨ 관할 법률에 의해 임명되며 신분이 보장될 것

부패방지권익위법 제2조 제9호는 "시민고충처리위원회란 지방자치단체 및 그 소속기관(법령에 따라 지방자치단체나 그 소속기관의 권한을 위임 또는 위탁받은 법인·단체 또는 그 기관이나 개인을 포함한다. 이하 같다)에 대한 고충민원의 처리와 이에 관련된 제도개선을 위하여 제32조에 따라 설치되는 기관을 말한다."고 되어 있다.

또 부패방지권익위법 제32조 제1항에서는 "지방자치단체 및 그 소속기관에 관한 고충민원의 처리와 행정제도의 개선 등을 위하여 각 지방자치단체에 시민고충처리위원회를 둘 수 있다."고 규정되어 있다. 이는 부패방지권익위법 제11조에는 국민권익위원회는 "고충민원처리와 …(중략) 국민권익위원회를 둔다."고 의무적으로 설치하도록 한 반면, 시민고충처리위원회는 "…고충민원의 처리와 행정제도의 개선 등을 위하여 각 지방자치단체에 시민고충처리위원회를 둘 수 있다."고 하여 설치를 의무(강제)규정이 아닌 임의규정으로 하도록 한 점에서 대비된다.

부패방지권익위법

제2조(정의) 이 법에서 사용하는 용어의 뜻은 다음과 같다.

1~8.(생략)

9. "시민고충처리위원회"란 지방자치단체 및 그 소속기관(법령에 따라

지방자치단체나 그 소속기관의 권한을 위임 또는 위탁받은 법인·단체 또는 그 기관이나 개인을 포함한다. 이하 같다)에 대한 고충민원의 처리와 이에 관련된 제도개선을 위하여 제32조에 따라 설치되는 기관을 말한다.

제11조(국민권익위원회의 설치) ① 고충민원의 처리와 이에 관련된 불합리한 행정제도를 개선하고, 부패의 발생을 예방하며 부패행위를 효율적으로 규제하도록 하기 위하여 국무총리 소속으로 국민권익위원회(이하 "위원회"라 한다)를 둔다. 〈개정 2020. 6. 9.〉

② 위원회는 「정부조직법」 제2조에 따른 중앙행정기관으로서 그 권한에 속하는 사무를 독립적으로 수행한다. 〈신설 2020. 6. 9.〉

제32조(시민고충처리위원회의 설치) ① 지방자치단체 및 그 소속기관에 관한 고충민원의 처리와 행정제도의 개선 등을 위하여 각 지방자치단체에 시민고충처리위원회를 둘 수 있다.

민원처리법은 민원을 '일반민원'(법정·질의·건의·기타민원)과 부패방지권익위법 제2조 제5호에 따른 '고충민원'으로 구분한다.

민원처리법

제2조(정의) 이 법에서 사용하는 용어의 뜻은 다음과 같다.

1. "민원"이란 민원인이 행정기관에 대하여 처분 등 특정한 행위를 요구하는 것을 말하며, 그 종류는 다음 각 목과 같다.

가. 일반민원

1) 법정민원: 법령·훈령·예규·고시·자치법규 등(이하 "관계법령 등"이라 한다)에서 정한 일정 요건에 따라 인가·허가·승인·특허·면허 등을 신청하거나 장부·대장 등에 등록·등재를 신청 또는 신고하거나 특정

한 사실 또는 법률관계에 관한 확인 또는 증명을 신청하는 민원

2) 질의민원: 법령·제도·절차 등 행정업무에 관하여 행정기관의 설명이나 해석을 요구하는 민원

3) 건의민원: 행정제도 및 운영의 개선을 요구하는 민원

4) 기타민원: 법정민원, 질의민원, 건의민원 및 고충민원 외에 행정기관에 단순한 행정절차 또는 형식요건 등에 대한 상담·설명을 요구하거나 일상생활에서 발생하는 불편사항에 대하여 알리는 등 행정기관에 특정한 행위를 요구하는 민원

나. 고충민원: 「부패방지 및 국민권익위원회의 설치와 운영에 관한 법률」 제2조 제5호에 따른 고충민원

이에 따라 행정기관에서 일반민원을 처리할 때는 행정안전부 소관 법률인 민원처리법이 정한 처리기간과 절차를 따라야 한다. 일반민원은 법정민원, 질의민원, 건의민원, 기타민원 등이 해당된다. 행정기관에서 고충민원을 처리할 때도 있는데, 이때도 민원처리법이 정한 절차에 따라야 한다.

반면, 부패방지권익위법에 따라 설치된 국민권익위원회와 시민고충처리위원회는 부패방지권익위법이 정한 절차에 따라 고충민원을 처리해야 한다. 시민고충처리위원회가 민원처리법 제2조 제3항이 정한 행정기관이 아니라 부패방지권익위법에 따라 설치된 기관이기 때문에 시민고충처리위원회에서 처리하는 민원은 대부분 고충민원이라고 판단해도 된다. 만일 시민고충처리위원회에 접수된 민원이 고충민원이 아닌 법정민원이나 질의·건의·기타민원인 경우 소관 기관으로 이송해야 한다.

부패방지권익위법과 같은 법 시행령에서 고충민원처리와 운영에 대해 법령에 명시된 것 외에 시민고충처리위원회의 조직과 운영에 관하여 필요한 사항은 지방자치단체의 조례로 정해 운영하도록 한 만큼 시민고충처리위원회가 설치된 지방자치단체는 부패방지권익위법과 해당 지방자치단체의 조례(예: 시민고충처리위원회 설치 및 운영에 관한 조례)에 따라 고충민원을 처리할 수 있다. 시민고충처리위원회가 설치되지 않은 행정기관은 민원처리법에 따라 고충민원을 처리해야 한다.

【고충민원처리 적용 범위】

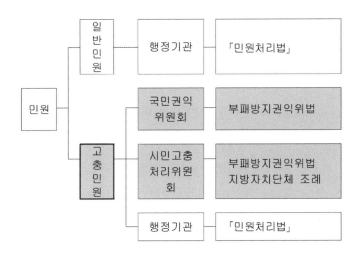

고충민원을 부패방지권익위법에 따라 처리하느냐, 민원처리법에 따라 처리하느냐에 따라 처리형태와 기간이 달라진다. 부패방지권익위법에 따라 시민고충처리위원회가 처리할 때는 부패방지권익위법이 정한 처리 절차인 위원회 의결을 통한 시정권고, 의견표명, 합의·조정 등의 방식으로 고충민원을 처리할 수 있다.

부패방지권익위법 시행령 제42조는 고충민원은 접수일로부터 60일 이내에 처리하고, 부득이한 사유로 불가능할 경우 60일 범위에서 처리기간을 연장할 수 있도록 규정되어 국민권익위원회와 시민고충처리위원회가 설치된 기관에서는 이 규정을 적용받는다.

부패방지권익위법 시행령

제42조(고충민원의 처리기간) ① 권익위원회는 접수된 고충민원을 접수일부터 60일 이내에 처리하여야 한다. 다만, 조정이 필요한 경우 등 부득이한 사유로 기간 내에 처리가 불가능한 경우에는 60일의 범위에서 그 처리기간을 연장할 수 있다.

② 권익위원회는 제1항 단서에 따라 처리기간을 연장한 경우에는 신청인에게 지체 없이 처리기간의 연장사유와 처리예정기한을 통지하여야 한다.

③ 제1항에 따른 고충민원의 처리기간에 산입하지 아니하는 기간에 대하여는 「행정절차법 시행령」 제11조를 준용한다.

반면, 시민고충처리위원회가 설치되지 않은 지방자치단체는 부패방지권익위법을 적용하여 고충민원을 처리할 수 없다. 행정기관 소속 부서에서 처리하거나, 감사부서, 또는 상급 감독기관에서 처리하고, 처리기간도 민원처리법에 따라 접수일로부터 7일 이내에 처리하고, 현장 조사 등이 필요할 경우 14일의 범위에서 현장조사를 하도록 했다. 또한 14일 이내에서 현장조사가 어려우면 7일 이내 연장을 하도록 한 규정을 적용받는다.

같은 고충민원을 신청하여 처리해도 시민고충처리위원회에서 처리할 때와 시민고충처리위원회가 설치되지 않은 행정기관에서 처리할 때 처리기간이 많은 차이가 있는 것이다.

또한, 시민고충처리위원회가 설치되어 있는 기관이라도 소관부서에서 공무원이 고충민원을 처리할 때는 7~14일 이내에 처리해야 하지만, 시민고충처리위원회에서 처리할 때는 처리기간이 60일이며, 필요할 경우 60일 이내에서 연장이 가능하다. 소관부서에서 이미 처리한 고충민원이라도 민원처리법 시행령 제17조 제8항에 따라 시민고충처리위원회에서 처리해도 부패방지권익위법이 적용되어 처리기간은 60일이다.

사실 고충민원처리기간을 60일로 적용받으면 한결 꼼꼼하게 민원처리를 할 수 있다. 민원처리법을 적용받아 7~14일 이내에 처리하게 되면 시간에 쫓기게 되어 현장조사 등 심도 있는 조사하기 어려울 수 있다. 반면, 처리기간을 60일로 해서 민원을 처리하게 되면 현장조사는 물론, 심도 있는 법률검토와 관련 조례 등을 세세히 살펴 볼 수 있어 해당 민원에 대한 완성도를 높일 수 있다. 민원인 입장에서는 다소 시간이 걸리는 단점이 있지만, 훨씬 꼼꼼한 처리 결과를 받아볼 수 있어 민원처리 결과에 대해 만족도를 높일 수 있다.

민원처리법 시행령
제15조(건의민원의 처리기간 등) 행정기관의 장은 건의민원을 접수한 경우에는 특별한 사유가 없으면 14일 이내에 처리하여야 한다.
제16조(기타민원의 처리기간 등) ① 행정기관의 장은 기타민원을 접수한 경우에는 특별한 사유가 없으면 즉시 처리하여야 한다.
② 행정기관의 장은 법 제8조 단서에 따라 구술 또는 전화로 신청한 기타민원을 처리하는 경우에는 민원 처리부에 기록하는 절차를 생략할

수 있다.

③ 제1항 및 제2항에도 불구하고 행정기관의 장은 해당 기관의 특성을 고려하여 기타민원의 처리기간 및 처리절차 등을 달리 정하여 운영할 수 있다.

제17조(고충민원의 처리 등) ① 행정기관의 장은 고충민원을 접수한 때에는 특별한 사유가 없으면 7일 이내에 처리하여야 한다.

② 행정기관의 장은 민원인이 동일한 내용의 고충민원을 다시 제출한 경우에는 감사부서 등으로 하여금 이를 조사하도록 하여야 한다.

③ 행정기관의 장은 제1항에 따라 처리하는 고충민원의 내용이 정당한 사유가 있다고 인정될 때에는 지체 없이 원처분(原處分)의 취소·변경 등 적절한 조치를 하고, 이를 민원인에게 통지하여야 한다.

④ 행정기관의 장은 고충민원의 처리를 위하여 필요한 경우 14일의 범위에서 현장조사 등을 할 수 있다. 다만, 부득이한 사유로 14일 내에 현장조사 등을 완료하기 어렵다고 인정되는 경우에는 7일의 범위에서 그 기간을 한 차례만 연장할 수 있다. 〈개정 2021. 1. 5.〉

⑤ 제4항에 따른 현장조사 등에 걸린 기간은 제1항에 따른 처리기간에 산입하지 않는다. 〈개정 2021. 1. 5.〉

⑥ 민원인은 제2항에 따른 감사부서 등의 조사를 거친 경우에는 그 고충민원과 관련한 사무에 대한 지도·감독 등의 권한을 가진 감독기관의 장에게 고충민원을 신청할 수 있다. 이 경우 감독기관의 고충민원처리기간 및 처리방법 등에 관하여는 제1항, 제2항, 제4항 및 제5항을 준용한다.

⑦ 감독기관의 장은 제6항에 따른 고충민원의 처리결과를 소관 행정기관의 장에게 통보하여야 한다. 이 경우 소관 행정기관의 장은 특별한

사유가 없으면 그 결과를 존중하여 적절한 조치를 하고, 이를 민원인에게 통지하여야 한다.

⑧ 민원인은 고충민원을 신청하거나 제1항부터 제7항까지의 규정에 따라 처리결과를 통보받은 경우에도 국민권익위원회 또는 「부패방지 및 국민권익위원회의 설치와 운영에 관한 법률」 제2조 제9호에 따른 시민고충처리위원회에 고충민원을 신청할 수 있다. 〈신설 2019. 6. 4.〉

2. 시민고충처리위원회 업무

시민고충처리위원회의 업무에 대해서는 부패방지권익위법 제32조 제2항에 규정되어 있다. 시민들의 고충민원처리를 위해 해당 지방자치단체와 소속기관의 고충민원을 조사하여 처리하고, 조사 결과 필요할 경우 시정권고와 의견표명을 하도록 하고 있다. 시정권고와 의견표명은 국민권익위원회가 고충민원처리 과정에서 적용되는 형태다. 행정기관의 위법하거나 부당한 행정절차가 있으면 시정을 하도록 권고한다. 반면, 의견표명은 행정기관의 민원처리가 위법하지는 않지만, 신청인의 주장이 타당하다고 판단되면 민원인의 주장을 수용하라고 의견을 표명하는 것이다.

고충민원처리 과정에서 관련 행정제도의 개선이 필요한 경우 개선을 권고하거나 의견표명을 할 수도 있다. 제도개선은 향후 반복적인 민원발생을 줄일 수 있어 매우 중요한 기능이다. 이외에도 민원사항에 대한 안내나 상담, 그리고 시민고충처리위원회의 활동과 교육홍보, 옴부즈만 기관과 교류 협력 등도 시민고충처리위원회의 기능에 포함된다.

부패방지권익위법

제32조(시민고충처리위원회의 설치) ① 지방자치단체 및 그 소속기관에 관한 고충민원의 처리와 행정제도의 개선 등을 위하여 각 지방자치단체에 시민고충처리위원회를 둘 수 있다.

② 시민고충처리위원회는 다음 각 호의 업무를 수행한다.

1. 지방자치단체 및 그 소속기관에 관한 고충민원의 조사와 처리

2. 고충민원과 관련된 시정권고 또는 의견표명

3. 고충민원의 처리과정에서 관련 행정제도 및 그 제도의 운영에 개선이 필요하다고 판단되는 경우 이에 대한 권고 또는 의견표명

4. 시민고충처리위원회가 처리한 고충민원의 결과 및 행정제도의 개선에 관한 실태조사와 평가

5. 민원사항에 관한 안내, 상담 및 민원처리 지원

6. 시민고충처리위원회의 활동과 관련한 교육 및 홍보

7. 시민고충처리위원회의 활동과 관련된 국제기구 또는 외국의 권익구제기관 등과의 교류 및 협력

8. 시민고충처리위원회의 활동과 관련된 개인·법인 또는 단체와의 협력 및 지원

9. 그 밖에 다른 법령에 따라 시민고충처리위원회에 위탁된 사항

시민고충처리위원회의 기능은 국민권익위원회의 기능 중 고충민원 처리 업무와 관련해서는 거의 비슷하다.

국민권익위원회가 민원 옴부즈만 기능을 하는 구 국민고충처리위원회와 부패방지기능을 하는 국가청렴위원회, 국무총리 소속 행정심판위원회가 합쳐진 탓에 3가지 기능을 모두 수행하는 반면, 시민고충

처리위원회는 고충민원처리업무를 주요 기능으로 하고 있는 것이다.

현재 운영 중인 각 지방자치단체의 시민고충처리위원회 업무를 분석한 결과, 대부분 법령에 명시된 조항을 따르면서 필요할 경우 일부 추가한 경우도 있었다.

3. 시민고충처리위원회 위원 임기 및 자격

시민고충처리위원회 위원의 자격은 부패방지권익위법 제33조에 규정되어 있다. 이 법에서는 시민고충처리위원을 지방자치단체장이 지방의회의 동의를 얻어 위촉하도록 되어 있다. 자격요건은 ① 대학이나 공인된 연구기관에서 부교수 이상 또는 이에 상당하는 직에 있거나 있었던 자, ② 판사·검사 또는 변호사의 직에 있거나 있었던 자, ③ 4급 이상 공무원의 직에 있거나 있었던 자, ④ 건축사·세무사·공인회계사·기술사·변리사의 자격을 소지하고 해당 직종에서 5년 이상 있거나 있었던 자, ⑤ 사회적 신망이 높고 행정에 관한 식견과 경험이 있는 자로서 시민사회단체로부터 추천을 받은 자 등으로 정했다. 이들의 임기는 4년으로 하되, 연임은 금지되어 있다. 결원이 있거나 임기가 만료되었을 때는 30일 이내에 후임자를 위촉하도록 하고 있다. 결원이 된 위원의 후임은 위촉된 이후 새롭게 개시된다.

부패방지권익위법

제33조(시민고충처리위원회 위원의 자격요건 등) ① 시민고충처리위원회 위원은 고충민원처리업무를 공정하고 독립적으로 수행할 수 있다고

인정되는 자로서 다음 각 호의 어느 하나에 해당하는 자 중에서 지방자치단체의 장이 지방의회의 동의를 거쳐 위촉한다.

1. 대학이나 공인된 연구기관에서 부교수 이상 또는 이에 상당하는 직에 있거나 있었던 자
2. 판사·검사 또는 변호사의 직에 있거나 있었던 자
3. <u>4급 이상 공무원의 직에 있거나 있었던 자</u>
4. 건축사·세무사·공인회계사·기술사·변리사의 자격을 소지하고 해당 직종에서 5년 이상 있거나 있었던 자
5. 사회적 신망이 높고 행정에 관한 식견과 경험이 있는 자로서 시민사회단체로부터 추천을 받은 자

② 시민고충처리위원회 위원의 임기는 4년으로 하되, 연임할 수 없다.

③ 지방자치단체의 장은 시민고충처리위원회 위원의 임기가 만료되거나 임기 중 결원된 경우에는 임기만료 또는 결원된 날부터 30일 이내에 후임자를 위촉하여야 한다.

④ 결원된 시민고충처리위원회 위원의 후임으로 위촉된 시민고충처리위원회 위원의 임기는 새로이 개시된다.

분석 결과, 대다수 기관이 부패방지권익위법에서 정한 기준을 따르고 있었으나 일부기관은 조례로 조건을 추가하거나 아예 조건을 완화한 경우도 있었다.

예컨대, 서울특별시 시민감사옴부즈만위원회의 경우, 위원 선발 자격요건에서 공무원 출신의 자격기준을 4급 이상 공무원의 직에 있거나 있었던 자 또는 5급 이상 공무원으로 감사분야에서 4년 이상 재직한 자를 추가했다. 옴부즈만 업무에 고충민원처리뿐만 아니라 감사

업무를 포함시킨 것이다.

서울특별시 도봉구 옴부즈만은 공무원 자격기준을 '5급 이상 공무원의 직에 있었거나 이에 상응하는 직에 있었던 사람'으로 낮추었다.

임기의 경우, 부패방지권익위법에는 4년으로 하되, 연임할 수 없다고 규정되어 있으나 상당수 기관에서 2년으로 하고, 한차례 연임할 수 있도록 하고 있다. 서울특별시는 옴부즈만의 임기를 3년 단임으로 하고, 의회의 동의를 얻어 시장이 위촉하는 것이 아니라 개방형 직위(위원장)와 시간선택제 공무원(위원)으로 선발하여 임명하도록 하고 있다.

때문에 법률로 자격기준과 임기를 정했음에도 불구하고 일부 기관에서 직급을 5급으로 낮추거나 임기를 2년 또는 3년으로 한 것은 사실상 위법성 논란도 제기될 수 있다. 이 같은 이유로 국민권익위원회가 나서 지방자치단체에 법률을 준수하도록 요구하거나, 지방자치단체 실정에 맞게 자격기준과 임기에 대한 기준을 완화할 필요성이 제기된다.

실제 국민권익위원회는 현재 4년 단임으로 되어 있는 시민고충처리위원회 위원의 임기를 현재 국민권익위원회 위원들과 같이 임기 3년에 한 차례 연임할 수 있도록 개정하는 것을 검토하고 있다.

「서울특별시 시민감사옴부즈만위원회 운영 및 주민감사청구에 관한 조례」 제4조(시민감사옴부즈만위원회의 구성) ① 위원회는 3명 이상 7명 이내의 시민감사옴부즈만(위원회의 위원장 및 위원을 말한다. 이하 같다)으로 구성한다.
② 위원회의 위원장(이하 "위원장"이라 한다)은 「지방공무원 임용령」 등 관계 법령에서 정한 채용자격을 갖춘 사람 중에서 위원회 사무에 대하

여 전문성을 갖추었다고 인정하는 사람을 개방형 직위로 임명하고, 위원회의 위원(이하 "위원"이라 한다)은 다음 각 호의 사람 중에서 시간선택제임기제공무원으로 임명한다. 〈개정 2020.12.31.〉

1. 지방자치단체 또는 중앙행정기관에서 4급 이상 공무원으로 재직한 자나 5급 이상 공무원으로 감사분야에서 4년 이상 재직한 자

2~6.(생략)

③ 위원장을 포함한 위원의 임기는 3년으로 하며 연임할 수 없다.

「서울특별시 도봉구 옴부즈만 구성 및 운영에 관한 조례」

제3조(옴부즈만의 구성) ① 옴부즈만은 5명 이내로 구성하고, 그 중 1명을 대표 옴부즈만으로 호선한다.

② 옴부즈만은 다음 각 호의 사람 중에서 공개모집 및 추천을 통해 서울특별시 도봉구의회(이하 "구의회"라 한다)의 동의를 거쳐 구청장이 위촉한다.

1~2.(생략)

3. 5급 이상 공무원의 직에 있었거나 이에 상응하는 직에 있었던 사람

4~5.(생략)

4. 시민고충처리위원회 활동비 지원 및 사무기구 설치

부패방지권익위법에서는 시민고충처리위원회가 설치된 지방자치단체장은 시민고충처리위원회 운영을 위해 의무적으로 활동비를 지원하

도록 하고 있다.

부패방지권익위법 제34조에는 지방자치단체장은 시민고충처리위원회의 업무처리를 위한 활동비를 지원하도록 하고 있다. 또한 같은 법 제36조에 따라 시민고충처리위원회 지원을 위해 사무기구를 두도록 하였고, 사무기구에는 사무국장과 직원을 두도록 하고 있다. 아울러, 부패방지권익위법 제35조(위원회에 관한 규정의 준용)에 따라 업무수행을 위해 공무원 또는 직원의 파견을 요청할 수 있게 하였다. 부패방지권익위법에 규정된 것 외에는 자치단체 조례로 정하도록 하였다.

부패방지권익위법

제34조(활동비 지원) 시민고충처리위원회가 설치된 지방자치단체의 장은 시민고충처리위원회가 제32조 제2항의 업무를 처리하는데 필요한 경비를 지원하여야 한다.

제35조(위원회에 관한 규정의 준용) 제15조(위원의 결격사유), 제16조 제3항(직무상 독립과 신분보장), 제17조(위원의 겸직금지 등), 제18조(위원의 제척·기피·회피), 제25조(공무원 등의 파견) 및 제83조의2(벌칙적용에서 공무원 의제) 제1항은 시민고충처리위원회에 관하여 이를 준용한다.

제25조(공무원 등의 파견) ① 위원회는 그 업무수행을 위하여 필요하다고 인정하는 경우에는 국가기관·지방자치단체·「공공기관의 운영에 관한 법률」 제4조에 따른 기관 또는 관련 법인이나 단체에 대하여 그 소속 공무원 또는 직원의 파견을 요청할 수 있다.

② 제1항에 따라 위원회에 공무원이나 직원을 파견한 국가기관·지방자치단체·「공공기관의 운영에 관한 법률」 제4조에 따른 기관 또는 관련

법인이나 단체의 장은 위원회에 파견된 자에 대하여 인사·처우 등에 있어서 우대조치를 강구하여야 한다

제36조(사무기구) ① 지방자치단체의 장은 시민고충처리위원회의 사무를 지원하기 위하여 사무기구를 둔다.

② 사무기구에는 사무기구의 장과 그 밖의 필요한 직원을 둔다.

제38조(시민고충처리위원회의 조직 및 운영에 관한 사항) 이 법에 규정된 사항 외에 시민고충처리위원회의 조직 및 운영에 관하여 필요한 사항은 해당 지방자치단체의 조례로 정한다.

이에 따라 시민고충처리위원회가 설치된 기관에서는 위원회 조사활동과 안건심의 시 수당 등을 지급하고 있다. 일부는 위원을 임기제 공무원이나 시간 선택제 공무원으로 대우하고 있다.

또한, 부패방지권익위법에 사무기구를 두도록 규정되어 있어 대부분 기관에서 별도로 지원을 위한 사무기구를 두고 있다. 시민고충처리위원회가 고충민원의 조사와 처리 등의 업무를 수행하려면 접수된 민원을 조사하는 조사관이나 행정인력이 필요하기 때문이다. 고충민원 접수와 배정, 조사, 심의·의결의 과정을 거쳐야 하기 때문에 원활한 업무수행과 위원의 민원조사 활동을 지원하기 위해 사무기구가 필요한 것이다.

부패방지권익위법에서는 지방자치단체장으로 하여금 사무기구를 두도록 하되, 구체적인 기구의 규모, 역할 등에 관하여는 별도로 명시하고 있지 않다.

국민권익위원회는 해당 지방자치단체의 고충민원 발생 건수, 위원의 역할, 위원 수, 인력수급 상황 등을 고려하여 시민고충처리위원회

가 적극적으로 고충민원을 조사·처리하고 효율적으로 운영될 수 있도록 적절한 규모로 사무기구를 시민고충처리위원회 소속으로 두는 것을 권장한다. 실제 운영 실태를 보면, 시민고충처리위원회 소속으로 사무기구를 두는 곳도 있고, 집행기관 소속으로 두면서 전담인력을 배치한 곳도 있다. 또한, 집행기관 소속으로 두면서 위원회 업무와 집행기관의 업무를 병행하는 방식으로 운영하기도 한다.[53]

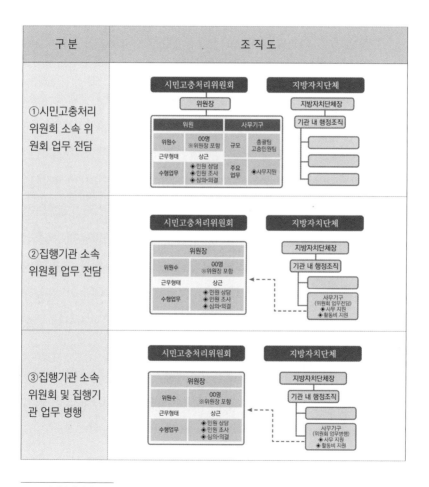

구 분	조 직 도
①시민고충처리위원회 소속 위원회 업무 전담	
②집행기관 소속 위원회 업무 전담	
③집행기관 소속 위원회 및 집행기관 업무 병행	

53) 국민권익위원회, 〈시민고충처리위원회 설치·운영안내서〉(2023), 89쪽

예컨대, 서울특별시 시민감사옴부즈만위원회와 경기도 도민권익위원회의 경우 ①과 같이 옴부즈만 소속으로 사무기구를 두고, 위원회 업무를 전담하는 형태다. 반면, 집행기관 소속으로 사무기구를 두고 위원회 업무를 전담하는 ②의 형태도 있다.

또 다른 경우는 집행기관 소속 사무기구를 두되, 위원회 업무와 집행기관 업무를 병행하는 형태다. 이런 형태로 운영하는 기관은 인구수가 적거나 업무량이 많지 않다고 판단하여 감사실에서 감사와 민원처리 업무를 수행하면서 일부가 옴부즈만 지원업무를 병행하도록 하고 있다.

지원 인력을 어디에 두느냐는 시민고충처리위원회 운영에 중요한 요소이다. 시민고충처리위원회 소속으로 지원인력을 두는 것은 사실상 인사권의 독립성을 어느 정도 보장하기 때문에 구성원들이 시민고충처리위원회 활동에 독립성을 갖고 활동할 수 있지만, 집행부 소속으로 있으면서 위원회를 지원한다든지, 감사실 등에 소속되어 있으면서 위원회 업무를 병행하는 것은 독립성에 한계가 있을 뿐만 아니라 업무 지원에도 소홀하거나 소극적으로 대응할 수밖에 없다고 판단된다.

과거 국민고충처리위원회 시절에도 처음에는 조사인력의 인사권을 구 총무처에서 갖고 인력을 파견 보냈으나, 이후 독립적인 인사권을 갖는 형태로 개편되었다. 위원회 사무국의 지원인력 역량과 예산 지원 규모는 위원회 활동에 매우 중요한 요소다.

시민고충처리위원회가 실질적이고 효과적으로 운영되기 위해서는 위원의 역할뿐만 아니라 사무기구의 역할과 소속 조사관 역량 역시 중요하기 때문이다. 고충민원을 오랜 기간 처리해 본 경험에 비추어 볼 때, 조사관의 역량에 따라 고충민원처리결과는 큰 차이를 보인다.

예컨대, 조사결과 민원인의 요구사항을 해소할 수 없지만, 제도개선을 유도한다든지, 제3의 다른 대안으로 민원인을 설득하여 민원인의 불만을 해소하는 등 조사관의 역량에 따라 다양한 대안이 마련될 수 있다.

고충민원을 제기하는 민원인 가운데에는 사회적 약자이거나, 사회 안전망으로 보호를 받아야 하는 사람도 많은데, 규정에 없다는 이유로 이들의 주장을 받아들이지 않으면, 이들은 막다른 위기에 처할 수 있기 때문에 이들이 요구하는 주장은 받아들이지 못하지만, 대안이나 차선책 마련 등 진정으로 옴부즈만이 해야 할 역할이 많기 때문이다. 특히, 위원들이 상근이 아닌 비상근으로 운영될 때는 지원인력의 역할이 매우 중요하다.

사무기구에서는 통상적으로 고충민원의 접수 및 배정, 회의운영 지원, 예산집행(위원 수당, 여비, 수용비 등) 등 시민고충처리위원회 운영에 필요한 행정을 지원한다.

하지만, 위원의 근무형태가 비상근인 경우, 위원이 모든 고충민원의 조사업무를 전담하기 어렵기 때문에 실질적인 조사의 상당수를 지원인력이 수행하기도 한다. 그만큼 지원인력의 역할이 중요하다. 고충민원처리 단계를 정리하면 아래와 같다.

사무기구는 시민고충처리위원회의 기능과 그 사무를 지원하는 업무 특성을 고려할 때 최소한 위원회 업무를 전담하는 과 단위(부서장 1명, 부서원 3~4명) 규모로 구성하는 것이 좋다. 하지만, 실제로는 과 단위 인력 배치는 어려운 경우가 많아 시민고충처리위원회의 역할이 제한적일 수밖에 없다는 지적도 나온다.

신청 접수·배정	고충민원 조사	고충민원 심의·의결	후속조치
•신청서 접수 •담당 위원 또는 조사관 배정	•신청서 검토 •자료제출 요구 •의견진술, 실지 (현장)조사	•시정권고 •의견표명 •제도개선 권고 등	•처리결과통보 (신청인, 관련부서) •이행실태점검

사무기구	위원회(위원) 사무기구 (조사관)	위원회(위원)	사무기구

사무기구 인력의 전문성을 확보하기 위해서는 우선적으로 전문 인력을 선발하는 시스템을 구축할 필요가 있다. 사무기구의 장을 비롯하여 구성원을 외부 인력으로 충원하는 방식도 필요하다. 고충민원 조사업무를 수행하는 조사관은 감사, 조사 등 다양한 업무 경험을 바탕으로 한 고충민원처리 역량을 갖춘 사람이 적합하다. 고충민원 조사 경험과 노하우가 있는 공무원(일반조사관)을 내부 전보 또는 파견을 통해 배치할 수 있고, 전문성을 높이기 위해 외부 전문가를 채용(전문조사관)하여 활용하는 방안도 있다.

5. 운영상황 공표

시민고충처리위원회는 부패방지권익위법 제37조에 따라 매년 운영상황을 지방자치단체장과 지방의회에 보고하고 이를 공표하도록 하고

있다. 필요하다고 인정될 때에는 지방자치단체장과 지방의회에 특별
보고할 수 있게 하였다. 국제적으로나 우리나라 사례를 볼 때 대부분
의 옴부즈만 기관에서 운영상황 공표와 대통령과 국회(지방자치단체장
과 지방의회)에 보고하도록 하고 있다.

시민고충처리위원회 운영상황 공표권과 지방의회 및 자방자치단체
장에게 보고권은 고충민원처리에 대한 활동을 보장받고 집행력을 늘
리는 한편, 시민고충처리위원회의 역할 강화에 필요한 조치다.

국민권익위원회도 부패방지권익위법 제26조에 따라 매년 고충민원
과 관련하여 위원회의 운영상황을 대통령과 국회에 보고하고 이를 백
서로 제작하여 공표한다. 필요성이 인정될 때는 대통령과 국회에 특별
보고를 하도록 하는데, 시민고충처리위원회도 같은 규정을 적용한 것
이다.

6. 준용규정에 따라 국민권익위원회와 같이 적용되는 규정

부패방지권익위법 제35조에서는 시민고충처리위원회 운영과 관련하여
국민권익위원회의 규정을 준용하도록 하는 내용이 담겨 있다.

부패방지권익위법
제35조(위원회에 관한 규정의 준용) 제15조, 제16조 제3항, 제17조, 제
18조, 제25조 및 제83조의2 제1항은 시민고충처리위원회에 관하여 이
를 준용한다.
제15조(위원의 결격사유) ① 다음 각 호의 어느 하나에 해당하는 자는

위원이 될 수 없다.

1. 대한민국 국민이 아닌 자

2. 「국가공무원법」 제33조 각 호의 어느 하나에 해당하는 자

3. 정당의 당원

4. 「공직선거법」에 따라 실시하는 선거에 후보자로 등록한 자

② 위원이 제1항 각 호의 어느 하나에 해당하게 된 때에는 당연히 퇴직된다.

제16조(직무상 독립과 신분보장) ①~②(생략)

③ 위원은 다음 각 호의 어느 하나에 해당하는 경우를 제외하고는 그 의사에 반하여 면직 또는 해촉되지 아니한다.

1. 제15조 제1항 각 호의 어느 하나에 해당하는 때

2. 심신상의 장애로 직무수행이 현저히 곤란하게 된 때

3. 제17조에 따른 겸직금지의무에 위반한 경우

제17조(위원의 겸직금지 등) 위원은 재직 중 다음 각 호의 직을 겸할 수 없다.

1. 국회의원 또는 지방의회의원

2. 행정기관 등과 대통령령으로 정하는 특별한 이해관계가 있는 개인이나 법인 또는 단체의 임·직원.

제18조(위원의 제척·기피·회피) ① 위원은 다음 각 호의 어느 하나에 해당하는 경우에는 위원회, 제20조에 따른 소위원회 및 제21조에 따른 분과위원회의 심의·의결에서 제척된다.

1. 위원 또는 그 배우자나 배우자였던 자가 당해 사안에 관하여 당사자이거나 공동권리자 또는 공동의무자인 경우

2. 위원이 당해 사안의 당사자와 친족 관계에 있거나 있었던 경우

3. 위원이 당해 사안에 관하여 증언, 감정, 법률자문 또는 손해사정을 한 경우

4. 위원이 되기 전에 당해 사안에 대하여 감사, 수사 또는 조사에 관여한 사항

5. 위원이 당해 사안에 관하여 당사자의 대리인으로 관여하거나 관여하였던 경우

② 위원회, 제20조에 따른 소위원회 및 제21조에 따른 분과위원회의 심의·의결의 이해당사자는 위원에게 공정을 기대하기 어려운 특별한 사정이 있는 경우에는 기피신청을 할 수 있다.

③ 위원 본인이 제1항 또는 제2항의 사유에 해당하는 경우에는 스스로 그 사안의 심의·의결을 회피할 수 있다.

④ 위원회, 제20조에 따른 소위원회 및 제21조에 따른 분과위원회의 심의·의결에 관한 사무에 관여하는 위원회의 소속 공무원(제25조에 따른 파견 공무원 및 직원을 포함한다) 및 제22조에 따른 전문위원에 관하여는 제1항부터 제3항까지의 규정을 준용한다.

제25조(공무원 등의 파견) ① 위원회는 그 업무수행을 위하여 필요하다고 인정하는 경우에는 국가기관·지방자치단체·「공공기관의 운영에 관한 법률」 제4조에 따른 기관 또는 관련 법인이나 단체에 대하여 그 소속 공무원 또는 직원의 파견을 요청할 수 있다.

② 제1항에 따라 위원회에 공무원이나 직원을 파견한 국가기관·지방자치단체·「공공기관의 운영에 관한 법률」 제4조에 따른 기관 또는 관련 법인이나 단체의 장은 위원회에 파견된 자에 대하여 인사·처우 등에 있어서 우대조치를 강구하여야 한다.

제83조의2(벌칙 적용에서 공무원 의제) ① 위원회의 위원 중 공무원이

아닌 위원, 제22조에 따른 전문위원 및 제25조에 따른 파견 직원은 위원회의 업무와 관련하여 「형법」이나 그 밖의 법률에 따른 벌칙을 적용할 때에는 공무원으로 본다.

이 법에서 준용하도록 한 규정은 위원의 결격사유(제15조), 직무상 독립과 신분보장(제16조 제3항), 겸직금지(제17조), 제척·기피·회피(제18조), 공무원 등의 파견(제25조) 및 벌칙 적용에서 공무원 의제(제83조의2 제1항) 규정이다.

이에 따라 시민고충처리위원회의 위원은 국민권익위원회 위원과 동일한 결격사유(법 제15조)가 적용된다. 그 결과, 대한민국 국민이 아닌 자(제1호), 「국가공무원법」 제33조 각 호의 어느 하나에 해당하는 자(제2호), 정당의 당원(제3호), 「공직선거법」에 따라 실시하는 선거에 후보자로 등록한 자(제4호) 등은 시민고충처리위원회 위원이 될 수 없다.

또한 직무상 독립과 신분보장도 인정된다. 지방자치단체나 지방의회의 눈치를 보지 않고 독립적으로 옴부즈만 활동을 할 수 있으며, 정해진 임기는 보장된다. 본인의 의사에 반하여 마음대로 면직 또는 해촉할 수 없도록 한 것이다. 다만, 부패방지권익위법 제15조 제1항(위원의 결격사유)에 해당하는 때(제1호), 심신상의 장애로 직무수행이 현저히 곤란하게 된 때(제2호), 같은 법 제17조에 따른 겸직금지의무에 위반한 경우(제3호) 등은 그 예외로 하고 있다.

겸직금지 규정도 국민권익위원회 위원과 똑같이 적용되어 특정한 직위는 겸직을 할 수 없다.

부패방지권익위법 제17조는 국회의원 또는 지방의회의원(제1호), 행정기관 등과 대통령령으로 정하는 특별한 이해관계가 있는 개인이나 법인 또는 단체의 임직원(제2호)을 겸직할 수 없도록 되어 있다.

이에 따라 부패방지권익위법 제17조 제2호에서 정하고 있는 "대통령령이 정하는 특별한 이해관계가 있는 개인이나 법인 또는 단체"에 대해서는 같은 법 시행령 제14조에서 구체적으로 정하고 있다. 시행령이 정한 바에 따라 ① 법령에 따라 행정권한을 행사하거나 행정권한을 위임 또는 위탁받은 개인이나 법인 또는 단체, ② 국가 또는 지방자치단체의 재정지원을 받는 개인이나 법인 또는 단체, ③ 법령이나 정관에 따라 임원이나 직원의 임면에 관하여 국가 또는 지방자치단체의 동의나 승인을 요하는 법인 또는 단체 소속인 자는 시민고충처리위원회 위원이 될 수 없다.

시민고충처리위원회 위원은 부패방지권익위법 제18조(위원의 제척·기피·회피)와 제35조 준용규정에 따라 특별한 사정이 있을 경우, 심의·의결에 참여해서는 안 된다. 시민고충처리위원의 직무와 사적 이해관계로 인해 이해충돌 상황이 발생하거나 우려가 있어 공정한 의사결정을 위해 심의·의결에서 참여하지 못하도록 하는 것이다. 시민고충처리위원회 위원뿐만 아니라 지원하는 공무원도 함께 적용된다.

부패방지권익위법

제18조(위원의 제척·기피·회피) ① 위원은 다음 각 호의 어느 하나에 해당하는 경우에는 위원회, 제20조에 따른 소위원회 및 제21조에 따른 분과위원회의 심의·의결에서 제척된다. 〈개정 2019. 4. 16.〉

1. 위원 또는 그 배우자나 배우자였던 자가 당해 사안에 관하여 당사자이거나 공동권리자 또는 공동의무자인 경우

2. 위원이 당해 사안의 당사자와 친족 관계에 있거나 있었던 경우

3. 위원이 당해 사안에 관하여 증언, 감정, 법률자문 또는 손해사정을 한 경우

4. 위원이 되기 전에 당해 사안에 대하여 감사, 수사 또는 조사에 관여한 사항

5. 위원이 당해 사안에 관하여 당사자의 대리인으로 관여하거나 관여하였던 경우

② 위원회, 제20조에 따른 소위원회 및 제21조에 따른 분과위원회의 심의·의결의 이해당사자는 위원에게 공정을 기대하기 어려운 특별한 사정이 있는 경우에는 기피신청을 할 수 있다. 〈개정 2019. 4. 16.〉

③ 위원 본인이 제1항 또는 제2항의 사유에 해당하는 경우에는 스스로 그 사안의 심의·의결을 회피할 수 있다.

④ 위원회, 제20조에 따른 소위원회 및 제21조에 따른 분과위원회의 심의·의결에 관한 사무에 관여하는 위원회의 소속 공무원(제25조에 따른 파견 공무원 및 직원을 포함한다) 및 제22조에 따른 전문위원에 관하여는 제1항부터 제3항까지의 규정을 준용한다. 〈신설 2019. 4. 16.〉

제척사유는 위원 또는 그 배우자나 배우자였던 자가 당해 사안에 관하여 당사자이거나 공동권리자 또는 공동의무자인 경우(제1호), 위원이 당해 사안의 당사자와 친족 관계에 있거나 있었던 경우(제2호), 위원이 당해 사안에 관하여 증언, 감정, 법률자문 또는 손해사정을 한 경우(제3호), 위원이 되기 전에 당해 사안에 대하여 감사, 수사 또는 조사에 관여한 사항(제4호), 위원이 당해 사안에 관하여 당사자의 대리인으로 관여하거나 관여하였던 경우(제5호) 등이 해당한다.

또한, 시민고충처리위원회 심의·의결의 이해당사자는 위원에게 공

정을 기대하기 어려운 특별한 사정이 있는 경우에는 기피신청을 할 수 있고, 위원 본인은 제척 또는 기피 사유에 해당하는 경우 스스로 그 사안의 심의·의결을 회피할 수 있다.

겸직금지 규정을 위반하거나, 위원회 활동과 관련되어 이해충돌 규정 위반(제척·기피·회피), 부패방지권익위법 제15조(위원의 결격사유) 위반 등이 발생하면 해촉 사유에 해당된다는 점을 명심할 필요가 있다.

아울러, 부패방지권익위법 제25조에 따라 업무수행에 필요하다고 인정될 경우, 행정기관 등으로부터 소속 공무원 또는 직원 파견도 요청할 수 있으며, 시민고충처리위원회 위원은 제83조의2(벌칙 적용에서 공무원 의제)에 따라 공무원이 아닌 민간인 신분이라 하더라도 시민고충처리위원회의 업무와 관련하여 「형법」이나 그 밖의 법률에 따른 벌칙을 적용할 경우 공무원으로 간주한다.

제2절 | 시민고충처리위원회 운영실태 분석

국민권익위원회는 우리나라의 대표 옴부즈만인 국가옴부즈만 기구 성격을 띤다. 반면, 시민고충처리위원회는 지방옴부즈만 기구이다. 국가옴부즈만인 국민권익위원회 소관 부패방지권익위법에 근거를 두고 지방자치단체가 설치·운영하는 것이다. 쉽게 말하면, 각 지방자치단체가 자율적으로 설치 운영을 하되, 근거는 부패방지권익위법에 두고 있다.

지방옴부즈만 설치가 추진된 것은 지방자치권의 확대와 관계가 깊다. 1995년 지방자치제가 본격 시행되면서 행정권한과 자율성이 확대된 지방자치단체는 지역 주민의 생활에 많은 영향력을 행사하게 되었다. 이에 지역 주민의 권익 보호를 위해 제3자의 시각에서 신속하고 효율적으로 고충민원을 해소할 수 있는 지방옴부즈만 제도 운영의 필요성이 높아졌다.

2023년 국민권익위원회가 발행한 〈시민고충처리위원회 설치·운영 안내서〉에 따르면, 우리나라는 1970년대부터 행정학회, 공법학회 등에서 민주적 행정통제 장치로 옴부즈만 제도 도입을 주장하여 문민정부(1993년~1997년) 시절 대통령 자문기구인 행정쇄신위원회에서 옴부즈만 제도 도입을 기획과제로 선정하였다. 이후 「행정규제 및 민원사무기본법」을 제정하여 한국형 옴부즈만 기구인 '국민고충처리위원회'가 1994년에 출범하였으며, 당시 내무부가 〈10대 민원행정 세부지침〉(1996년)을 마련하여 합의제 위원회 형태의 지방옴부즈만 제도 도입을 권장하였다.

이에 따라 1996년에 서울 강동구·양천구, 청주시, 안양시 등 지방자치단체가 옴부즈만 운영 조례를 제정하였고, 1997년 부천시가 국내 최초로 지방의회의 동의 절차를 거쳐 옴부즈만을 위촉하고 지방옴부즈만 제도를 운영하기 시작했다.

2005년에 「국민고충처리위원회의 설치와 운영에 관한 법률」이 제정되면서 지방옴부즈만인 시민고충처리위원회의 법적 근거가 마련되었는데, 현재의 부패방지권익위법에 그대로 설치 근거 및 위원의 자격요건 등을 담았다.[54]

1. 전국 민원발생 현황 및 처리실태

국민권익위원회가 집계한 국민신문고 민원접수 현황을 보면, 2023년 1년간 국민신문고에 접수된 민원은 1,237만 건에 이른다. 2021년 1,327만 건이었다가 코로나19 등 외부이슈로 감소되기도 했지만 연간 1,200만~1,300만 건의 민원이 접수될 정도로 대한민국의 대표적인 국민소통 창구로 자리 잡고 있다.

이는 국민의 민원을 한 곳에서 쉽게 신청할 수 있도록 전국 행정기관 및 공공기관의 민원접수창구를 국민권익위원회가 운영하는 국민신문고로 통합을 추진하면서 국민신문고로 접수하는 민원건수가 해마다 큰 폭으로 증가하고 있기 때문이다. 2023년 말 현재 국민신문고를 통

---

54) 국민권익위원회, 〈시민고충처리위원회 설치·운영안내서〉(2023), 20쪽

해 민원을 접수할 수 있는 기관은 전국적으로 1,200여 개에 이른다.[55]

국민신문고로 접수되는 민원은 연간 1,300만 건대이지만, 고충민원 총괄처리기관인 국민권익위원회에서 직접 처리하는 것은 연간 3만~4만 건에 불과하다. 고충민원 조사관과 예산 등의 이유로 국민권익위원회가 직접 처리하기는 절대적 한계가 있는 것이다.

따라서 국민신문고로 접수된 민원의 대다수는 결국 해당 기관이나 감독기관에서 처리한다. 민원처리법 시행령 제17조에 따르면, 해당 기관은 1차 고충민원에 대해 원 처분부서에서 처리하도록 하고 있다. 이 민원에 대해 다시 고충민원이 접수되면 감사부서에서 2차로 처리하고, 그래도 해소되지 않으면 감독기관에 민원을 신청할 수 있게 했다.

그렇지만, 원 처분부서, 감사부서, 감독기관 등에서 처리를 해도 고충민원이 해소되지 않을 수 있다. 당초 원 처분부서에서 처리할 경우, 동일한 기준과 원칙으로 검토와 결재를 하다 보니 처분이 달라지지 않는 것이다. 감사부서에서 처리한다고 해도 해당부서에서 자료를 넘겨받아 검토하는 경우가 많아 역시 동일한 결론에 도달할 여지가 많다. 한번 처리한 기관에서 또 같은 민원을 처리하면서 국민 불만은 커질 수 있고, 모순이라는 지적과 함께 민원 만족도는 떨어질 수밖에 없다.

이런 문제점을 해결할 수 있는 대안으로 국민권익위원회는 자치단체에 시민고충처리위원회를 설치하도록 적극 유도하고 있다. 공무원이 아닌 외부전문가 등이 제3자적 시각으로 독립적인 기관에서 공정하고 객관적으로 처리하면 민원처리 결과에 대한 신뢰성과 수용성을 높일 수 있다는 장점이 있다.

---

55) 국민권익위원회, 〈2023 국민권익백서〉(2024), 290쪽

이 과정에 민원처리법을 관리하는 행정안전부는 2019년 6월 4일 시행령 개정을 통해 시민고충처리위원회를 통해서도 고충민원을 신청·처리할 수 있도록 민원처리법 시행령 제17조 제8항을 신설하였다.

민원인이 민원처리법에 따라 고충민원을 신청하거나 민원처리법이 정한 규정에 따라 처리결과를 통보받은 경우에도 국민권익위원회 또는 부패방지권익위법 제2조 제9호에 따른 시민고충처리위원회에 고충민원을 신청할 수 있도록 한 것이다.

민원처리법 시행령
제17조(고충민원의 처리 등) ① 행정기관의 장은 고충민원을 접수한 때에는 특별한 사유가 없으면 7일 이내에 처리하여야 한다.
② 행정기관의 장은 민원인이 동일한 내용의 고충민원을 다시 제출한 경우에는 감사부서 등으로 하여금 이를 조사하도록 하여야 한다.
③~⑤(생략)
⑥ 민원인은 제2항에 따른 감사부서 등의 조사를 거친 경우에는 그 고충민원과 관련한 사무에 대한 지도·감독 등의 권한을 가진 감독기관의 장에게 고충민원을 신청할 수 있다. 이 경우 감독기관의 고충민원처리기간 및 처리방법 등에 관하여는 제1항, 제2항, 제4항 및 제5항을 준용한다.
⑦ (생략)
⑧ 민원인은 고충민원을 신청하거나 제1항부터 제7항까지의 규정에 따라 처리결과를 통보받은 경우에도 국민권익위원회 또는 「부패방지 및 국민권익위원회의 설치와 운영에 관한 법률」 제2조 제9호에 따른 시민고충처리위원회에 고충민원을 신청할 수 있다. 〈신설 2019. 6. 4.〉[제목개정 2019. 6. 4.]

우리나라 민원처리의 기본법이라고 할 수 있는 민원처리법 시행령에 시민고충처리위원회 관련 규정이 포함되었다는 점은 지방자치단체 확대 차원에서 의미가 있다. 이후 지방자치단체 등에서도 본격적으로 시민고충처리위원회 설치에 관심을 갖기 시작하였다. 그 내용을 아래 개념도로 정리했다.

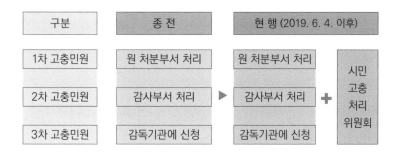

사실 국민권익위원회는 국민고충처리위원회 시절부터 각 지방자치단체에 시민고충처리위원회를 설치할 수 있도록 했다. 「국민고충처리위원회의 설치와 운영에 관한 법률」 제28조(고충민원의 신청 및 접수)에 따르면, 시민고충처리위원회에도 고충민원을 신청할 수 있었고, 이후 부패방지권익위법에도 그대로 유지되었다.

따라서 시민고충처리위원회는 지방옴부즈만으로서 지역주민의 고충민원처리와 불합리한 행정제도 개선에 대해 국민권익위원회와 같은 기능을 수행한다.

2 시민고충처리위원회 도입 시 장점

시민고충처리위원회를 설치할 경우 어떤 장점이 있는지 주민과 행정기관 입장에서 각각 살펴볼 필요가 있다.

우선 주민 입장에서 보면, 주민들은 비용을 전혀 들이지 않고 행정기관에 대한 자신들의 불만이나 민원을 제기할 수 있다. 고충민원처리에 비용이 전혀 들지 않기 때문이다. 국민권익위원회와 마찬가지로 시민고충처리위원회도 고충민원을 무료로 접수받아 처리를 해주기 때문에 주민들이 부담 없이 고충민원을 신청할 수 있다. 따라서 경제사정이 어려운 서민들에게 유용하다. 일부 민원인들은 변호사나 행정사를 선임해 민원을 신청하는 경우가 있는데, 그럴 필요가 없다. 억울한 사연들을 민원서류로 작성하여 시민고충처리위원회에 신청만 하면 시민고충처리위원회 위원과 조사관들이 사실관계나 법률검토 등 어려운 내용까지 알아서 확인하여 처리하고, 그 결과까지 알려주기 때문이다.

또한, 살고 있는 지역의 지방자치단체에 고충민원을 접수하기 때문에 접근성이 용이하다. 지방자치단체와 관련된 고충민원의 경우, 구태여 국민권익위원회까지 찾을 필요가 없다. 따라서 생활현장에서 일어날 수 있는 소소한 불편사항도 제기할 수 있어 주민들의 행정기관 이용 문턱을 한층 낮출 수 있어 만족도를 높일 수 있다.

사법적 판단까지 가지 않고 행정기관 내부에서 갈등이나 불만을 해소할 수 있기 때문에 상대적으로 신속하게 처리할 수 있는 장점도 있다. 행정소송 등 소송으로 옳고 그름을 다툴 경우, 1심·2심·3심까지 거쳐야 하기 때문에 시간이 많이 걸리지만, 시민고충처리위원회에 고충민원을 제기하여 처리하게 되면 행정기관 내부에서 처리하기 때문에 훨씬 빨리 결과를 확인할 수 있다. 사법부는 행정의 적법성 여부 (재량권 일탈·남용 포함) 위주로 다루지만, 시민고충처리위원회는 위법·부당한 처분뿐만 아니라 부작위, 소극행정에 의한 불편·부담 등 폭넓게 다루고, 필요할 경우 대안도 제시할 수 있어 주민입장에서는 유리한 측면이 많다.

중앙정부 업무여서 지방자치단체에서 해결할 수 없는 민원이라도 소관기관이나 국민권익위원회로 이송하여 처리해 줄 수 있어 주민입장에서는 손해 볼 일이 없다. 위촉되거나 임명되는 시민고충처리위원들이 거의 대부분 지역 주민으로, 지역 사정에 대한 이해도가 높고, 전문성도 겸비한 장점도 있다.

지방자치단체 입장에서는 적은 비용으로 좋은 성과를 낼 수 있어 '저비용, 고효율' 행정을 펼 수 있다. 시민고충처리위원회를 운영하게 되면, 위원회 운영에 따른 운영경비(위원 수당 포함)와 사무조직 운영비 등 비용이 소요되지만, 주민들이 체감하는 효과는 이보다 훨씬 크다.

또한, 공급자 위주의 행정에서 주민 위주로 행정을 전환한다는 이미지를 줄 수 있고, 그간 추진한 행정에 대해 주민의 입장에서 다시 살펴볼 수 있다는 점에서 긍정적인 면이 많다.

정부의 '적극행정 면책규정'도 적극 활용할 수 있어 공무원들의 소극행정이나 복지부동에 따른 국민 불편도 해소할 수 있다. 물론 시민고충처리위원회가 설치되고, 조례를 만들 때 '적극행정 면책규정'도 조례에 담는 것이 좋다. 그래야 특이(악성) 민원 등 반복적으로 제기되는 민원도 제3자적 시각에서 다시 살펴볼 수 있다.

주민자치와 주민참여 행정을 하는 실질적인 효과를 낼 수 있고, 주민 생활 속에서 야기되는 불편에 대해 선제적으로 대응할 수 있는 시스템을 구축한다는 의미에서도 장점이다. 주민과 지방자치단체 모두 시민고충처리위원회가 '진정한 고충민원 해결사' 역할을 하면, 상호 원-윈할 수 있는 것이다.

3. 시민고충처리위원회 도입 현황

1997년 부천시에서 최초 도입된 옴부즈만 기구는 2005년 「국민고충 처리 위원회의 설치 및 운영에 관한 법률」에 지방자치단체에 시민고충 처리위원회를 둘 수 있다는 법적 근거가 마련되면서 설치 기관이 늘 어나게 되었고, 2024년 12월 현재 94개 지방자치단체(광역 11개, 기초 83개)에서 시민고충처리위원회를 설치·운영하고 있다. 또한 경상남도 가 2025년 2월 조례를 공포하고 도민고충처리위원회 구성을 예고하 는 등 광역 및 기초지방자치단체에서 시민고충처리위원회가 계속 설 치될 예정이다.

서울과 경기, 인천 등 수도권지역은 많은 반면 부산, 대구, 경남, 경 북, 충남, 충북, 강원 등은 상대적으로 저조하다. 설치가 적은 곳은 단 체장이나 지방의회의 관심이 적거나 인구수가 적어 설치에 미온적이 라는 평가다.

지방자치단체의 옴부즈만 기구 설치현황을 보면, ('15년) 20개 → ('16년) 26개 → ('17년) 30개 → ('18년) 37개 → ('19년) 43개 → ('20년) 49개 → ('21년) 62개 → ('23년) 80개 → ('24년) 94개 등 매년 증가추세를 보이고 있다.

【시민고충처리위원회 설치·운영 현황】

광역자치단체(11개): 서울특별시, 대구광역시, 광주광역시, 울산광역시, 경기도, 강원특별자치도, 충청남도, 전북특별자치도, 전라남도, 제주특별자치도, 세종특별자치시. (경상남도는 2025년 예정)

기초자치단체(83개): (서울) 중구·강동구·강북구·강서구·관악구·광진구·구로구·금천구·노원구·도봉구·동대문구·동작구·마포구·서대문구·서초구·성동구·성북구·양천구·용산구·은평구·종로구·중랑구, (부산) 사하구, (인천) 계양구·미추홀구·서구·연수구·중구, (대구) 달서구·동구·북구, (광주) 광산구·남구·북구·서구, (대전) 대덕구·중구·서구 (울산) 남구·북구·울주군·중구 (경기) 과천시·광명시·광주시·남양주시·동두천시·의왕시·부천시·성남시·수원시·시흥시·안산시·안성시·안양시·연천군·양주시·여주시·용인시·이천시·파주시·평택시·포천시·하남시·화성시, (강원) 원주시, (충남) 공주시·당진시·보령시·아산시·천안시·부여군, (충북) 청주시·영동군·제천시, (전남) 담양군·순천시·여수시·화순군·고흥군 (전북) 익산시, (경남) 양산시, (경북) 상주시

4. 시민고충처리위원회 운영 형태

현재 각 지방자치단체가 운영하는 시민고충처리위원회의 형태는 명칭에서부터 위원 구성 현황, 근무 형태(상근·비상근), 임기, 의사결정 형

태 등 여러 가지 측면에서 다양하게 운영된다. 지방옴부즈만 제도에 관한 법률을 관장하는 국민권익위원회는 부패방지권익위법과 시행령에 따라 원칙을 정해놓고 표준 조례안을 마련하여 권고하고 있지만, 옴부즈만 기구 설치가 강제규정이 아닌 임의규정인데다, 설치기관이 많지 않은 상태에서 원칙을 고수하기보다는 가급적 원칙을 지키되 기관 자율에 맞게 운영하도록 유도하는 것이다. 국민권익위원회가 2024년 12월 말 현재 지방자치단체에 설치된 94개 시민고충처리위원회를 분석한 결과는 '시민고충처리위원회 설치 현황'과 같다.[56] 그 내용을 정리해 본다.

1) 기관명칭

「국민고충처리위원회의 설치와 운영에 관한 법률」과 부패방지권익위법 상에 시민고충처리위원회를 둘 수 있다고 되어 있다. 따라서 이들 기관은 별도의 조례로 그 명칭 등을 정하지만, 많은 기관들이 시민(구민·도민)고충처리위원회란 명칭을 쓰고 있다. 예컨대, 울산광역시 시민고충처리위원회, 강원특별자치도 도민고충처리위원회, 충청남도 도민고충처리위원회, 동두천시 시민고충처리위원회, 성동구 시민고충처리위원회 등이다.

옴부즈만이란 명칭을 쓰는 기관도 많다. 서울특별시는 감사기능까지 포함하여 시민감사옴부즈만위원회란 명칭을 쓴다. 대구광역시는 복지·인권옴부즈만, 서울 은평구는 은평구옴부즈만 등이다.

우리나라 대표 옴부즈만이 국민권익위원회란 명칭을 쓰는 점을 고

---

56) 국민권익위원회 분석결과 재인용

려해 권익위원회란 표현을 쓰기도 한다. 경기도 도민권익위원회, 울산 중구 구민권익위원회 등이다. 이 밖에 경기도 시흥시는 시민호민관, 안양시는 민원옴부즈만위원회 등 다양한 명칭을 쓴다.

이처럼 옴부즈만이 다양한 호칭을 사용하지만 공통점은 '고충민원 해결사', '고충처리인' 역할을 하는 것이다. 그런 측면에서 옴부즈만을 '고충민원 해결사'로 부르는 것이 합리적이라고 생각한다.

2) 위원 수와 상임·비상임 여부·임기 등

위촉하거나 임명하는 위원 수와 근무형태 역시 다양하다. 서울시 시민감사옴부즈만위원회는 위원장을 포함하여 7명 전원이 상임으로 활동한다. 대구광역시는 2명이 상근을 하고, 광주광역시는 7명이 상근과 비상근으로 나뉘어 활동한다. 전원이 상근으로 근무하기도 하지만, 일부는 상근과 비상근 혼용으로, 또 위원 전원이 비상근으로 활동하는 경우도 있다.

상근이라고 해도 모두 주 5일 상근하는 것이 아니라 위원 입장에서 볼 때는 주 3일씩 근무하는 반(半)상근 형태도 많다. 전체적으로 3~5명 정도 위촉되는 경우가 많지만, 1인으로 구성된 곳도 있다.

임기는 4년 단임으로 운영되거나 2년 근무를 하고 다시 한차례 연임하는 곳이 많다. 부패방지권익위법 제33조에 시민고충처리위원회 위원의 임기는 4년으로 하고, 연임할 수 없다고 규정된 탓에 임기 4년으로 규정한 기관은 모두 연임을 허용하지 않고 있다. 임기를 2년으로 한 기관도 많은데, 이들 중에는 한차례 연임을 허용하는 기관이 많다. 이는 지방자치단체장 선거가 4년마다 실시되면서 지방자치단체가 지방자치단체장의 임기와 맞추려고 한다는 해석이 지배적이다. 반면, 7

명이 활동하는 서울시 시민감사옴부즈만위원회는 3년 단임으로 하고 있다.

3) 의사결정 형태

옴부즈만은 의사결정 형태에 따라 1인이 결정하는 독임제와 여러 명이 합의를 통해 결정하는 합의제로 나뉜다. 여러 명의 옴부즈만이 활동한다고 해서 반드시 합의제로 운영되는 것은 아니다. 여기서 독임제인지 합의제인지 구분하는 기준은 의사결정 방식이므로 한 사람이 단독으로 결정하는가, 아니면 전체의 합의에 의해 결정을 하는가에 따른 구분이다.

분석결과, 여러 명이 활동을 하는 기관에서는 합의제 방식을 많이 채택한다. 물론 1인이 활동하는 기관은 독임제를 유지한다. 복지와 인권분야 옴부즈만을 운영하는 대구광역시는 2명이 상근을 하지만, 독임제 방식을 채택하고 있다. 각각 맡은 분야(복지·인권)에 독자적으로 결정을 하는 것이다. 5명이 활동하는 서울 강동구 구민옴부즈만, 3명이 활동을 하는 서울 양천구 옴부즈만도 독임제 형식을 띤다. 맡은 민원은 독자적으로 결정하는 것이다.

반면, 서울 도봉구 옴부즈만(5명 상근)과 서울 동대문구(3명 비상근) 등 일부 기관은 합의제와 독임제를 혼용하고 있다. 조례 등을 분석한 결과 평상시는 독자적으로 결정을 하지만, ① 시정 권고, 제도개선 권고, 감사의뢰의 결정에 관한 사항, ② 종전 의결례를 변경할 필요가 있는 사항, ③ 그 밖에 대표 옴부즈만이 회의에서 처리하는 것이 필요하다고 인정하는 사항 등은 전체 위원들이 모여 합의제로 처리하는 것이다.

【시민고충처리위원회 설치 현황('24년 12월 기준, 총 94개)】

연번	지자체		명칭	구성(정원)	임기 (연임제한)	의사결 정
1	서울특별시		시민감사옴부즈만 위원회	7명(상근)	3년(단임)	합의제
2	대구광역시		복지·인권옴부즈만	2명(상근)	2년(1회)	독임제
3	광주광역시		행정옴부즈만위원회	7명 (상근+비상근)	4년(단임)	합의제
4	울산광역시		시민고충처리위원회	5명(상근)	4년(단임)	합의제
5	경 기 도		도민권익위원회	7명 (상근+비상근)	4년(단임)	합의제
6	강원특별자치도		도민고충처리위원회	10명 이내 (비상근)	4년(단임)	합의제
7	충청남도		도민고충처리위원회	8명(비상근)	4년(단임)	합의제
8	전북특별자치도		도민고충처리위원회	8명(비상근)	4년(단임)	합의제
9	전라남도		도민고충처리위원회	15명(비상근)	4년(단임)	합의제
10	제주특별자치도		시민고충처리위원회	10명 이내 (비상근)	4년(단임)	합의제
11	세종특별자치시		시민고충처리위원회	7명 이내 (비상근)	4년(단임)	합의제
12	서울 (22)	강동구	구민옴부즈만	5명(상근)	2년(1회)	독임제
13		강북구	구민참여옴부즈만	5명(비상근)	2년(1회)	합의제
14		강서구	시민고충처리위원회	3명(비상근)	2년(1회)	합의제
15		관악구	시민고충처리위원회	3명(비상근)	4년(단임)	합의제
16		광진구	옴부즈만	5명(상근)	4년(단임)	합의제
17		구로구	옴부즈맨	3명(상근)	2년(1회)	합의제
18		금천구	시민고충처리위원회	7명(비상근)	4년(단임)	합의제
19		노원구	구민고충처리위원회	3명(상근)	4년(단임)	합의제

연번	지자체		명칭	구성(정원)	임기 (연임제한)	의사결정
20	서울 (22)	도봉구	옴부즈만	4명(상근)	2년(1회)	독임+ 합의
21		동대문구	시민고충처리위원회 (옴부즈만)	3명(비상근)	4년(단임)	독임제
22		동작구	옴부즈만	5명(상근)	2년(1회)	합의제
23		마포구	옴부즈만	3명(비상근)	2년(1회)	합의제
24		서대문구	옴부즈만	5명(비상근)	4년(단임)	합의제
25		서초구	옴부즈만	4명 이내 (상근)	2년(1회)	독임+ 합의
26		성동구	시민고충처리위원회	8명(상근+ 비상근)	4년(단임)	독임+ 합의
27		성북구	옴부즈만	3명(상근)	2년(1회)	독임+ 합의
28		양천구	옴부즈만	3명(상근)	2년(1회)	독임제
29		용산구	옴부즈만	3명(상근)	2년(1회)	합의제
30		은평구	옴부즈만	3명(비상근)	2년(1회)	합의제
31		종로구	시민고충처리위원회	7명(비상근)	4년(단임)	합의제
32		중구	구민고충처리위원회	3명(비상근)	2년(1회)	합의제
33		중랑구	구민고충처리위원회	7명(비상근)	4년(단임)	합의제
34	부산	사하구	옴부즈만	3명(상근)	4년(단임)	합의제
35	대구 (3)	달서구	구민고충처리위원회	3명(상근)	2년(1회)	합의제
36		동구	옴부즈만	3명(상근)	2년(1회)	합의제
37		북구	구민고충처리위원회	3명(상근)	4년(단임)	합의제
38	인천 (5)	계양구	구민고충처리위원회	5명(비상근)	2년(1회)	합의제
39		미추홀구	구민고충처리위원회	5명(상근)	2년(1회)	합의제
40		서구	구민고충처리위원회	5명(비상근)	2년(1회)	합의제
41		연수구	옴부즈만	5명(상근)	2년(1회)	합의제
42		중구	구민고충처리위원회	4명(비상근)	4년(단임)	합의제

연번	지자체		명칭	구성(정원)	임기 (연임제한)	의사결정
43	광주 (4)	광산구	시민권익위원회	5명(비상근)	2년(1회)	합의제
44		남구	시민고충처리위원회	5명(비상근)	2년(1회)	합의제
45		북구	구민고충처리위원회	5명(상근)	2년(1회)	합의제
46		서구	시민고충처리위원회	5명(비상근)	4년(단임)	합의제
47	대전 (3)	대덕구	옴부즈만	5명(비상근)	2년(1회)	독임제
48		서구	시민고충처리위원회	5명(비상근)	4년(단임)	합의제
49		중구	시민고충처리위원회	5명(비상근)	4년(단임)	합의제
50	울산 (4)	남구	옴부즈만	3명(비상근)	4년(단임)	독임+ 합의
51		북구	옴부즈만	3명(비상근)	2년(1회)	독임제
52		중구	구민권익보호관	3명(비상근)	4년(단임)	합의제
53		울주군	군민권익위원회	5명(비상근)	2년(1회)	합의제
54	경기 (23)	과천시	시민옴부즈만	5명(비상근)	4년(단임)	합의제
55		광명시	시민옴부즈만	1명(상근)	2년(1회)	독임제
56		광주시	시민옴부즈만	3명(비상근)	4년(단임)	합의제
57		남양주시	옴부즈만	5명(비상근)	4년(단임)	합의제
58		동두천시	시민고충처리위원회	3명(비상근)	4년(단임)	합의제
59		부천시	시민옴부즈만	1명(상근)	2년(1회)	독임제
60		성남시	시민고충처리위원회	2명(상근)	4년(단임)	독임제
61		수원시	시민고충처리위원회	5명(비상근)	2년(1회)	합의제
62		시흥시	시민호민관	1명(상근)	4년(단임)	독임제
63		안산시	시민고충처리위원회	5명(상근)	2년(1회)	합의제
64		안성시	시민옴부즈만	10명(비상근)	2년(1회)	합의제
65		안양시	민원옴부즈만위원회	10명(상근+비상근)	2년(1회)	독임제
66		양주시	시민옴부즈만	5명(상근+비상근)	4년(단임)	합의제

연번	지자체		명칭	구성(정원)	임기 (연임제한)	의사결정
67	경기 (23)	여주시	옴부즈만	3명(비상근)	4년(단임)	합의제
68		연천군	고충처리위원회	3명(비상근)	2년(1회)	합의제
69		용인시	시민고충처리위원회	7명(비상근)	4년(단임)	합의제
70		의왕시	시민고충처리위원회	1명(상근)	2년(1회)	독임제
71		이천시	시민옴부즈만	3명(상근)	4년(단임)	합의제
72		파주시	시민고충처리위원회	5명(상근)	4년(단임)	합의제
73		평택시	시민고충처리위원	5명(상근)	4년(단임)	합의제
74		포천시	시민고충처리위원회	3명(비상근)	4년(단임)	합의제
75		하남시	시민고충처리위원회	10명(상근+ 비상근)	2년(1회)	합의제
76		화성시	시민옴부즈만	5명(상근)	2년(1회)	합의제
77	강원	원주시	고충처리위원회	7명(비상근)	4년(단임)	합의제
78	충북 (3)	제천시	시민고충처리위원회	10명(비상근)	4년(단임)	합의제
79		청주시	시민고충처리위원회	3명(비상근)	4년(단임)	합의제
80		영동군	군민고충처리위원회	10명(비상근)	4년(단임)	합의제
81	충남 (6)	공주시	시민옴부즈만	3명(상근)	2년(1회)	독임제
82		당진시	고충민원조정관	3명(상근)	2년(1회)	독임제
83		보령시	시민고충처리위원회	3명(상근)	4년(단임)	독임제
84		아산시	시민옴부즈만	3명(상근)	2년(1회)	합의제
85		천안시	시민고충처리위원회	5명(비상근)	4년(단임)	합의제
86		부여군	군민고충처리위원회	7명(비상근)	4년(단임)	합의제
87	전북	익산시	시민고충처리위원회	4명(비상근)	4년(단임)	합의제
88	전남 (5)	순천시	시민고충처리위원회	5명(비상근)	2년(1회)	합의제
89		여수시	시민옴부즈만	2명(상근)	2년(1회)	독임제
90		고흥군	군민고충처리위원회	5명(비상근)	2년(1회)	합의제
91		담양군	고충처리위원회	7명(비상근)	4년(단임)	합의제
92		화순군	군민고충처리위원회	7명(비상근)	2년(1회)	합의제

연번	지자체		명칭	구성(정원)	임기 (연임제한)	의사결정
93	경북	상주시	옴부즈맨	1명(상근)	2년(1회)	독임제
94	경남	양산시	옴부즈만	3명(비상근)	4년(단임)	합의제

제4장

—

국내 옴부즈만 기구 운영 사례

우리나라에서 옴부즈만 활동을 하는 기관은 크게 세 가지 형태로 나뉜다. 부패방지권익위법에 법적 근거를 가지고 운영하는 '시민고충처리위원회'와 개별 법령에 근거해 운영하는 '중소기업 옴부즈만'과 '방위사업청 옴부즈만', 그리고 국민권익위원회의 부패방지시책 차원에서 설치를 독려하여 운영하는 '청렴옴부즈만(청렴시민감사관)' 등이다. 국내에서 활동하는 옴부즈만 기관에 대해 자세히 소개한다.

제1절 | 부패방지권익위법에 근거해 설치한 시민고충처리위원회

앞서 언급한 바와 같이 우리나라에서 시민고충처리위원회를 운영 중인 곳은 2024년 현재 94개 지방자치단체다. 각 지방자치단체가 지역특성에 맞게 운영하고 있다. 이중 인구와 지방자치단체 규모 등에 따라 일부 기관은 큰 규모의 지원 기구를 운영한다. 서울특별시와 경기도가 대표적이다. 이들 기관을 제외하고는 3~4명 규모의 지원조직을 운영하는 기관도 일부 있지만, 1명의 지원인력을 두고 있는 등 열악한 환경에서 운영하는 기관도 많다. 광역자치단체와 기초자치단체 중 옴부즈만 제도를 내실 있게 운영하는 기관들을 소개한다. 광역자치단체에 설치된 옴부즈만 기구(2025년 설치 예정인 경상남도 포함)는 모두 소개하고, 기초자치단체는 설치기관이 많은 점을 고려하여 세계옴부즈만협회에 가입한 기관 위주로 소개한다.

1. 서울특별시 시민감사옴부즈만위원회

서울특별시 시민감사옴부즈만위원회는 「공공감사에 관한 법률」과 부패방지권익위법에 설치근거를 두고 있고, 「지방자치법」에 따른 주민감사청구 업무도 다룬다. 대다수의 시민고충처리위원회가 부패방지권익위법에 설치근거를 두고 있는 반면, 서울특별시 시민감사옴부즈만은 설치근거를 「공공감사에 관한 법률」에도 두고 있는 것이다. 이는 위원회의 업무가 처음 시민감사관 업무에서 시작되어 청렴계약옴부즈만, 고충처리 등의 업무까지 확대되고, 2024년에는 인권업무까지 포함되었기 때문이다.

서울특별시 시민감사옴부즈만위원회는 7명의 상임 시민감사옴부즈만과 50여명의 지원인력을 배치하여 감사·고충민원 조사·인권침해 조사·공공사업 감시 업무를 수행하는 시장 직속 합의제 행정기관이다. 「지방공무원법」 제31조 각 호 및 「공공감사에 관한 법률」 제15조 제1항 각 호의 사람은 서울특별시 시민감사옴부즈만이 될 수 없다.

서울시도 다른 지역처럼 자체 감사기구가 있지만, '시민'이 청구한 감사는 독립적인 지위가 보장된 시민감사옴부즈만위원회가 옳음과 그름을 따져보고 잘못된 것은 바로잡기 위해 추가하여 설치되었다.

1과 8개 팀의 지원인력이 있을 정도로 옴부즈만 지원 조직이 거대하다. 위원장은 개방형 직위로 선발한 3·4급 공무원 신분이다. 위원 6명은 5급 상당 시간 선택제 공무원 신분이다. 기존에 행정조직에 있던 인권업무가 옴부즈만에 포함되었다. 4급의 인권담당관이 배치되고, 그 밑에 인권정책팀, 인권보호팀, 인권협력팀을 두었다. 기존에 있던 운영총괄팀, 시민감사팀, 고충민원조사1팀, 고충민원조사2팀, 공공사업감시팀 등 5개 팀도 그대로 유지하고 있다. 팀장은 모두 5급 사무관 신분이다.

서울특별시 시민감사옴부즈만위원회는 서울시와 자치구 사무에 대한 시민의 감사청구 사항을 감사하고, 공공사업 진행과정을 감시 평가하여 부조리를 차단 개선하며, 위법 부당한 행정처분으로 어려움을 겪고 있는 시민이 제기한 고충민원과 청원을 처리하고 있다. 적극행정 면책과 재심의에 관한 사항도 다룬다. 서울시 자치구 거의 대부분이 옴부즈만 기구를 두고 있지만, 서울시가 관리·위임하는 광역행정이 많아 서울특별시 시민감사옴부즈만위원회는 자치구가 처리한 업무도 다룬다.

1996년 시민감사청구 제도를 처음 도입했고, 이듬해인 1997년 서울특별시 '시민감사관' 운영을 시작했다. 2000년에 「서울특별시 시민감사관 운영 및 주민감사청구에 관한 조례」를 제정하고 '청렴계약옴부즈만'을 운영하기 시작하였다. 2008년부터는 기존의 시민감사관과 청렴계약옴부즈만을 통합하여 본격적으로 시민감사옴부즈만 활동을 시작했고, 2016년부터 '시민감사옴부즈만위원회'가 공식 출범했다. 2020년 세계옴부즈만협회(IOI)와 아시아옴부즈만협회(AOA)에 정회원으로 가입할 정도로 왕성한 활동을 하고 있다.

서울특별시 시민감사옴부즈만위원회는 수도 서울답게 다양한 주민참여형 제도를 운영하고 있다.

1) 100여명 규모로 시민참여옴부즈만 운영

서울특별시 시민감사옴부즈만위원회는 다양한 분야 전문가 100여명으로 시민참여옴부즈만을 운영하고 있다. 감사·감시업무에 참여하거나 시정에 대한 제도개선, 정책제안을 할 수 있는 위촉직으로 위원회의 전문성을 강화하는 역할은 물론, 시정발전을 위해 각계각층을 대표하여 의견을 내는 역할을 한다.

2) 민원배심원단 운영

고충민원을 시민의 입장에서 객관적이고 공정하게 해결하기 위한 시민배심원단을 운영한다. 시민감사옴부즈만 6명, 시민참여옴부즈만

50명, 전문가배심원 28명, 시민배심원 16명 등 100명으로 배심원 후보단이 구성되었다. 배심원단은 대표배심원 1명을 포함하여 5인~7인 이내에서 구성되는데 구성방법은 배심원단 후보군에서 선발하되, 각 영역별로 골고루 선발한다.

【민원배심원단 구성 현황】

계	시민감사 옴부즈만	시민참여 옴부즈만	전문가배심원	시민배심원
100	6	50	28	16

3) 청원심의회 운영

시민들은 피해구제, 공무원의 위법·부당행위 시정·징계요구, 법률·명령·조례·규칙 등 제·개정 또는 폐지 요구, 공공제도 또는 시설 운영 등 다양한 사항을 문서로 청원할 수 있다. 청원이 접수되면 청원기관의 장은 관계법령 등에 따라 청원의 공개여부, 청원의 조사결과 등 청원처리, 그 밖에 청원에 관한 사항을 심의하기 위한 심의회 심의를 거쳐 청원인에게 그 결과를 통지하여야 한다. 서울시는 2022년부터 서울특별시 청원심의회를 구성하여 청원처리의 객관성과 공정성을 높이고 청원제도의 실효성을 제고하기 위해 노력하고 있다. 청원심의회는 임기 2년의 위촉직 위원 4명과 서울시 청원 주무부서인 시민감사옴부즈만위원장(청원심의회 위원장)과 2명의 시민감사옴부즈만위원 등 7명으로 구성되어 있다. 2023년에는 모두 19차례 회의를 개최하여 60건을 심의했고 58건을 가결했다. 그 내용을 표로 정리했다.

개최방법			심의사항			심의결과		
계	대면	서면	계	공개 여부	청원 처리	계	가결	부결 등
19	9	10	60	38	22	60	58	2

4) 감사청구심의회 운영

감사청구심의회는 「지방자치법」 제21조에 따라 지방자치단체의 18세 이상 주민이 청구한 감사청구 사항을 심의·의결하기 위하여 「지방자치법 시행령」 제25조에 따라 구성·운영한다. 감사청구심의회는 민간 위원을 포함하여 모두 11명으로 구성된다. 감사청구심의회는 2021년 4회, 2022년 1회, 2023년 4회 각각 개최하였다.

5) 법률자문단 운영

다양한 분야의 법률전문가 48명으로 법률자문단을 운영하고 있다. 위원회가 수행하는 감사·고충민원조사·공공사업 감시활동 업무의 결과에 대한 신뢰도를 높이고 시민의 만족도를 제고하기 위해 자문회의에 참여하고 법률자문활동 등을 수행한다. 법률자문단은 대한변호사협회에 등록된 변호사, 대학에 재학 중인 법학교수, 기타 법률분야에 지식과 경륜이 있는 사람으로서 법학박사 이상의 자격을 갖춘 전문가들로 구성한다. 총 48명이 위촉되었으며, 변호사 38명, 교수 8명, 법학박사 2명으로 분포되어 있다. 2023년에는 고충민원조사에 111건, 감사에 16건 등 모두 127건의 법률자문을 수행했고, 2024년에는 고충민원 조사 106건, 감사 25건 등 총 131건의 법률자문을 수행했다.

서울특별시 시민감사옴부즈만위원회 관련 조례는 법제처 국가법령정보센터 자치법규(조례·규칙)에서 「서울특별시 시민감사옴부즈만위원회 운영 및 주민감사청구에 관한 조례」로 검색하여 확인할 수 있다.

2. 경기도 도민권익위원회

경기도 도민권익위원회는 부패방지권익위법과 「공공감사에 관한 법률」에 설치근거를 두고 있다. 2015년부터 임기 4년의 비상임으로 '경기도옴부즈만'이란 형태로 운영되었으나, 2024년 9월 명칭을 '경기도 도민권익위원회'로 개편했다. 그간 감사관실 내 사무국 형태로 운영해 오던 것을 도지사 직속의 독립된 행정부형 합의제 행정기관으로 격상한 것이다. 고충민원처리, 도민감사 청구, 공공사업 감시평가, 갑질 행위 신고·처리 등의 업무를 전담한다.

주요기능은 도민의 권익 보호와 권리 구제를 위해 도민이 체감하는 정책을 발굴하고, 도민 입장에서 꼼꼼한 고충민원처리로 도민의 권리를 보호한다는 취지이다. 외부통제를 통해 경기도형 감시체계를 구축하여 공공사업 감사·평가, 도민감사청구 등에 관한 사항 등을 처리하여 경기도정에 대한 신뢰도를 높인다는 것이다.

위원장은 「공공감사에 관한 법률」 제11조에 근거하여 상근직 개방형 공무원으로 도지사가 임명한다. 반면, 위원은 비상근으로 6명을 위촉하는데, 부패방지권익위법 제33조에 따라 도의회의 동의를 받아 도지사가 위촉한다. 임기 4년으로, 연임은 불가능하다. 민원접수는 온라인, 방문, 우편, FAX, E-mail(ombudsman@gg.go.kr) 등으로 받는다.

경기도는 옴부즈만 지원을 위해 경기도 소속으로 2019년부터 옴부즈만 사무국을 두어 고충민원 접수부터 안건 상정에 이르기까지 실질적으로 옴부즈만 활동의 독립성과 자율성을 확보했다. 2024년 9월 2일 경기도 도민권익위원회로 출범하면서 도민권익팀, 도민참여팀, 민원조사1팀, 민원조사2팀, 권익보호팀 등 5개 팀으로 지원인력을 확대 구성하였다.

또한 경기도는 관할지역이 매우 넓기 때문에 수원에 있는 사무실까지 민원인들이 찾아오는 불편을 덜기 위해 2023년부터 월1회 '찾아가는 옴부즈만 만남의 날'을 운영하였고, 도내 시·군 옴부즈만의 역량강화를 위해 2024년부터 '경기도 옴부즈만 정례회'에 시·군 옴부즈만이 참여하는 회의를 개최하고 있다. 2024년 국민권익위원회가 실시한 제12회 국민권익의 날 행사에서 국민권익위원회로부터 옴부즈만 운영부문 단체표창(2024. 2. 27.)을 받기도 했다.

경기도 도민권익위원회 관련 조례는 법제처 국가법령정보센터 자치법규(조례·규칙)에서 「경기도 도민권익위원회의 설치 및 운영에 관한 조례」로 검색하여 확인할 수 있다.

3. 울산광역시 시민고충처리위원회

울산광역시 시민고충처리위원회는 2018년 9월 독립적인 합의제 행정기구인 시민신문고위원회로 출발하여 개방형으로 선발된 위원장 1인과 시간선택 임기제로 4명을 공무원 신분으로 임용하여 운영을 시작했다. 2022년부터는 울산시 시민고충처리위원회로 명칭을 바꾸고, 기존 행정기구를 폐지하고 민간 전문가로 구성된 위원회로 재편했다.

시민고충처리위원회는 위원장, 부위원장과 위원 3명으로 구성되어 있으며 임기는 4년, 단임이다. 자격요건은 부패방지권익위법에 정한 규정과 같다. 위원장을 포함하여 5명 모두 상근하며, 위원 1명씩 시민고충상담실에서 순번을 정해 고충민원 상담을 하고 있고, 그 외 위원은 시민고충처리위원회 사무실에서 고충민원 직접조사, 의결서 작성 등으로 활동하고 있다. 하루 8시간 월 최대 130시간까지 근무한다.

또한 위원회 업무를 지원하기 위해 사무국을 두고 있는데, 5명 이내로 사무 지원 인력을 배치하고 있다. 시민고충처리위원회 업무를 담당하는 부서장이 사무국장을 맡도록 되어 있으며, 사무국장을 맡고 있는 권익인권담당관 밑에 고충민원지원팀을 두어 위원회 업무를 지원하고 있는 것이다.

구분	일반직					시민고충처리위원
	소계	4급	5급	6급	7급	
정원(명)	5	1	1	1	1	5

2021년 세계옴부즈만협회 정회원으로 가입하여 활동하는 등 옴부

즈만 활성화를 위한 대내외 활동도 왕성하게 하고 있다. 고충민원 해결 역량을 강화하기 위해 국내에서는 고충민원 분야 전문강사의 특강, 사례조사, 타 지방자치단체 옴부즈만과의 간담회를 포함하는 워크숍 등을 운영하였으며, 대외 활동으로는 2023년에는 옴부즈만 해외 사례 조사 및 견학을 위해 일본 가와사키, 니가타, 오사카를 방문하여 옴부즈만 기관 간 간담회, 사례조사를 한 바 있으며, 2024년에는 세계옴부즈만협회 사무국이 있는 오스트리아 빈을 방문, 옴부즈만 활동에 대해 직접 견학을 하고, 체코 프라하 5구역 시청 옴부즈만 기구를 방문하여 옴부즈만 간 활동을 공유하고 고충민원 현장을 함께 답사하는 등 왕성한 활동을 벌이고 있다.

특이한 것은 고충민원은 60일 이내에 처리하고, 불가피할 경우 60일 이내 연장할 수 있게 규정된 부패방지권익위법이 있지만, 울산시 시민고충처리위원회는 시민의 고충을 보다 빠르게 해결하고 답변하기 위해 30일 이내에 처리하고 불가피할 경우 30일 이내 연장하도록 조례에 반영, 처리하고 있다.

고충민원 접수는 울산광역시 시의회 1층에 있는 시민고충처리위원회 사무실(유선문의 052-229-3912~15)로 직접 방문하거나 울산광역시 홈페이지를 통해서도 민원 신청이 가능하며 결과를 받아볼 수도 있다. 우편(울산광역시 남구 중앙로 201, 울산광역시 시민고충처리위원회) 및 팩스(052-229-3929)로도 신청이 가능하다.

1) 시민고충상담실 운영

울산시 시민고충처리위원회는 고충민원 및 불편, 권익침해 등을 시민이 부담없이 상담할 수 있도록 '시민고충상담실'을 별도로 운영한다.

민원인이 불편 및 불이익을 받은 내용을 자유롭게 이야기할 수 있는 공간을 별도로 설치한 것이다. 상담실에는 위원 1명이 순번을 정해 매일 오전 9시부터 오후 6시까지 근무하고 있어 시민에게 보다 가까이 다가가는 민원서비스를 제공한다.

주로 상담하는 내용은 행정절차나 처리부서 안내 등 단순안내에서부터 고충민원까지 다양하다. 상담결과 고충민원으로 직접 조사할 필요가 경우에는 고충민원으로 접수하여 처리하는 방식이다.

2) 찾아가는 기업·시민고충처리위원회 운영

울산시는 기업과 시민이 쉽게 방문할 수 있는 산업단지, 읍·면·동 사무소 등으로 직접 찾아가 기업·시민의 다양한 고충과 생활불편을 청취하는 '찾아가는 기업·시민고충처리위원회'를 10회 이상 운영한다. 국민권익위원회에서 '달리는 국민신문고'를 운영하는 것과 같은 것이다. 고충민원뿐만 아니라 생활민원(법률·건축·세무 등)등 시민에게 필요한 민원상담서비스를 제공하여 시정에 대한 만족도를 높인다. 평균 월 1회 정도 실시를 하는데, 2023년에는 찾아가는 현장서비스로는 24건의 고충민원을 처리하였으며, 참고로 2023년에는 총 93건의 고충민원을 접수하여 처리한 바 있다.

> 울산광역시 시민고충처리위원회 관련 조례는 법제처 국가법령정보센터 자치법규(조례·규칙)에서 「울산광역시 시민고충처리위원회 구성 및 운영에 관한 조례」로 검색하여 확인할 수 있다.

4. 강원특별자치도 도민고충처리위원회

강원특별자치도 도민고충처리위원회는 의회와 집행기관에서 독립된 합의제 위원회로, 위원장 1명을 포함하여 10명 이내의 위원으로 구성하도록 되어 있다. 위원은 의회의 동의를 받아 도지사가 위촉한다. 임기는 4년이며, 연임할 수 없다.

강원특별자치도는 광역자치단체 중에서는 처음으로 2012년 「강원도 고충처리위원회 설치 및 운영조례」를 제정하고 강원도 고충처리위원회라는 이름으로 옴부즈만을 설치했다. 2014년 제6회 국민신문고 시상식에서 국무총리표창(기관)을 받았다. 2015년에 아시아옴부즈만협회에 정회원이 되었으며, 2016년에는 세계옴부즈만협회 정회원이 되었다. 2015년에는 조례를 개정하여 명칭을 강원도 고충처리위원회에서 '강원도 사회갈등조정위원회'로 개편했다. 2017년엔 '2018 평창동계올림픽'을 앞두고 제15차 아시아옴부즈만협회(AOA) 총회 및 '2017년 평창 글로벌 옴부즈만 컨퍼런스'를 개최했다. 2022년에는 '2022 갈등조정과 사회통합 포럼'을 개최하기도 했다. 2023년에는 명칭을 '강원도 사회갈등조정위원회'에서 '강원특별자치도 도민고충처리위원회'로 다시 바꾸었다.

강원특별자치도 도민고충처리위원회의 기능은 다른 지방자치단체와 별 차이가 없다. 회의는 매월 1회 개최하는 것을 원칙으로 하되, 상정 안건이 없을 때에는 개최하지 않을 수 있으며, 위원장이 필요하다고 인정할 때에는 임시회의를 개최할 수 있다.

강원특별자치도 자치행정과 권익지원팀에서 위원회 업무를 지원하며, 담당 공무원이 민원 조사 및 기타 행정 업무를 보좌하는 형태로 운영되고 있다.

민원신청은 도민고충처리위원회 홈페이지(www.gwombudsman.
co.kr)와 우편(24266. 강원특별자치도 춘천시 중앙로1 강원특별자치도 자치
행정과 권익지원팀, 033-249-2301,5), 팩시밀리(033-249-4048) 등으로 하
면 된다.

고충민원이 접수되면 단순한 민원은 즉시 처리하며, 중대한 사안은
60일 이내 처리하도록 하고 있다. 국민권익위원회 '달리는 국민신문고'
팀과 연계하거나 별도로 도민고충처리위원회 이동신문고를 운영하기
도 한다.

> 강원특별자치도 도민고충처리위원회 관련 조례는 법제처 국가법령정
> 보센터 자치법규(조례·규칙)에서 「강원특별자치도 도민고충처리위원회
> 설치 및 운영 조례」로 검색하여 확인할 수 있다.

5. 대구광역시 복지·인권옴부즈만

대구광역시는 복지·인권옴부즈만을 운영하고 있다. 2명이 상근한다.
임기는 2년이며 1회 연임이 가능하다. 복지분야와 인권분야인 만큼
각 분야를 각각 책임지는 독임제로 운영한다. 행정지원팀 2명이 위원
회 운영을 돕고 있다.

전통적인 일반적 옴부즈만 기구가 아니라 복지와 인권분야를 전문
으로 한 특수옴부즈만 형태이다.

대구광역시는 2008년 「대구광역시 복지옴부즈만 설치·운영에 관

한 규정」을 제정한 뒤 2009년 초대 복지옴부즈만을 임명하였다. 이후 2017년 인권옴부즈만을 추가 설치하여 복지분야와 인권분야의 옴부즈만 활동이 시작되었다.

대구광역시 복지·인권옴부즈만은 2023년 운영상황 보고서를 통해 "1994년 중앙정부에서 국민고충처리위원회를 발족하고 이에 따른 옴부즈만 기능 일부가 도입됨에 따라 대구시는 이 제도를 복지영역에 특화하여 2009년 4월, 전국 최초로 복지옴부즈만 제도를 도입·실시하게 되었다."고 설명하였다.

복지옴부즈만은 대구시가 실시하는 복지행정에 대하여 시민에 의한 행정 감시를 하는 것으로, 복지행정에 관한 고충민원을 효율적으로 처리하고, 불합리한 제도를 개선하며, 복지현장의 부정·비리를 근절하여 건전한 지역복지환경을 구축하려는 것이라고 설명한다.

또한 "인권옴부즈만은 2017년 시립희망원 혁신대책의 일환으로 희망원 및 사회복지시설 생활인의 인권보호와 인권증진을 위한 인권분야 옴부즈만을 설치·운영하게 되었다."고 소개한다.

「대구광역시 복지 및 인권옴부즈만 설치·운영에 관한 조례」에 따르면, 제1조에서 "사회복지시설 거주자의 복지와 인권을 보장하고 나아가 「사회복지사업법」 제4조에 따른 복지행정의 실현에 이바지함을 목적"이라고 되어 있다.

같은 조례 제4조(직무)에서도 복지와 인권분야와 관련된 고충민원을 처리하고 제도개선을 권고하도록 되어 있다. 제10조에서는 복지와 인권분야 고충민원의 원만한 처리를 위해 각 분야에 자문위원을 둘 수 있도록 하였다.

대구광역시 복지·인권옴부즈만 관련 조례는 법제처 국가법령정보센터 자치법규(조례·규칙)에서 「대구광역시 복지 및 인권옴부즈만 설치·운영에 관한 조례」로 검색하여 확인할 수 있다.

6. 광주광역시 행정옴부즈만위원회

광주광역시는 행정옴부즈만위원회를 운영한다. 상근 위원장 1명과 비상근 위원 6명 등 7명으로 구성되었다. 임기는 4년 단임이며, 합의제 기관이다. 위원장은 지방 시간선택제 임기제 가급 신분이다. 시장이 의회의 동의를 받아 임명한다. 비상임 위원은 시와 의회, 시민단체 등에서 각 2명씩 추천을 받아 위촉한다.

광주광역시는 2021년 7월 「광주광역시 행정옴부즈만위원회 구성 및 운영조례」를 제정하고 2022년부터 본격적인 활동에 들어갔다.

「광주광역시 행정옴부즈만위원회 구성 및 운영조례」 제4조에 따르면, 상임옴부즈만은 위원회 사무에 대하여 전문성을 갖추었다고 인정하는 사람을 임기제로 채용하고, 의회의 동의를 받아 시장이 임명한다. 위원회의 회의는 매월 한 차례 개최하는 것을 원칙으로 하되, 상정 안건이 없을 때에는 개최하지 않을 수 있으며, 필요한 경우에는 위원장이 임시회의를 소집할 수 있다.

위원회의 조사범위로는 ① 시 본청, 직속기관, 사업소, 광주경제자유구역청, ② 시에서 자치구로 위임한 사무의 경우 자치구 본청 및 소속기관, ③ 시에서 출자 또는 출연하여 설립한 공기업 및 출연기관, ④ 시에서 사무를 위탁받아 운영하고 있는 기관 등이다. 위원회를 지원하기 위해 사무국을 두며, 시장이 사무국장 1명과 그 밖에 필요한 직원을 임명하도록 하고 있다.

광주광역시 행정옴부즈만위원회는 2023년 민원서비스평가에서 국무총리상을 수상하기도 했다. 2024년 12월에는 광주광역시 공동주택관리정보망에 대한 실태조사를 통해 집행부에 제도개선을 권고했다. 광주광역시 관내 공동주택 입주민의 권익보호 및 공동주택 관리정보망의 운영투명성을 확보하여 주민들에게 건강한 주거공간을 조성하기 위해 입주민 대상으로 실태조사를 하고 무료로 편리하게 이용하도록 하자는 취지에서 제도개선을 추진한 것이다.

> 광주광역시 행정옴부즈만위원회 관련 조례는 법제처 국가법령정보센터 자치법규(조례·규칙)에서 「광주광역시 행정옴부즈만위원회 구성 및 운영 조례」로 검색하여 확인할 수 있다.

7. 충청남도 도민고충처리위원회

충청남도 도민고충처리위원회는 2016년 처음 출범했다. 부패방지권익위법에 설치근거를 두고 있다. 조례내용은 다른 고충처리위원회보다 단출하고 대부분 조례 시행규칙에 자세히 담았다. 도민고충처리위원회는 도에 접수된 고충민원을 전문적·중립적 시각에서 판단해 민원인의 만족도를 높여 행정에 대한 신뢰성을 제고하기 위해 조례에 근거해 설치했다. 위원회는 위원장과 부위원장 각 1명을 포함하여 10명 이내의 위원으로 성별균형을 고려하여 구성한다. 위원은 도의회의 동의를 받아 도지사가 위촉한다. 위원장은 위원 중에서 호선하며 부위원장은 위원장이 지명한다. 임기는 4년이며, 연임할 수 없다.

위원회의 회의는 정례적으로 열리는 것이 아니라 위원장이 필요하다고 인정하는 경우 수시로 소집하여 개최할 수 있도록 했다. 위원회의 회의는 재적위원 과반수의 출석으로 개의하고 출석위원 과반수의 찬성으로 의결한다.

아울러, 위원회는 직무수행에 필요한 전문적·기술적 사항의 자문을 위하여 전문가를 초빙하여 의견을 청취할 수 있으며, 고충민원 조사 및 위원회의 사무 처리를 위해 조사과에 고충민원전담팀을 두고, 5명의 직원이 지원업무를 맡고 있다. 위원회는 매년 운영상황을 도지사와 도의회에 보고하고 이를 공표하도록 했다.

> 충청남도 도민고충처리위원회 관련 조례는 법제처 국가법령정보센터 자치법규(조례·규칙)에서 「충청남도 도민고충처리위원회 설치 및 운영에 관한 조례」로 검색하여 확인할 수 있다.

8. 전북특별자치도 도민고충처리위원회

전북특별자치도 도민고충처리위원회는 2021년 7월 첫 출범하였다. 「전북특별자치도 도민고충처리위원회 운영 조례」에 따르면, 불합리한 행정제도를 개선하여 주민의 기본적 권익을 보호하고 열린 행정을 통해 주민의 신뢰를 확보하는 것을 목적으로 하고 있다. 부패방지권익위법에 설치근거를 두고 있다. 위원회는 위원장을 포함하여 10명 이내

로 구성하며 의회의 동의를 거쳐 도지사가 위촉하는데 변호사, 대학
교수, 시민단체, 전직 공무원 등 총 9명으로 구성됐으며, 임기는 4년이
고 연임할 수 없다.

　위원회의 조사대상은 ① 도 본청 및 소속기관, ② 도에서 시·군에
위임한 사무의 경우 시·군 본청 및 소속기관, ③ 도에서 사무를 위탁
받아 운영하는 기관 등이다. 고충민원 대상으로는 ① 공동이해관계
인이 관련된 다수인 고충민원, ② 사회적으로 파급효과가 큰 민원, ③
빈발·반복적이고 불합리한 법령과 행정규칙에서 유발된 민원, ④ 감
사위원회 사무국에 2회 이상 민원제기, 회신민원 중 도민고충처리위
원회에 상정이 필요하다고 판단되는 민원, ⑤ 상급기관(국민권익위원회,
감사원, 행정안전부 등)에서 이송한 민원 중 사무국에서 판단하여 채택
된 민원, ⑥ 기타 위원회(사무국 포함)에서 판단하여 채택한 고충민원
등이다.

　심의·의결과정에 이해충돌을 고려하여 위원의 제척·기피·회피 규
정을 구체화하였다. ① 위원 또는 그 배우자나 배우자였던 사람이 해
당 사안에 관하여 당사자이거나 공동권리자 또는 공동의무자인 경우,
② 위원이 해당 사안의 신청인과 친족관계에 있거나 있었던 경우, ③
위원이 해당 사안에 관하여 증언, 감정, 법률자문 또는 손해사정을 한
경우, ④ 위원이 되기 전에 해당 사안에 대하여 감사, 수사 또는 조사
에 관여한 경우, ⑤ 위원이 해당 사안에 관하여 신청인의 대리인으로
관여하거나 관여하였던 경우 등은 심의에서 제척하도록 하였다.

　회의는 매월 한 차례 개최하는 것을 원칙으로 하되, 상정 안건이 없을
때에는 개최하지 아니할 수 있으며, 필요한 경우에는 위원장이 임시회
의를 소집할 수 있다.

또한, 위원들은 직무범위를 각기 달리하여 독립하여 업무를 수행하되, ① 시정권고, 제도개선 권고, 감사의뢰의 결정에 관한 사항 ② 종전 의결 사안을 변경할 필요가 있는 사항 ③ 그 밖에 위원장이 회의에서 처리하는 것이 필요하다고 인정하는 사항은 재적위원 과반수의 출석으로 개의하고, 출석위원 과반수의 찬성으로 의결하도록 규정했다. 각자 맡은 민원에 대해서는 독임제로 처리하되, 시정권고 등이나 의결례 변경 등은 합의제로 처리하도록 한 것이다.

위원회는 필요하다고 인정되는 경우에는 직권으로 조사를 할 수 있고, 직권으로 조사한 경우에는 도지사 및 도의회에 특별보고서를 제출하도록 되어 있다.

> 전북특별자치도 도민고충처리위원회 관련 조례는 법제처 국가법령정보센터 자치법규(조례·규칙)에서 「전북특별자치도 도민고충처리위원회 운영 조례」로 검색하여 확인할 수 있다.

9. 전라남도 도민고충처리위원회

전라남도 도민고충처리위원회는 2020년 11월 부패방지권익위법에 따라 설치되었다. 전라남도는 2024년 12월 조례개정을 통해 위원 선출 방식과 회의운영 방식 등을 전면 개편했다.

기존에는 도민고충처리위원회 위원추천위원회를 별도로 둬 위원들을 구성하고, 회의도 월 1회 개최하도록 했으나 조례 개정을 통해 모두 개편했다.

2024년 12월 19일 개정된 「전라남도 도민고충처리위원회 운영 조례」에 따르면, 조례에서는 "「부패방지 및 국민권익위원회의 설치와 운영에 관한 법률」 제38조(시민고충처리위원회의 조직 및 운영에 관한 사항)에서 위임된 사항과 그 시행에 필요한 사항을 정하는 것을 목적으로 한다."고 되어 있다. 부패방지권익위법 제38조는 "이 법에 규정된 사항 외에 시민고충처리위원회의 조직 및 운영에 관하여 필요한 사항은 해당 지방자치단체의 조례로 정한다."고 되어 있다. 때문에 이 조례에 규정되지 않은 사항은 부패방지권익위법에 따른다고 보면 된다.

우선 「부패방지권익위원법」 제32조에 따라 도민고충처리위원회를 두도록 하였다. 위원회 운영은 위원장 및 부위원장 각 1명을 포함하여 15명 이내의 위원으로 구성하고, 위원장은 부패방지권익위법 제33조(시민고충처리위원회 위원의 자격요건 등) 제1항에 따라 도지사가 임명하거나 위촉한 위원들이 위원 중에서 선출하고, 부위원장은 위원장이 지명하도록 했다. 따라서 전라남도 도민고충처리위원회 위원의 자격요건은 부패방지권익위법 제33조가 적용된다고 보면 된다.

위원장은 위원회를 대표하고, 위원회의 업무를 총괄한다. 또한 위원장이 부득이한 사유로 직무를 수행할 수 없는 때에는 부위원장이 그 직무를 대행하고, 위원장과 부위원장이 모두 부득이한 사유로 그 직무를 수행할 수 없는 때에는 위원장이 미리 지명한 위원이 그 직무를 대행하도록 하였다.

위원회의 회의는 반기별로 1회 개최하는 것을 원칙으로 하되, 필요하다고 인정되는 경우에는 위원장이 수시로 소집할 수 있다. 위원회는 ① 부패방지권익위법 제46조에 따른 시정을 권고하는 사항, ② 부패방지권익위법 제47조에 따른 제도개선을 권고하는 사항, ③ 부패방지권익위법 제51조 제1항에 따른 감사 의뢰의 결정에 관한 사항, ④ 위원회의 종전 의결례를 변경할 필요가 있는 사항, ⑤ 그 밖에 위원장이 심의·의결이 필요하다고 인정하는 사항 등을 심의·의결하도록 하였다. 위원회의 회의는 재적위원 과반수의 출석으로 개의하고, 출석위원 과반수의 찬성으로 의결하도록 하였다. 부패방지권익위법 제18조(위원의 제척·기피·회피)에 따라 위원회의 심의·의결에 관여하지 못한 위원은 재적위원수의 계산에 있어서 이를 제외한다.

위원회의 조사 범위는 ① 전라남도 및 그 소속기관, ② 도가 법령에 따라 그 권한을 위임·위탁한 법인·단체 또는 그 기관이나 소속 직원, ③「전라남도 출자·출연기관의 운영에 관한 조례」제2조 제1호에 따른 출자·출연 기관, ④「지방공기업법」제49조 제1항에 따라 도가 설립한 지방공사 등이다. 위원회는 물론 그 권한에 속하는 업무를 독립적으로 수행한다. 아울러, 위원회는 그 업무수행에 필요한 전문적·기술적 사항에 대하여 전문가에게 자문할 수 있으며, 이 경우 자문에 응한 전문가에게 예산의 범위에서 수당 등을 지급할 수 있다.

위원회의 위원이나 그 직에 있었던 사람은 업무수행 중 알게 된 비밀을 누설하거나 부당한 목적으로 사용하여서는 안 된다는 내용도 담고 있다.

전라남도 도민고충처리위원회 관련 조례는 법제처 국가법령정보센터 자치법규(조례·규칙)에서「전라남도 도민고충처리위원회 운영 조례」로 검색하여 확인할 수 있다.

10. 제주특별자치도 시민고충처리위원회

제주특별자치도 시민고충처리위원회는 2023년 2월 첫 출범했다. 2022년 6월 30일 「제주특별자치도 시민고충처리위원회 구성 및 운영에 관한 조례」를 제정하고, 같은 해 7월 29일 도의회 동의를 얻어 신규 위원에 대한 의결을 마쳤다.

제주특별자치도 시민고충처리위원회는 2023년 운영상황 보고서를 통해 "그 동안 도민들이 고충민원을 제기하였으나 원처분기관이 재차 민원을 처리하고, 이를 보완하기 위해 감사위원회 등에서 이를 조사했으나 도민들의 민원 처리에 대한 만족도가 낮아 객관적·전문적 심의 기구가 필요했다."고 설명했다.

위원회는 위원장 1명과 부위원장 1명을 포함하여 10명 이내의 위원으로 성별을 고려하여 구성하도록 했다. 위원장은 위원 중에서 호선하고, 부위원장은 위원장이 지명한다. 위원은 도의회의 동의를 거쳐 도지사가 위촉하도록 했다. 회의는 위원장이 소집하고, 의장을 맡는다. 회의는 월 1회 개최하는 것을 원칙으로 하되, 상정 안건이 없을 때에는 개최하지 아니할 수 있다. 또한, 위원장이 필요하다고 인정할 때에는 수시로 개최할 수 있다. 회의는 재적위원 과반수의 출석으로 개의하고 출석위원 과반수의 찬성으로 의결한다.

부패방지권익위법 제18조(위원의 제척·회피·기피) 및 제35조(위원회에 관한 규정의 준용)에 따라 심의·의결에 관여하지 못한 의원은 재적위원수의 계산에 있어서 이를 제외한다.

시행규칙에서는 회의는 개최일 5일 전까지 일시·장소 및 의안의 제목 등 필요한 사항을 서면으로 알려야 하고, 서면으로 알리는 것이 어려운 긴급한 회의의 경우에는 전화, 구두, 그 밖의 방법으로 알릴 수 있다.

위원회를 지원하는 사무국의 소통청렴담당관이 사무국장을 맡고 있으며, 운영지원을 맡은 직소민원팀과 조사팀을 두고 있다. 직소민원팀은 팀장 1명과 팀원 2명이 있으며, 위원회 운영 전반을 지원한다. 조사팀은 전문조사관 2명을 임기제 공무원으로 채용·배치하였으며, 제기된 고충민원을 처리하는 업무를 맡았다.

전문조사관을 채용하여 조사업무에 배치한 것은 고충민원처리의 공정성과 객관성 확보 측면에서 제주특별자치도 시민고충처리위원회가 갖는 장점으로, 시민고충처리위원회의 신뢰성 확보에 기여하고 있다고 평가되고 있다.

또한, 제주특별자치도 시민고충처리위원회는 고충민원 신청의 접근성을 높이기 위하여 제주특별자치도 홈페이지 내 고충민원 신청 페이지를 운영하고 있으며, 민생현장을 찾아 도민의 고충민원을 상담하고 신청받는 '달리는 제주신문고'를 운영하여 도민으로부터 많은 호응을 얻고 있다.

제주특별자치도 시민고충처리위원회 관련 조례는 법제처 국가법령정보센터 자치법규(조례·규칙)에서 「제주특별자치도 시민고충처리위원회 구성 및 운영에 관한 조례」로 검색하여 확인할 수 있다.

11. 세종특별자치시 시민고충처리위원회

세종특별자치시 시민고충처리위원회는 2024년 출범하였다. 부패방지
권익위법에 따라 4년 단임이고, 연임은 안 된다. 위원회는 위원장 및
부위원장 각 1명을 포함하여 7명 이내의 위원으로 성별을 고려하여
구성한다.

위원장과 부위원장은 부패방지권익위법 제33조에 따라 위촉된 위
원 중에서 호선하도록 했다. 위원회 회의는 매월 1회 개최하는 것을
원칙으로 하되, 상정안건이 없을 때에는 개최하지 않을 수 있으며, 위
원장이 필요하다고 인정하는 경우에는 임시회의를 개최할 수 있다.

회의는 재적위원 과반수의 출석으로 개의하고, 출석위원 과반수의
찬성으로 의결한다. 부패방지권익위법 제35조의 준용규정인 법 제18
조에 따라 위원의 제척·기피·회피로 심의·의결에 참석하지 못한 위원
은 제2항에 따른 재적위원 수에서 제외한다.

> 세종특별자치시 시민고충처리위원회 관련 조례는 법제처 국가법령정
> 보센터 자치법규(조례·규칙)에서 「세종특별자치시 시민고충처리위원회
> 구성 및 운영에 관한 조례」로 검색하여 확인할 수 있다.

12. 경상남도 도민고충처리위원회

경상남도는 2025년 2월 「경상남도 도민고충처리위원회 구성 및 운영
조례」를 공포했다. 2025년 중 도민고충처리위원회를 구성하여 본격적

인 활동에 들어간다.

「경상남도 도민고충처리위원회 구성 및 운영 조례」에 따르면, 경상남도 도민고충처리위원회는 경상남도 및 그 소속기관에 관한 고충민원의 처리와 행정제도의 개선 등을 위하여 부패방지권익위법 제32조 제1항에 따라 설치되며, 위원회는 그 권한에 속하는 업무를 독립적으로 수행한다.

다른 시민고충처리위원회와 같이 부패방지권익위법 제32조 제2항에 따른 업무를 수행한다. 즉, ① 지방자치단체 및 그 소속기관에 관한 고충민원의 조사와 처리, ② 고충민원과 관련된 시정권고 또는 의견표명, ③ 고충민원의 처리과정에서 관련 행정제도 및 그 제도의 운영에 개선이 필요하다고 판단되는 경우 이에 대한 권고 또는 의견표명, ④ 시민고충처리위원회가 처리한 고충민원의 결과 및 행정제도의 개선에 관한 실태조사와 평가, ⑤ 민원사항에 관한 안내, 상담 및 민원처리 지원, ⑥ 시민고충처리위원회의 활동과 관련한 교육 및 홍보, ⑦ 시민고충처리위원회의 활동과 관련된 국제기구 또는 외국의 권익구제기관 등과의 교류 및 협력, ⑧ 시민고충처리위원회의 활동과 관련된 개인·법인 또는 단체와의 협력 및 지원, ⑨ 그 밖에 다른 법령에 따라 시민고충처리위원회에 위탁된 사항 등이다.

조사범위는 ① 경상남도 본청 및 소속기관, ② 경상남도에서 시·군에 위임한 사무의 경우 시·군 본청 및 소속기관, ③ 경상남도에서 출자 또는 출연하여 설립한 공기업 및 출연기관, ④ 경상남도에서 사무를 위탁받아 운영하고 있는 기관 등이다.

위원회는 위원장과 부위원장 각 1명을 포함하여 7명 이내의 위원으로 성별 균형을 고려하여 구성하며, 위원장은 위원 중에서 호선하고 부위원장은 위원장이 지명한다. 위원의 자격요건, 위촉 절차, 임기, 결원 등에 관한 사항은 부패방지권익위법 제33조(시민고충처리위원회 위원의 자격요건 등)에 따르도록 하였다.

위원회와 관련하여 부패방지권익위법 제33조에 정해진 사항을 제외하고는 부패방지권익위법 제15조(위원의 결격사유), 제16조 제3항(신분보장), 제17조(위원의 겸직금지 등), 제18조(위원의 제척·기피·회피), 제83조의2 제1항(벌칙적용에서 공무원 의제)을 각각 준용하도록 하였다.

또한, 위원으로 있거나 있었던 사람은 직무수행과 관련하여 알게 된 비밀을 누설하거나 부당한 목적으로 사용해서는 아니 된다.

위원장은 위원회를 대표하며 위원회의 업무를 총괄하며, 위원장이 부득이한 사유로 직무를 수행할 수 없을 때는 부위원장이 그 직무를 대행한다. 회의는 매월 1회 개최하는 것을 원칙으로 하되, 위원장이 필요하다고 인정할 때는 임시회의를 개최할 수 있게 하였다. 회의는 재적 위원 과반수의 출석으로 개의하고, 출석 위원 과반수의 찬성으로 의결하도록 하였다.

부패방지권익위법 제18조에 따라 위원들에게 제척·기피·회피제도가 도입되며, 제척·기피·회피로 심의·의결에 참석하지 못한 위원은 재적 위원 수에서 제외된다. 위원회 회의는 비공개로 하되, 재적 위원 과반수의 의결이 있는 경우에는 공개할 수 있다.

경상남도지사는 부패방지권익위법 제36조(사무기구) 제1항에 따라 위원회를 지원하기 위하여 사무국을 두며, 사무국에는 사무국장 1명과 그 밖에 필요한 직원을 둔다. 아울러, 위원회는 그 업무 수행을 위하여 필요하다고 인정하는 경우에는 경상남도 소속 공무원의 근무를 요청할 수 있으며, 이 경우 도지사는 위원회의 의견에 따르도록 노력하여야 한다.

경상남도지사는 위원회의 사무를 지원하기 위하여 부패방지권익위법 제34조(활동비 지원)에 따라 예산의 범위에서 필요한 경비를 지원하여야 하며, 제37조(운영상황의 보고 및 공표 등)에 따라 매년 운영상황을 도지사와 도의회에 보고하고 이를 공표하여야 한다. 조례에 정한 것 외에 위원회 운영에 필요한 사항은 위원회의 의결을 거쳐 위원장이 정하도록 하였다.

> 경상남도 도민고충처리위원회 관련 조례는 법제처 국가법령정보센터 자치법규(조례·규칙)에서 「경상남도 도민고충처리위원회 구성 및 운영 조례」로 검색하여 확인할 수 있다.

13. 부천시 시민옴부즈만

경기도 부천시는 1997년 국내 최초로 지방의회의 동의 절차를 거쳐 옴부즈만을 위촉하고 지방옴부즈만 제도를 운영하기 시작했다. 2019년에는 세계옴부즈만협회에도 가입했다. 시민고충처리위원회 도입과 관련된 법률은 2005년 구 「국민고충처리위원회 설치와 운영에 관한 법률」인데, 부천시 시민옴부즈만은 이 법률이 제정되기 훨씬 전부터 옴부즈만을 설치해 왔다. 이에 조례를 살펴보면 부패방지권익위법에 근거를 두고 있지만, 기존의 조례를 그대로 운영한 것도 많아 다소 색다른 조항도 보인다.

부천시 시민옴부즈만은 〈2022년 시민옴부즈만 운영상황보고서〉

를 통해 "부천시는 국내·외를 연결하는 교통의 요충지로 인천국제공항의 관문 역할을 하고 있으며, 1973년 7월 시 승격 이래 산업화·도시화의 급격한 변화에 따라 수도권에서 가장 급격한 인구 증가를 한 도시임에도 불구하고, 도시기반 시설 등 편익시설이 부족하여 시민의 삶의 질 향상을 위한 시민들의 욕구 증폭과 부당한 행정행위에 대해 권익을 보호하려는 민의를 표출하는 사례가 증가하였다."면서 "이에 행정기관과 독립적이면서도 객관적으로 제3자의 입장에서 이러한 시민의 요구에 대해 판단하고, 최종적으로 공익적 관점에서 시민의 권익보호를 위해 노력하기 위해 1996년 옴부즈만 제도 도입을 추진하였고 1997년 전국 최초로 운영하게 되었다."고 소개했다. 부천시 시민옴부즈만은 임기 2년으로 1회 연임이 가능하며, 옴부즈만 1명이 상근하는 독임제기관이다.

「부천시 시민옴부즈만 운영에 관한 조례」 제3조에 따라 「지방공무원법」 제31조의 결격사유가 없는 자로서 인격과 덕망을 겸비하고 사회적 신망이 두터우며 지방 행정과 법률에 관하여 뛰어난 식견을 가진 사람 중에서 시민옴부즈만 추천위원회의 심사를 거쳐 선정한 후 시의회 동의를 얻어 시장이 위촉하도록 되어 있다.

옴부즈만추천위원회는 위원장을 포함한 9명 이내로 구성하고, 시장이 위촉하며, 추천이 끝난 후 자동으로 해산하도록 되어 있다. 위원 9명은 ① 부시장 및 인사업무담당국장, ② 경기도의회 의원 1명, ③ 부천시의회 의원 2명, ④ 부천시 인사위원회 외부위원 1명, ⑤ 변호사, 대학교수, 사회단체 대표 각 1명 등이다.

추천위원회의 위원장은 부시장이 되고 부위원장은 위원 중에서 호선하며 추천위원회의 사무를 처리하기 위하여 간사 1명을 두되, 간사는 옴부즈만 사무를 담당하는 부서의 장이 된다. 추천위원회의 회의는 재적위원 과반수의 출석으로 개의하고, 출석위원 과반수의 찬성으로 의결한다.

부천시 시민옴부즈만 조례에는 시민옴부즈만이 시정권고, 의견표명, 제도개선 의견표명, 합의권고를 한 경우에는 적극행정 면책규정을 적용하도록 하고 있다.

소통담당관 소속 갈등조정팀장이 지원업무를 병행하여 수행하고, 지원팀 2명과 전문조사원 1명, 사무운영지원 1명 등이 옴부즈만 활동을 돕고 있다. 부천시청 1층 종합민원실에 시민옴부즈만 사무공간도 조성되어 있다. 상임옴부즈만 1명이 독자적으로 의사결정을 하는 구조이며, 독임제의 단점을 보완하기 위해 「부천시 옴부즈만 운영에 관한 조례」에 따라 옴부즈만 자문위원회를 별도로 구성하여 운영한다. 주민들의 민원신청과 홍보를 위해 월평균 4회 행정복지센터, 전통시장, 기업단지 등을 찾아다니면서 현장상담실을 운영한다.

자문위원은 법률, 행정, 건축, 세무, 회계 등 다양한 분야에서 20명으로 구성되었다. 분기별 정례회의를 가지며, 민원사항에 따라 수시회의도 열린다.

부천시는 오랜 활동으로 대외적으로 좋은 평가를 받고 있다. 2006년 제3회 옴부즈만 대상 시상식에서 국무총리 표창(단체)을 받았고, 2012년에는 제4회 국민신문고 대상 시상식에서 대통령 표창(단체)을 받았다. 또 2018년과 2023년에는 국민권익위원회 위원장 표창을 받았다. 또 국민권익위원회 주관으로 실시되는 고충민원처리 실태평가에서 6년 연속 최우수 평가를 받았다.

부천시 시민옴부즈만 관련 조례는 법제처 국가법령정보센터 자치법규 (조례·규칙)에서 「부천시 시민옴부즈만 운영에 관한 조례」로 검색하여 확인할 수 있다.

14. 시흥시 시민호민관

경기도 시흥시는 옴부즈만 호칭을 시민호민관으로 정했다. 2012년 「시흥시 시민호민관 운영에 관한 조례」를 제정하고, 2013년 1대 시민호민관을 위촉했다. 시민호민관은 주민을 보호하는 사람을 칭한다. 2016년 세계옴부즈만협회, 2020년에 아시아옴부즈만협회에 가입했다. 2021년에는 「시흥시 시민호민관 운영에 관한 조례」 일부개정을 통해 적극행정 면책규정도 도입했다.

시흥시 호민관은 "시흥시는 대규모 공공주택 택지개발 등으로 급격한 외형적 성장과 함께 행정서비스에 대한 시민의 욕구가 날로 증가함에 따라 시정에 대한 시민의 고충과 불만을 효과적으로 대변할 수 있는 독립기구의 필요성이 대두되어 시민호민관을 설치·운영하게 되었다."고 소개했다.

「시흥시 시민호민관 운영에 관한 조례」 제2조 제6항에는 "'시민호민관'이란 「부패방지 및 국민권익위원회의 설치와 운영에 관한 법률」 제32조 및 본 조례 제3조에 따른 시민고충처리위원회의 위원장이며 대표 옴부즈만을 말한다."고 되어 있다.

시흥시 시민호민관은 단수로 운영하며 임기는 4년 단임이다. 시흥시 호민관은 「지방공무원법」에 결격사유가 없어야 하며, 시흥시호민관선정위원회를 통해 선정하며, 시장이 위촉한다.

호민관선정위원회는 위원장 1명과 부위원장 1명을 포함하여 7명 이내의 위원으로 구성하며, 위원장은 부시장이 되고, 부위원장은 인사업무 담당국장이 된다. 위원 5명은 ① 시흥시의회에서 추천하는 사람 2명, ② 변호사, 대학교수, 시민사회단체 대표 각 1명 등이다. 이 경우 어느 한 성(여성 혹은 남성)이 100분의 60을 초과하지 않도록 한다. 호민관 선정위원회는 호민관의 선정이 끝난 후 자동 해산되며, 이 경우 위원은 해촉된 것으로 본다.

호민관이 공평하게 업무수행을 할 수 있게 전문가 그룹으로 시민자문단을 운영할 수 있다. 시흥시 시민호민관은 속하는 업무를 독립적으로 수행하며, 시는 호민관의 직무수행과 관련하여 적극적으로 협조하여야 한다고 조례에 명시되어 있다. 상당수 시민고충처리위원회가 단체장 소속으로 설치된 것과 달리 독립적으로 운영하도록 하여 소속기관으로부터 자율성을 더욱 확보하도록 한 것이다. 호민관의 보수는 개방형 직위에 임용되는 4호 임기제공무원 대우이다. 하지만, 공무원 신분이 아닌 민간인 신분이다.

호민관의 조사권한은 부패방지권익위법에 정한 수준이지만, 각하나 이송사유로 지방자치단체에 설치된 옴부즈만인 점을 고려하여 ① 시의회에 관한 사항, ② 호민관에 관한 업무를 담당하는 사무기구 직원의 근무에 관한 사항, ③ 호민관의 행위에 관한 사항, ④ 경기도 및 중앙부처에 민원을 접수하여 이미 결정된 사항, ⑤ 국가사무 및 중앙행정기관에 관한 사항 등을 구체적으로 명시했다. 호민관과 관련된 사항이나, 지방의회의 결정, 중앙부처나 광역자치단체 소관업무는 관할범위가 아니므로 이송하거나 각하하도록 한 것이다.

이해충돌 상황이 생기면 회피하도록 했고, 해촉 규정도 구체적으로 명시했고, 이 경우 호민관선정위원회 의결을 거치도록 했다. 해촉 규정에는 ① 본인이 사임한 경우, ② 질병 등으로 인하여 2개월 이상 직무를 수행할 수 없는 경우, ③ 금고 이상의 형의 선고를 받은 경우, ④ 「시흥시 시민호민관 운영에 관한 조례」 제11조의 겸직 등의 금지를 위반한 경우, ⑤ 같은 조례 제10조의 책무 및 비밀유지 의무를 위반한 경우, ⑥ 그 밖에 사회적 물의를 일으키거나, 직무를 소홀히 한 경우 등이다. 시정권고와 의견표명에 대한 적극행정 면책규정도 조례에 담겼다. 팀장과 주무관 등 2명의 지원인력이 있다.

> 시흥시 시민호민관 관련 조례는 법제처 국가법령정보센터 자치법규(조례·규칙)에서 「시흥시 시민호민관 운영에 관한 조례」로 검색하여 확인할 수 있다.

15. 서울특별시 서초구 옴부즈만

서울특별시 서초구 옴부즈만은 구청장 소속으로 2023년 설치되었다. 상임 옴부즈만 1명과 비상임 옴부즈만 4명 이내로 구성하며, 2024년 현재 3명이 활동한다. 대표 옴부즈만은 옴부즈만 중에서 호선하도록 했다. 설치기간이 짧음에도 2024년 세계옴부즈만협회에 가입하였다.

상임 옴부즈만은 「지방공무원 임용령」에서 정한 절차에 따라 임용하고, 비상임 옴부즈만은 구의회 동의를 받아 구청장이 임명 또는 위촉한다. 임기는 2년이고 1차례 연임이 가능하다. 회의는 옴부즈만 각

기 직무를 달리하여 수행하되, ① 시정권고, 제도개선 권고, 감사의뢰의 결정에 관한 사항, ② 종전 의결례를 변경할 필요가 있는 사항, ③ 그 밖에 대표옴부즈만이 회의에서 처리하는 것이 필요하다고 인정하는 사항 등은 재적위원 과반수 출석으로 개의하고, 출석위원 과반수 찬성으로 의결한다.

① 자기와 직접적인 이해관계가 있는 사항, ② 자기와 친족관계가 있거나 있었던 사람과 관련되는 사항, ③ 자기와 법률상 특수관계 등으로 인한 이해관계가 있는 사항, ④ 자기가 증언·감정·법률자문 또는 손해사정을 한 사항, ⑤ 옴부즈만이 되기 전에 감사·수사 또는 조사에 관여한 사항 등은 제척·회피·기피 규정이 적용되어 직무활동에서 제외된다. 이 경우, 재적위원 수에서 제외된다. 옴부즈만 사무국에는 5급 사무관 1명(사무국장)과 주무관 3명 등 4명이 옴부즈만 활동을 지원한다.

> 서울특별시 서초구 옴부즈만 관련 조례는 법제처 국가법령정보센터 자치법규(조례·규칙)에서 「서울특별시 서초구 옴부즈만 구성 및 운영에 관한 조례」로 검색하여 확인할 수 있다.

제2절 | 개별 법령에 근거해 활동하는 옴부즈만 기구

1. 중소기업 옴부즈만

중소기업 옴부즈만은 중소기업 관련 기존 규제 정비 및 애로사항 발굴·해결 등을 위해 2009년 독임제의 특수 옴부즈만으로 설치되었다. 우리나라의 옴부즈만 대다수가 부패방지권익위법에 따라 설치된 것과 달리 중소기업 옴부즈만은 「중소기업기본법」 제22조에 따라 설치되었다. 중소기업 옴부즈만은 중소벤처기업부장관의 추천과 「행정규제기본법」 제23조에 따른 규제개혁위원회의 심의를 거쳐 국무총리가 위촉한다. 중소기업 옴부즈만의 임기는 3년에 한 번만 연임이 가능하며 중소벤처기업부장관 소속이지만 업무는 독립적으로 수행한다. 중소기업 옴부즈만은 국회의원 또는 지방의회의원의 직을 겸할 수 없다.

　중소기업 옴부즈만은 ① 직무수행과 관련하여 금품이나 향응을 받은 사실이 확인된 경우, ② 금고 이상의 형의 선고를 받은 경우, ③ 장기간의 심신쇠약으로 직무를 수행할 수 없게 된 경우, ④ 고의로 업무수행을 게을리 하거나 기피하는 경우 등 그 밖에 직무를 수행하기 어려운 중대한 사유가 발생한 경우 등을 제외하고는 그 의사에 반하여 해촉되지 아니한다. 세계옴부즈만협회에 준회원으로 가입되어 있다.

　중소기업과 관련하여 규제 발굴·개선(건의, 권고), 애로사항 해소, 규제애로 조사·분석, 개선사례 평가 및 분석 등을 담당한다. 불합리한 규제 등에 따른 중소기업의 고충민원도 처리한다. 옴부즈만 활동과 관련하여 그 내용을 매년 1월 말까지 규제개혁위원회와 국무회의 및 국회에 보고하여야 한다. 중소기업 옴부즈만은 규제개선과 관련하여 의견을 낸 자가 의견을 냈다는 이유로 불이익이나 차별을 받았다는 진정이 접수되면 진정을 낸 사람을 대리하여 국민권익위원회에 고충민원을 신청할 수 있도록 하였다.

또한 적극적인 규제개선을 위한 직무집행으로 인해 발생한 위법행위 등을 이유로 담당공무원 등을 징계하는 경우에 대해 그 징계의 감경 또는 면제를 건의할 수 있다. 업무처리 형태는 국민권익위원회와 시민고충처리위원회는 시정권고나 의견표명을 적극 활용하고 있는 반면, 중소기업 옴부즈만은 건의대상이 된 규제는 개선·정비하도록 소관부처에 건의·권고하는 형태이며, 권고를 받은 기관은 30일 이내에 옴부즈만에 이행계획을 제출해야 한다.

중소기업 옴부즈만은 개선 권고에 대한 이행실태를 점검하고, 권고를 받은 기관이 정당한 사유 없이 권고를 이행하지 아니하는 경우 그 내용 등을 공표하여야 한다.

옴부즈만의 업무처리와 활동 지원을 위해 중소벤처기업부에 사무기구로 옴부즈만 지원단을 두고, 지원단장과 총괄운영담당관, 홍보소통담당관, 기획조정담당관, 규제개선담당관, 현장애로담당관 등 5개 담당관을 비롯하여 40여명의 지원인력을 두고 있다. 세종특별자치시 소재 중소벤처기업부에 사무실을 두고 있고, 서울 광화문에도 별도 사무실을 운영한다.

중소기업 옴부즈만 관련 법령은 법제처 국가법령정보센터 법령(법률·대통령령·부령)에서 「중소기업기본법」(제22조~제24조)과 「중소기업기본법 시행령」(제13조~15조)으로 검색하여 확인할 수 있다.

2. 방위사업청 옴부즈만

방위사업청 옴부즈만은 「방위사업법」 제6조에 따라 방위사업의 투명성 및 공정성을 높이기 위해 2006년 독립적으로 설치된 기구다. 방위사업수행과정에서 제기된 민원에 대하여 조사하고, 시정 또는 감사요구 등을 하는, 즉 행정이 스스로 자정(自淨) 기능 장치로 설치했다.

방위사업청 옴부즈만은 ① 임명권자와 직무관련자들로부터의 독립성을 유지하고, ② 장기적이고 지속적인 활동을 지향하는 지속성을 가지며, ③ 국민의 적극적인 참여와 감시를 활성화하는 참여성을 추구하며, ④ 제한요건에 해당하지 않는 한 최대한의 공개를 지향하는 투명성을 표방하며, ⑤ 민원인과 행정기관의 어느 한쪽을 편들거나 대변하지 않는 중립성을 추구한다고 밝히고 있다.

방위사업청 옴부즈만은 대다수 국내 시민고충처리위원회가 부패방지권익위법에 따라 설치된 것과 달리 「방위사업법」에 설립근거를 두고 있으며, 위원 구성도 부패방지권익위법이 아니라 「비영리민간단체지원법」 제2조의 규정에 의한 비영리민간단체가 추천하는 자 중에서 방위사업청장이 위촉하도록 되어있는데, 옴부즈만은 3인 이내로 구성한다.

방위사업청 옴부즈만의 자격기준은 「방위사업법」 제6조에 따라 ① 「고등교육법」 제2조의 규정에 의한 학교에서 방위사업관련학과, 회계학과, 법학과 또는 행정학과의 부교수 이상의 직에 있거나 있었던

258

자, ② 변호사·회계사·기술사 또는 변리사 자격이 있는 자로서 3년 이상 해당 분야 실무에 경험이 있는 자, ③ 중앙행정기관의 4급 이상 공무원(고위공무원단에 속하는 공무원을 포함한다)으로 있었던 자로서 청렴성이 높은 자, ④ 그 밖에 방위사업 분야에 전문지식 및 경험이 풍부하고 학식과 덕망이 높은 자 등이다. 다만, 위촉을 받기 전 2년 이내에 본인·배우자 또는 직계존비속이 방산업체·일반업체, 방위산업과 관련 없는 일반업체, 전문연구기관, 일반연구기관 또는 군수품무역대리업체의 임직원으로 재직한 경우에는 옴부즈만이 될 수 없다.

옴부즈만의 임기는 2년으로 하되, 1차에 한하여 연임할 수 있다. 옴부즈만은 ① 국회의원 또는 지방의회의원, ② 정당의 당원이나 정치활동을 주된 목적으로 하는 단체의 구성원, ③ 방산업체, 일반업체, 방위산업과 관련 없는 일반업체, 전문연구기관, 일반연구기관 또는 군수품무역대리업체의 임직원 등의 업무는 겸직이 금지되어 있다.

방위사업청 옴부즈만은 제기된 민원사항에 대한 민원조사를 하여 문제발견 시 방위사업청장에게 시정 또는 감사 등을 요구할 수 있다. 또한 민원사항 관련자료 열람권과 현장 확인 등을 할 수 있으며, 시정 또는 감사요구 내용 및 그 처리결과를 공표할 수 있다.

방위사업청 옴부즈만 관련 법령은 법제처 국가법령정보센터 법령(법률·대통령령·부령)에서 「방위사업법」(제6조)과 「방위사업법 시행령」(제5조~제7조)으로 검색하여 확인할 수 있다.

제3절 | 부패방지 활동하는 청렴옴부즈만(청렴시민감사관)

청렴옴부즈만(청렴시민감사관)은 국민권익위원회가 부패방지시책 차원에서 공공기관에 도입을 적극 권장한 제도이다. 부패방지 차원에서 공공기관이 청렴옴부즈만 제도를 도입했는지 여부를 청렴도평가(부패방지시책 평가)에 반영했는데, 이 청렴옴부즈만도 옴부즈만 역할을 수행한다.

부패방지권익위법 제3조에 "공공기관은 부패방지에 노력할 책무를 지고, 부패를 방지하기 위해 모순이 있거나 개선할 사항이 있다고 인정될 때 적극 시정하여야 한다."는 규정이 있는데, 이 규정을 적용하여 제도를 운영한다.

> **부패방지권익위법**
>
> **제3조(공공기관의 책무)** ① 공공기관은 건전한 사회윤리를 확립하기 위하여 부패방지에 노력할 책무를 진다.
>
> ② 공공기관은 부패를 방지하기 위하여 법령상, 제도상 또는 행정상의 모순이 있거나 그 밖에 개선할 사항이 있다고 인정할 때에는 즉시 이를 개선 또는 시정하여야 한다.
>
> ③ 공공기관은 교육·홍보 등 적절한 방법으로 소속 직원과 국민의 부패척결에 대한 의식을 고취하기 위하여 적극 노력하여야 한다.
>
> ④ 공공기관은 부패방지를 위한 국제적 교류와 협력에 적극 노력하여야 한다.

청렴옴부즈만(청렴시민감사관)은 공공기관의 주요사업과 부패취약 분야에 대하여 감사·조사 및 평가를 하기 위하여 외부에서 위촉된 자를 말한다. 즉, 부패방지 및 청렴도 제고를 목적으로 공공기관의 주요사업과 부패취약 분야에 대하여 독립적 지위를 가지고 감시·조사 및 평가하고, 이 과정에서 제도개선 등을 제안하는 외부 통제인이라고 할 수 있다.[57]

국민권익위원회가 2009년 12월 '청렴옴부즈만 설치·운영계획'을 수립하여 2010년부터 공공기관 대상으로 부패방지시책평가에 반영하기로 하면서 본격적으로 도입되기 시작하였다.

1994년부터 일부 지방자치단체에서 무보수 명예직으로 지역실정에 밝고 활동이 많은 지역주민이나 퇴직공무원, 유명인사 등을 도민감사관 등으로 위촉, 행정의 감시자 역할을 하도록 하면서 도입하였는데, 국민권익위원회가 부패방지시책평가 항목으로 반영하기로 하면서 크게 늘었다. 2010년 도입 첫해에 69개 기관이었는데 해마다 증가추세를 보여 2023년 현재 628개 기관에서 운영 중이다.

당초 그 명칭은 청렴옴부즈만이었다. 그런데 고충민원을 처리하는 고충옴부즈만(현 시민고충처리위원회)과 혼선이 생겨 이를 방지하기 위해 국민권익위원회가 '청렴시민감사관'으로 2013년 3월 명칭을 변경하도록 유도하였다.

하지만, 국민권익위원회의 의도대로 명칭을 통일하는 것은 한계가 있었다. 지방자치단체 등은 자체 조례로 설치·운영하는 경우가 많아 명칭을 변경하는 것이 쉬운 일이 아니었다. 그래서 국민권익위원회가

---

57) 국민권익위원회, 〈청렴시민감사관제도 가이드라인〉(2013년), 10쪽

명칭을 청렴시민감사관으로 하도록 유도했지만, 현장에서는 여전히 청렴옴부즈만 등 여러 형태로 운영하고 있다.

국민권익위원회가 2023년 청렴옴부즈만(청렴시민감사관) 운영 실태를 파악한 결과, 조사에 응답한 1,416개 국내 공공기관과 공직유관단체(전체 대상자 1,602개 기관 중 186곳은 미응답) 중 44.5%인 628곳에서 청렴옴부즈만(청렴시민감사관)을 운영 중이다.

(단위: 개)

구분	중앙행정기관	광역자치단체	기초자치단체	교육자치단체	공직유관단체	공공의료기관	국공립대학	총계
전체응답단체수	46	17	220 (6곳 미응답)	17	1,070	37	9	1,416
도입	45	17	149	17	379	13	8	628
미도입	1	0	71	0	691	24	1	788

대부분의 기관이 감사관련 부서(489개, 77.9%)에서 운영하고 있으며, 그 외에 경영관련 부서(95개, 15.1%), 리스크 준법실, 총무팀, 기타 부서(44개, 7%) 등에서 운영한다.

명칭은 '청렴시민감사관'을 사용하는 기관이 483개 기관으로 제일 많았다. 다음이 '청렴옴부즈만'으로 120개 기관이었다. 그 외에도 명예감사관, 명예도민감사관 등을 사용하는 곳도 99개 기관이었다.

운영근거는 21개 기관을 제외하고는 관련 규정을 두고 있다. 법률(1), 훈령(107), 조례(73), 사규(174), 지침(170), 규칙(43), 규정(28), 예규(11), 없음(21) 등이다. 법률에 근거를 둔 곳은 「방위사업법」 제6조에 따라 방위사업청이 운영하는 '청렴서약제 및 옴부즈만 제도'(청렴옴부즈만)이다.

위촉규모는 5명 이하가 402개(64.0%)로 가장 많았다. 위촉방식은 '지정선임'이 273개 기관(43.5%)으로 가장 많았고, 공개모집이 164개 기관(26.1%), 추천(114개, 18.2%) 등이다. 임기는 2년이 551개 기관(87.7%)으로 가장 많았고, 그 다음 1년 54개(8.6%), 3년 16개(2.5%), 4년 3개(0.5%), 임기제한 없음 4개(0.6%) 기관 등이었다. 연임이 가능한 경우가 333개 기관(53%)으로 가장 많았고, 연임 불가 141개(22.5%), 제한 없는 경우 154개 기관(24.5%) 등이다.

운영주기는 수시 운영 기관이 285개 기관(45.4%)으로 가장 많고, 분기별 131개 기관(20.9%), 반기별 165개 기관(26.3%)으로 나타났다. 그 외에 월별(11개 기관), 연별(32개 기관) 등이다. 27개 기관에서는 청렴옴부즈만(청렴시민감사관)과 민원처리를 하는 시민고충처리위원(옴부즈만)을 겸임하고 있었다.

청렴옴부즈만(청렴시민감사관)과 시민고충처리위원회의 개념을 정리하면 표와 같다.

구분	청렴옴부즈만(청렴시민감사관)	시민고충처리위원회
도입시기	2010년	2005년
법적근거	부패방지시책사업으로 추진	부패방지권익위법 제32조 (시민고충처리위원회의 설치)
용어 정의	공공기관의 주요 사업과 부패 취약 분야에 대하여 감사·조사 및 평가를 위하여 외부에서 위촉한 시민 또는 전문가	지방자치단체 및 소속기관에 대한 고충민원의 처리 등을 위하여 부패방지권익위법 제32조에 따라 설치된 기관

제5장

—

시민고충처리위원회의 기능과 민원처리

시민고충처리위원회는 부패방지권익위법 제39조부터 제54조까지, 제77조부터 제81조까지의 규정에 따라 지방옴부즈만으로서 지역 주민의 고충민원을 처리한다. 사실상 시민고충처리위원회가 설치된 지방자치단체에서 국민권익위원회의 고충처리국과 동일한 기능을 수행하는 것이다.

제1절 | 시민고충처리위원회의 주요 기능 및 조사

1. 시민고충처리위원회 기능

부패방지권익위법 제39조에 따라 누구든지 위원회(국민권익위원회) 또는 시민고충처리위원회에 고충민원을 신청할 수 있기 때문에, 지방자치단체 소속 행정기관 등과 관련된 고충민원을 접수받아 처리하는 일이다. 처리과정에서 자료요구도 할 수 있고, 조사결과에 따라 국민권익위원회처럼 시정권고나 의견표명을 할 수 있다.

소관사항이 아니거나, 별도의 구제절차가 진행 중이면 각하하거나 해당 기관에 이송할 수 있다. 처리결과에 대해서는 해당 기관과 민원인에게 통보해야 한다. 필요할 경우 설치된 기관에 감사도 의뢰할 수 있다. 이행 실태 점검과 운영상황 공표도 해야 한다.

부패방지권익위법에 명시된 시민고충처리위원회의 기능과 역할 등을 담은 규정을 조문별로 요약했다.

【부패방지권익위법에 명시된 시민고충처리위원회 규정】

조 문	세부 내용
제35조 (위원회에 관한 규정의 준용)	제15조, 제16조 제3항, 제17조, 제18조, 제25조 및 제83조의2 제1항은 시민고충처리위원회에 관하여 이를 준용함.

조 문	세부 내용
제15조 (위원의 결격사유)	① 다음 각 호의 어느 하나에 해당하는 자는 위원이 될 수 없음. 1. 대한민국 국민이 아닌 자 2. 「국가공무원법」 제33조 각 호의 어느 하나에 해당하는 자 3. 정당의 당원 4. 「공직선거법」에 따라 실시하는 선거에 후보자로 등록한 자 ② 위원이 제1항 각 호의 어느 하나에 해당하게 된 때에는 당연히 퇴직됨.
제16조 (직무상 독립과 신분보장)	③ 위원은 다음 각 호의 어느 하나에 해당하는 경우를 제외하고는 그 의사에 반하여 면직 또는 해촉되지 아니함. 1. 제15조 제1항 각 호의 어느 하나에 해당하는 때 2. 심신상의 장애로 직무수행이 현저히 곤란하게 된 때 3. 제17조에 따른 겸직금지의무에 위반한 경우
제17조 (위원의 겸직금지 등)	위원은 재직 중 다음 각 호의 직을 겸할 수 없음. 1. 국회의원 또는 지방의회의원 2. 행정기관 등과 대통령령으로 정하는 특별한 이해관계가 있는 개인이나 법인 또는 단체의 임·직원
제18조 (위원의 제척· 기피·회피)	① 위원은 다음 각 호의 어느 하나에 해당하는 경우에는 위원회, 제20조에 따른 소위원회 및 제21조에 따른 분과위원회의 심의·의결에서 제척됨 1. 위원 또는 그 배우자나 배우자였던 자가 당해 사안에 관하여 당사자이거나 공동권리자 또는 공동의무자인 경우 2. 위원이 당해 사안의 당사자와 친족 관계에 있거나 있었던 경우 3. 위원이 당해 사안에 관하여 증언, 감정, 법률자문 또는 손해사정을 한 경우 4. 위원이 되기 전에 당해 사안에 대하여 감사, 수사 또는 조사에 관여한 사항 5. 위원이 당해 사안에 관하여 당사자의 대리인으로 관여하거나 관여하였던 경우 ② 위원회, 제20조에 따른 소위원회 및 제21조에 따른 분과위원회의 심의·의결의 이해당사자는 위원에게 공정을 기대하기 어려운 특별한 사정이 있는 경우에는 기피신청을 할 수 있음 ③ 위원 본인이 제1항 또는 제2항의 사유에 해당하는 경우에는 스스로 그 사안의 심의·의결을 회피할 수 있음

조 문	세부 내용
제18조 (위원의 제척· 기피·회피)	④ 위원회, 제20조에 따른 소위원회 및 제21조에 따른 분과위원회의 심의·의결에 관한 사무에 관여하는 위원회의 소속 공무원(제25조에 따른 파견 공무원 및 직원을 포함한다) 및 제22조에 따른 전문위원에 관하여는 제1항부터 제3항까지의 규정을 준용함
제25조 (공무원 등의 파견)	① 위원회는 그 업무수행을 위하여 필요하다고 인정하는 경우에는 국가기관·지방자치단체·「공공기관의 운영에 관한 법률」 제4조에 따른 기관 또는 관련 법인이나 단체에 대하여 그 소속 공무원 또는 직원의 파견을 요청할 수 있음 ② 제1항에 따라 위원회에 공무원이나 직원을 파견한 국가기관·지방자치단체·「공공기관의 운영에 관한 법률」 제4조에 따른 기관 또는 관련 법인이나 단체의 장은 위원회에 파견된 자에 대하여 인사·처우 등에 있어서 우대조치를 강구하여야 함
제83조의2 (벌칙 적용에서 공무원 의제)	① 위원회의 위원 중 공무원이 아닌 위원, 제22조에 따른 전문위원 및 제25조에 따른 파견 직원은 위원회의 업무와 관련하여 「형법」이나 그 밖의 법률에 따른 벌칙을 적용할 때에는 공무원으로 봄
제39조 (고충민원 신청·접수)	① 누구든지 시민고충처리위원회에 고충민원을 신청할 수 있음 ④ 다른 법률에 특별한 규정이 있는 경우를 제외하고 접수를 보류하거나 거부할 수 없음
제40조 (고충민원 상호 통보)	신청인이 권익위와 시민고충처리위원회에 동일한 고충민원을 신청한 경우 각 위원회는 상호 통보 및 상호 협력하여 처리
제41조 (고충민원 조사)	① 고충민원을 접수한 경우에는 지체 없이 조사를 하여야 함. 다만, 행정심판·소송 등 다른 법률에 따른 불복구제절차가 진행 중인 사항 등에 해당하는 경우에는 조사하지 아니할 수 있음 ② 조사를 개시한 후에도 1항에 해당하는 사유 등 조사를 계속할 필요가 없다고 인정하는 경우에는 중지, 중단할 수 있음 ③ 접수된 민원에 관해 조사를 하지 않거나 중지, 중단한 경우에는 지체 없이 그 사유를 신청인에게 통보하여야 함
제42조 (조사 방법)	① 조사 과정에서 관계 행정기관 등에 설명·자료 제출 요구, 출석·의견진술 요구 및 실지조사를 할 수 있음

조 문	세부 내용
제42조 (조사 방법)	③ 관계 행정기관 등은 시민고충처리위원회의 요구나 조사에 성실하게 응하고 협조하여야 함
제43조 (고충민원 각하 등)	접수된 고충민원이 행정심판·소송, 감사원 심사청구 등 다른 법률에 따른 불복구제절차가 진행 중인 사항 등에 해당하는 경우 각하하거나 관계기관에 이송할 수 있음
제44조 (합의의 권고)	고충민원의 공정한 해결을 위하여 필요한 조치를 당사자에게 제시하고 합의를 권고할 수 있음
제45조 (조정)	① 다수인이 관련되거나 사회적 파급효과가 큰 고충민원에 대해 필요시 당사자의 신청 또는 직권에 의하여 조정할 수 있음 ③ 조정은 「민법」 상의 화해와 같은 효력이 있음
제46조 (시정권고 및 의견표명)	① 고충민원 조사결과 처분 등이 위법·부당하다고 인정되는 경우 관계 행정기관 등의 장에게 적절한 시정을 권고할 수 있음 ② 고충민원 조사결과 신청인의 주장이 상당한 이유가 있다고 인정되는 경우 관계 행정기관의 장에게 의견을 표명할 수 있음
제47조 (제도개선의 권고 및 의견표명)	고충민원 조사·처리과정에서 법령·제도·정책 등의 개선이 필요한 경우 관계 행정기관 등의 장에게 개선을 권고하거나 의견을 표명할 수 있음
제48조 (의견제출 기회의 부여)	시민고충처리위원회는 권고 또는 의견표명을 하기 전에 행정기관 등, 신청인, 이해관계인에게 미리 의견을 제출할 기회를 주어야 함
제49조 (결정의 통지)	고충민원의 결정내용을 지체 없이 신청인 및 관계 행정기관 등의 장에게 통지하여야 함
제50조 (처리결과의 통보 등)	① 시정권고·의견표명을 받은 관계 행정기관 등의 장은 이를 존중하여야 하며, 권고 또는 의견을 받은 날부터 30일 이내에 처리결과를 시민고충처리위원회로 통보하여야 함 ② 권고를 받은 관계 행정기관 등의 장이 그 권고내용을 이행하지 아니하는 경우에는 그 이유를 시민고충처리위원회에 문서로 통보하여야 함

조 문	세부 내용
제51조 (감사의 의뢰)	① 고충민원 조사·처리과정에서 관계 행정기관 등의 직원이 고의 또는 중대한 과실로 위법·부당하게 업무를 처리한 사실을 발견한 경우, 시민고충처리위원회는 당해 지방자치단체에 감사를 의뢰할 수 있음 ② 지방자치단체는 제1항에 따라 감사를 의뢰받은 경우 그 처리결과를 감사를 의뢰한 시민고충처리위원회에 통보하여야 함
제52조 (권고 등 이행실태의 확인·점검)	시민고충처리위원회는 시정권고·의견표명의 이행실태를 확인·점검할 수 있음
제53조 (공표)	시민고충처리위원회는 시정권고·의견표명의 내용, 관계 행정기관 등의 처리결과·불이행사유를 공표할 수 있음
제54조 (권익위원회 상호 간의 관계) 및 시행령 제53조 (시민고충처리위원회 활동 지원)	① 권익위와 시민고충처리위원회는 상호 독립하여 업무를 수행하고, 상호 협의 또는 지원을 요청받은 경우 협조하여야 함 ② 권익위는 시민고충처리위원회의 활동을 적극 지원하여야 함 1. 시민고충처리위원회 설립 촉진 활동 2. 전국협의회 등 연계·교류를 위한 활동 3. 고충민원처리 능력 향상을 위한 지원
제77조 (제도개선에 대한 제안 등)	② 고충민원처리과정에서 관련 조례가 현저히 불합리하다고 인정되는 경우 조례의 개정, 폐지 등에 관한 의견을 지방의회에 제출할 수 있음
제78조 (고충민원사무의 정보 보호)	고충민원과 관련된 정보의 유출로 인하여 신청인과 이해관계인의 이익이 침해되지 않도록 노력하여야 함
제79조 (고충민원 신청사항의 게시 등)	① 고충민원 신청에 필요한 사항을 게시하거나 편람을 비치하는 등 가능한 모든 편의를 제공하여야 함 ② 고충민원업무를 처리함에 있어 자체적으로 할 수 있는 자료 확인, 관계 행정기관과의 협조 등을 담당직원이 직접 행하도록 하는 등 신청인의 편의를 위하여 노력하여야 함

조 문	세부 내용
제80조 (관계 행정기관 등과의 협조)	① 업무 수행을 위해 필요하다고 인정하는 경우 관계 행정기관에 협조를 요청할 수 있음 ② 협조를 요청받은 관계 행정기관 등은 정당한 사유가 없는 한 성실히 응하여야 함
제81조 (교육과 홍보 등)	① 자신의 권리를 인지하고, 권리 침해 시 구제받을 수 있도록 필요한 교육, 홍보를 할 수 있음 ② 학교에서 고충민원처리, 권리구제 등에 관하여 교육될 수 있도록 교육부장관과 협의할 수 있음 ③ 공무원 교육훈련에 고충민원 제도에 관한 내용 등이 포함될 수 있도록 관계 행정기관 장과 협의할 수 있음

2. 법령상 국민권익위원회와 시민고충처리위원회 기능 차이

부패방지권익위법을 살펴보면, 법령상 국민권익위원회와 시민고충처리위원회는 같은 기능을 한다. 민원처리와 제도개선과 관련하여 시정권고 및 의견표명을 하는 것도 양 기관이 모두 같다. 하지만 관할구역에서는 차이가 날 수 밖에 없다. 국민권익위원회는 우리나라 모든 공공기관에 관한 고충민원을 처리하지만, 시민고충처리위원회는 소관 자치단체와 소속기관의 고충민원만 처리할 수 있다. 그 범위 내에서 권익침해나 부작위 등 행정기관의 위법행위 등에 대해 조사를 하고 조치하므로 업무 영역에서 한계가 있다.

예컨대, A지방자치단체에 거주하는 주민이 B지방자치단체 소관 민원을 제기하거나 중앙행정기관의 처분과 관련된 민원을 A지방자치단체 시민고충처리위원회에 제기할 경우, A지방자치단체 시민고충처리위원회는 업무 영역을 넘어서기 때문에 처리할 수 없다. 민원인 입장에서 억울해도, 제도개선의 필요성이 있어도 처리에 한계가 있는 것이다. 반면 똑같은 민원을 국민권익위원회에 제기하면 국민권익위원회는 처리할 수 있는 것이다.

국민권익위원회는 시민고충처리위원회에서 할 수 있는 업무를 예시로 설명하였는데, 아래와 같다.[58]

【시민고충처리위원회에서 직접 처리할 수 있는 민원 예시】

① 행정기관의 위법·부당한 처분이나 부작위 등으로 인하여 권리·이익이 침해되거나 불편 또는 부담이 되는 사항의 해결 요구

(예시) 과태료부과 취소 요구, 기초생활수급자 탈락 이의, 산업단지 편입지 보상 이의 등

② 민원사무의 처리기준 및 절차가 불투명하거나 담당 공무원의 처리지연 등 행정기관 등의 소극적인 행정행위나 부작위로 인하여 불편 또는 부담이 되는 사항의 해소 요청

(예시) LPG차량 등록거부 이의, 토지합병 반려 이의 등

③ 1차 민원이라 하더라도 피신청기관의 거부의사가 명백한 사안이나 피신청기관의 선처분을 받도록 하면 신청인이 손해를 회복하기 어렵게 되는 경우

(예시) 건축허가 문의(문서, 전화)에 대한 불가 안내, 장례식장 문의(문서, 전화)에 대한 불가 안내, 산재 재요양 문의(문서, 전화)에 대한 불가

58) 국민권익위원회, 〈시민고충처리위원회 설치·운영 안내서〉(2023), 136쪽

안내 등

④ 사인 간의 문제라 하더라도 피신청기관의 지도·감독이 가능하고, 시민고충처리위원회의 합의권고나 조정 기능으로 처리할 수 있는 경우

(예시) 도시가스 공급 요구, 사망진단서 수정 요구, 휴대폰 미납요금 이의신청 등

⑤ 민원의 내용에 대한 조사가 이루어져야 일반민원인지 여부를 판단할 수 있는 민원

 - 일반민원으로 확인되면 「민원 처리에 관한 법률」에 의한 이송 절차에 따라 처리

 - 직접 처리가 가능한 사안의 경우에는 조정·합의 등의 방법을 통해 민원을 해결

⑥ 신청인이 명시적으로 시민고충처리위원회에서 민원을 처리하도록 요구하는 경우

또한, 해당 행정기관이 자체적으로 조례 등에 근거하여 시행하는 제도 등에 대해서는 제도개선을 권고할 수 있다. 반면, 행정관할 범위를 넘어서거나, 중앙행정기관에서 시행하는 제도에 대해서는 제도개선을 할 범위에서 벗어난다. 물론, 행정기관을 통해 상급기관에 개선을 건의하는 방법이 있을 수 있다. 관할범위를 벗어난 제도 또는 법령의 개선을 희망할 경우에는 국민권익위원회와 긴밀한 협의를 거쳐 합동으로 제도개선을 추진하는 것도 방법이 될 수 있다.

시민고충처리위원회의 기능 중에 '민원사항에 관한 안내, 상담 및 민원처리 지원'은 하찮아 보이지만, 지방자치단체는 주민과 밀착되어 있는 점을 고려하면 매우 중요한 기능이라고 해석할 수 있다. 지방자

치단체의 업무 특성상 주민생활과 밀접한 각종 상담이 많을 수밖에 없고, 설사 처리할 수 없는 고충민원이라도 종결하기보다는 지역민에게 유리한 방향으로 안내하도록 하기 위해 주요 기능에 포함시킨 것으로 해석된다.

눈길을 끄는 것은 시민고충처리위원회의 기능 중에 '시민고충처리위원회의 활동과 관련한 교육 및 홍보'다. 이는 주민들이 모르면 민원 신청 자체를 할 수 없어 자칫 무용지물이 될 수 있고, 시민고충처리위원회도 제 기능을 할 수 없기 때문에 중요한 기능에 넣은 것이라 판단된다. 부패방지권익위법 상 국민권익위원회와 시민고충처리위원회의 기능을 담은 법률을 정리했다.

부패방지권익위법	
국민권익위원회 기능	시민고충처리위원회 수행업무
제12조(기능) 위원회는 다음 각호의 업무를 수행한다. 1. 국민의 권리보호·권익구제 및 부패방지를 위한 정책의 수립 및 시행 2. 고충민원의 조사와 처리 및 이와 관련된 시정권고 또는 의견표명 3. 고충민원을 유발하는 관련 행정제도 및 그 제도의 운영에 개선이 필요하다고 판단되는 경우 이에 대한 권고 또는 의견표명 4. 위원회가 처리한 고충민원의 결과 및 행정제도의 개선에 관한 실태조사와 평가 5. 공공기관의 부패방지를 위한 시책 및 제도개선 사항의 수립·권고와 이를 위한 공공기관에 대한 실태조사	제32조(시민고충처리위원회의 설치) ① 지방자치단체 및 그 소속기관에 관한 고충민원의 처리와 행정제도의 개선 등을 위하여 각 지방자치단체에 시민고충처리위원회를 둘 수 있다. ② 시민고충처리위원회는 다음 각 호의 업무를 수행한다. 1. 지방자치단체 및 그 소속기관에 관한 고충민원의 조사와 처리 2. 고충민원과 관련된 시정권고 또는 의견표명 3. 고충민원의 처리과정에서 관련 행정제도 및 그 제도의 운영에 개선이 필요하다고 판단되는 경우 이에 대한 권고 또는 의견표명

6. 공공기관의 부패방지시책 추진상황에 대한 실태조사·평가
7. 부패방지 및 권익구제 교육·홍보 계획의 수립·시행
8. 비영리 민간단체의 부패방지활동 지원 등 위원회의 활동과 관련된 개인·법인 또는 단체와의 협력 및 지원
9. 위원회의 활동과 관련된 국제협력
10. 부패행위 신고 안내·상담 및 접수 등
11. 신고자의 보호 및 보상
12. 법령 등에 대한 부패유발요인 검토
13. 부패방지 및 권익구제와 관련된 자료의 수집·관리 및 분석
14. 공직자 행동강령의 시행·운영 및 그 위반행위에 대한 신고의 접수·처리 및 신고자의 보호
15. 민원사항에 관한 안내·상담 및 민원사항 처리실태 확인·지도
16. 온라인 국민참여포털의 통합 운영과 정부민원안내콜센터의 설치·운영
17. 시민고충처리위원회의 활동과 관련한 협력·지원 및 교육
18. 다수인 관련 갈등 사항에 대한 중재·조정 및 기업애로 해소를 위한 기업고충민원의 조사·처리
19. 「행정심판법」에 따른 중앙행정심판위원회의 운영에 관한 사항
20. 다른 법령에 따라 위원회의 소관으로 규정된 사항
21. 그 밖에 국민권익 향상을 위하여 국무총리가 위원회에 부의하는 사항

4. 시민고충처리위원회가 처리한 고충민원의 결과 및 행정제도의 개선에 관한 실태조사와 평가
5. 민원사항에 관한 안내, 상담 및 민원처리 지원
6. 시민고충처리위원회의 활동과 관련한 교육 및 홍보
7. 시민고충처리위원회의 활동과 관련된 국제기구 또는 외국의 권익구제기관 등과의 교류 및 협력
8. 시민고충처리위원회의 활동과 관련된 개인·법인 또는 단체와의 협력 및 지원
9. 그 밖에 다른 법령에 따라 시민고충처리위원회에 위탁된 사항

3. 시민고충처리위원회의 고충민원 조사 범위

부패방지권익위법에 시민고충처리위원회의 업무처리 절차 등에 대해 상세히 정리한 내용은 없다. 다만, 부패방지권익위법 '제4장 고충민원 처리'에서 제39조부터 제54조까지, 그리고 제77조부터 제81조까지의 규정을 보면, 국민권익위원회와 시민고충처리위원회는 사실상 동일한 역할을 수행하는 것을 알 수 있다. 또한 부패방지권익위법 제38조(시민고충처리위원회의 조직 및 운영에 관한 사항)에서 법에 규정된 사항 외에 필요한 사항은 지방자치단체 조례로 정하도록 하고 있다.

이와 관련, 국민권익위원회가 지방자치단체에 시민고충처리위원회 설치와 관련하여 참고하도록 한 「시민고충처리위원회 구성 및 운영에 관한 조례안(참고 조례안)」에 시민고충처리위원회의 기능(제4조)과 고충민원 조사범위(제12조)에 대해 잘 명시되어 있다.

이 참고조례안에 따르면, 시민고충처리위원회는 설치된 지방자치단체와 그 소속기관 등과 해당 지방자치단체에서 출자 또는 출연하여 설립한 지방공기업 및 출자·출연기관, 그리고 해당 지방자치단체로부터 사무를 위탁받은 법인·단체 또는 기관이나 개인에 한정하여 고충민원을 접수 처리하도록 하고 있다.[59]

---

59) 국민권익위원회, 〈시민고충처리위원회 설치·운영안내서〉(2023), 49~52쪽

【시민고충처리위원회 구성 및 운영에 관한 참고조례안】

제4조(기능) 위원회는 다음 각 호에 따른 사무를 독립적으로 수행한다.

1. ○○시 및 그 소속기관 등에 관한 고충민원의 조사와 처리

2. 고충민원과 관련된 시정권고 또는 의견표명

3. 고충민원의 처리과정에서 관련 행정제도 및 그 제도의 운영에 개선이 필요하다고 판단되는 경우 이에 대한 권고 또는 의견표명

4. 위원회가 처리한 고충민원의 결과 및 행정제도의 개선에 관한 실태조사와 평가

5. 민원사항에 관한 안내, 상담 및 민원처리 지원

6. 위원회의 활동과 관련한 교육 및 홍보

7. 위원회의 활동과 관련된 국제기구 또는 외국의 권익구제기관 등과의 교류 및 협력

8. 위원회의 활동과 관련된 개인·법인 또는 단체와의 협력 및 지원

9. 그 밖에 다른 법령에 따라 위원회에 위탁된 사항

제12조(고충민원 조사대상의 범위) 위원회는 다음 각 호의 기관을 조사대상으로 한다.

1. ○○시 및 그 소속기관 등

2. ○○시에서 출자 또는 출연하여 설립한 지방공기업 및 출자·출연기관

3. ○○시로부터 사무를 위탁 받은 법인·단체 또는 기관이나 개인

이 규정대로 보면, 시민고충처리위원회의 역할이 매우 제한적이라고 할 수 있지만, 국민신문고에 접수된 민원이 연간 1,300만 건에 달하는 데 반해 국민권익위원회는 연간 3만~4만 건 밖에 처리할 수 없는 점을

고려하면 시민고충처리위원회의 역할은 막중하다고 할 수 있다.

결국, 국민권익위원회가 처리하는 것을 제외하면, 대부분의 민원을 소속기관이나 상급기관에서 처리하는 실정인 점을 고려하면 시민고충처리위원회의 역할이 매우 중요하다. 지역 생활현장에서 발생하는 민원이나 국민권익위원회의 손길이 미치지 못하는 민원에 대해 시민고충처리위원회가 적극적으로 해소에 나서야 한다는 것이다.

이처럼 시민고충처리위원회가 지역 내에서 제 역할을 하려면 해당 지방자치단체의 지원과 함께 지원인력에 대한 역량강화가 필수적이다.

이를 위해서는 시민고충처리위원회가 고충민원을 처리할 때 국민권익위원회의 고충민원처리과정을 준용하거나 벤치마킹하는 것이 중요하다. 국민권익위원회는 1994년 국민고충처리위원회가 설치된 이후 꾸준히 고충처리업무를 해오면서 계속 고충민원처리와 관련한 방법과 규정을 개선하고 노하우를 공유해 왔다. 또 국민권익위원회 공식 홈페이지(https://www.acrc.go.kr) 정보공개 코너를 통해 고충민원 의결정보를 꾸준히 공개하고 있으니 이를 적극 벤치마킹할 필요가 있다.

국민권익위원회에는 수십 년 간 조사관 업무를 해온 경험 많은 조사관들도 근무하고 있다. 때문에 전문적으로 고충민원 업무를 하지 않은 상태에서 시민고충처리위원회가 출범하고 경험이 많지 않은 인력들로 지원조직이 꾸려졌다면 국민권익위원회의 도움이나 국민권익위원회와 협업 관계 형성이 제도 안착에 많은 도움이 될 것이다.

4. 고충민원 접수 및 조사 전 조치사항

고충민원이 접수되면 일단 고충민원인지 아닌지부터 검토해야 한다. 고충민원이 아닌 일반민원(법정·질의·건의·기타민원)이면 민원처리법에 따라 관계 행정기관(부서)으로 이송해야 한다. 이송은 8 근무시간 이내에 해야 하고, 이송 사실은 민원인이 요청한 방식(서면, 전자우편, 휴대전화 메시지)에 따라 민원인에게 알려야 한다.

고충민원으로 판단되면 접수된 순서에 따라 접수번호를 부여하고 민원번호, 접수일, 인적사항, 민원제목, 신청경로 등을 민원관리부에 기록한다.

접수된 고충민원에 대해 사무국장은 소관분야 또는 업무량 등을 고려하여 위원(또는 조사관)에게 배정한다. 신청취지가 불확실하면 고충민원 취지를 추가로 확인하고, 필요할 경우 보완조치를 해야 한다. 이때 조사관은 민원인 본인인지 여부, 대리인 선임 시 적격여부, 다른 구제절차 진행여부 등의 확인과정을 거친 뒤 민원요약을 한 후 내부 보고를 하여야 한다.

이후 위원이나 조사관은 접수된 고충민원에 대해 조사여부를 검토·결정해야 한다. 조사의 필요성이 있으면, 자료조사 및 실지조사 등을 거쳐 위원회에 보고하거나 의결을 통해 처리해야 한다. 반면, 조사의 필요성이 없다고 판단되면 고충민원 조사를 중지하고 사무국장 전결로 종결하면 된다.

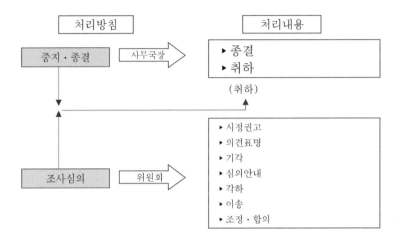

【고충민원처리 절차 개념도】[60)]

종결할 사항은 부패방지권익위법 제41조 및 제43조, 그리고 부패방지권익위법 시행령 제39조 및 제43조, 「국민권익위원회 고충민원처리 지침」 제16조에 근거를 두고 있는데, 국민권익위원회에서 처리하는 것과 같이 ▲ 민원인이 민원을 취하하였을 때, ▲ 위원회에서 각하한 민원을 다시 제기한 경우, ▲ 신청인과 직접적 이해관계가 없는 경우, ▲ 고충민원의 내용이 거짓이거나 정당한 사유가 없다고 인정되는 사항, ▲ 정당한 사유 없이 3회 이상 반복 신청한 경우, ▲ 2회 이상 신청서 보완요구에 응하지 아니한 경우, ▲ 성명·주소 등이 분명하지 아니한 경우 등이 해당된다.

---

60) 국민권익위원회, 〈시민고충처리위원회 설치·운영안내서〉(2023), 139쪽

5. 대상 업무가 아닌 것은 소관기관으로 이송해야

접수된 민원이 고충민원이 아니거나, 소관 지방자치단체 업무가 아닐 경우, 소관 부서나 소관기관으로 이송해야 한다.

민원처리법 시행령 제13조 제3항은 "다른 행정기관 소관의 민원문서를 접수한 경우에는 8근무시간 이내에 소관 행정기관(부서)에 이송하고, 그 사실을 민원인에게 통지하여야 한다."고 규정되어 있다. 따라서 고충민원으로 접수되었으나 고충민원이 아닌 일반민원(법정민원, 질의민원, 건의민원, 기타민원)인 경우에는 바로 소관부서로 이송하는 절차를 거쳐야 한다.

반면, 고충민원으로 접수되었는데, 처리하는 것이 적절하지 않아 다른 기관으로 이송이 필요할 경우에는 부패방지권익위법 제43조에 따라 조사결과보고서를 작성하여 위원회 심의를 거쳐 소관 기관으로 이송하여야 한다. 고충민원으로 분류하더라도 부패방지권익위법 제43조 제1항 각 호에 해당하는 경우에는 관계 행정기관에 이송할 수 있다. 이송하는 것이 적절하지 않을 경우에는 각하할 수 있다. 이송 사실에 대해서는 민원인에게 통지를 하여야 한다.
민원인이 고충민원을 국민권익위원회와 광역 또는 기초지방자치단체 시민고충처리위원회 등 여러 기관에 제출했거나, 광역지방자치단체 시민고충처리위원회와 기초지방자치단체 시민고충처리위원회 등 양 기관에 제출했을 때도 협의를 거쳐 이송절차를 진행해야 한다.

부패방지권익위법 제40조(동일한 고충민원의 상호 통보)는 "신청인이 제39조 제1항 후단에 따라 동일한 고충민원을 둘 이상의 권익위원회에 각각 신청한 경우 각 권익위원회는 지체 없이 그 사실을 상호 통보

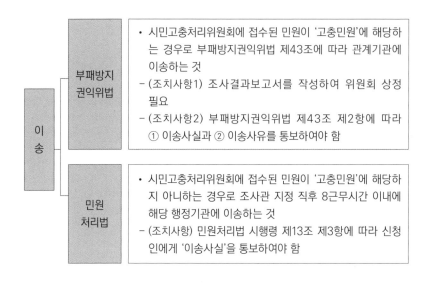

| 이송 | 부패방지 권익위법 | • 시민고충처리위원회에 접수된 민원이 '고충민원'에 해당하는 경우로 부패방지권익위법 제43조에 따라 관계기관에 이송하는 것
- (조치사항1) 조사결과보고서를 작성하여 위원회 상정 필요
- (조치사항2) 부패방지권익위법 제43조 제2항에 따라 ① 이송사실과 ② 이송사유를 통보하여야 함 |
| | 민원 처리법 | • 시민고충처리위원회에 접수된 민원이 '고충민원'에 해당하지 아니하는 경우로 조사관 지정 직후 8근무시간 이내에 해당 행정기관에 이송하는 것
- (조치사항) 민원처리법 시행령 제13조 제3항에 따라 신청인에게 '이송사실'을 통보하여야 함 |

하여야 한다. 이 경우 각 권익위원회는 상호 협력하여 고충민원을 처리하거나 제43조에 따라 이송하여야 한다."고 되어 있다. 이송을 할 때는 물론, 조사결과보고서를 작성하여 위원회 상정을 거쳐 이송하고 민원인에게 그 사실을 통보하여야 한다.

6. 시민고충처리위원회의 민원조사 방법

고충민원에 대한 조사는 신청인의 주장내용, 사실관계, 법률관계를 명확히 확인하는 데 중점을 두고 실시한다. 가능한 현장 실지조사와 출석조사 등 충실한 조사로 실질적인 민원해결에 노력해야 한다.

조사방법은 문서를 통한 자료 제출을 받는 서면조사와 관계 행정기관의 직원·신청인·이해관계인이나 참고인의 출석 및 의견진술 등을 요구하는 출석조사, 조사사항과 관계있다고 인정되는 장소·시설 등을 찾아 조사를 하는 실지조사로 구분하여 진행할 수 있다. 필요할 경우, 감정을 의뢰하기도 한다.

1) 서면조사

부패방지권익위법 제42조에 따라 관계기관에 설명이나 자료제출을 요구할 수 있고 부패방지권익위법 시행령 제44조에 따라 요구사항이나 제출일자 등을 구체적으로 명시하여야 한다.

만일 자료제출을 거부하거나 지연할 경우에는 독촉장을 발부할 수 있다. 부패방지권익위법 제91조(과태료)에는 정당한 이유 없이 부패방지권익위법 제42조(조사의 방법)에 따른 업무수행을 방해·거부 또는 기피하거나 고의로 지연시킨 자는 500만 원 이하의 과태료를 부과하도록 되어 있다.

> **부패방지권익위법**
> **제42조(조사의 방법)** ① 권익위원회는 제41조에 따라 조사를 함에 있어서 필요하다고 인정하는 경우에는 다음 각 호의 조치를 할 수 있다.
> 1. 관계 행정기관 등에 대한 설명요구 또는 관련 자료·서류 등의 제출요구
> ③ 관계 행정기관 등의 장은 제1항에 따른 권익위원회의 요구나 조사에 성실하게 응하고 이에 협조하여야 한다

부패방지권익위법 시행령

제44조(조사의 방법) ① 권익위원회는 법 제42조 제1항 제1호에 따라 관계 행정기관 등에 대하여 설명 또는 관련 자료·서류 등의 제출을 요구하는 경우에는 그 취지와 제출일자 및 요구사항 등을 기재한 서면으로 하여야 한다. 다만, 긴급을 요하거나 단순한 사항에 관한 설명을 요구하는 경우에는 구술 또는 전화·전신·모사전송·인터넷 등의 방법으로 할 수 있다.

② 권익위원회는 제1항에 따라 설명 또는 자료제출을 요구받은 관계 행정기관 등이 설명 또는 자료제출을 지연하거나 불응하는 경우에는 고충민원의 신속한 처리를 위하여 독촉장을 발부할 수 있다.

서면조사는 담당조사관이 첫 번째로 피신청기관에 요구하는 절차이다. 민원을 배정받고, 신청 취지와 핵심내용 및 관계규정을 명확히 파악하는 과정에 필수적인 절차이다. 민원인이 제출한 고충민원에 대한 불복구제 절차 진행 여부, 이해조정 절차의 진행 여부, 권리관계가 확정된 사항인지 여부 등을 확인한다. 만일 서면조사과정에서 피신청인이 적극적인 민원해결의지를 보여 해결된다면 출석조사나 현장조사는 진행하지 않을 수도 있다. 서면조사과정에서 요구할 수 있는 내용을 정리했다.

【고충민원 서면자료조사 예시】[61]

1. 고충민원에 대한 귀 기관의 의견

   가. 민원개요, 나. 발생원인 및 경위, 다. 조치내용, 라. 관련 규정(법령 등), 마. 검토의견 및 처리계획

2. 고충민원 관련 설명자료

   가. 민원토지의 토지대장, 등기부 등본, 지적도, 토지이용계획 확인원, 현장사진

   나. 민원토지(지장물 포함) 보상 조서, 편입 당시 현실이용 상황 조사서 및 사진, 사업인정 고시문, 환매권 통지 등 관련 자료, 점용허가 관련 서류

   다. 고충민원 관련 진정서 및 회신문 사본, 다른 법령에 의한 불복절차 유무

3. 기타 고충민원과 관련한 자료

2) 실지조사(현장조사)

고충민원에 대해 현장 확인 시 진행되는 과정이다. 미리 서면조사로 현황파악을 한 뒤 현장 확인이 필요할 경우 진행한다. 부패방지권익위법 제42조와 시행령 제46조에 정리되어 있다. 민원인 입장에서는 현장에 나와 보지도 않고 민원을 처리했다는 불만이 있을 수 있기 때문에 가급적 실지조사를 하는 것이 좋다.

---

61) 국민권익위원회, 〈고충민원처리 관련규정〉(2023), 262쪽

부패방지권익위법

제42조(조사의 방법) ① 권익위원회는 제41조에 따라 조사를 함에 있어서 필요하다고 인정하는 경우에는 다음 각 호의 조치를 할 수 있다.

3. 조사사항과 관계있다고 인정되는 장소·시설 등에 대한 실지조사

부패방지권익위법 시행령

제46조(소속 직원의 실지조사 등) ① 권익위원회는 법 제42조 제1항 제3호에 따라 권익위원회 소속 직원으로 하여금 실지조사를 하게 하거나 신청인 등의 진술을 듣게 하려는 경우에는 관계 행정기관 등 또는 신청인 등에 대하여 조사 또는 방문의 취지·내용·일시·장소 등을 미리 통지하여야 한다. 다만, 국가안전보장에 중대한 영향을 미치는 국가기밀 사항이나 마약과 관련된 범죄 등 중대한 범죄의 수사와 관련된 경우에는 실지조사의 일시 및 장소 등에 대하여 관계 행정기관 등과 미리 협의할 수 있다.

② 권익위원회의 소속 직원이 제1항에 따른 실지조사를 함에 있어서 필요하다고 인정하는 경우에는 다음 각 호의 방법에 의한 조사를 할 수 있다. 이 경우 관련 전문가를 동반할 수 있다.

1. 관계 행정기관 등의 직원 또는 신청인 등의 진술 청취

2. 관계 행정기관 등 또는 신청인 등이 소지하는 문서·장부 그 밖의 자료의 제출 요구

3. 필요한 물건·사람·장소 그 밖의 상황의 확인

현장 실지조사를 통해 물건의 존재, 형태 또는 이용 상황 등을 확인할 필요가 있는 경우, 민원인·피신청인 외의 이해관계인 등 제3자

의 진술 등이 필요한 경우, 다수인 관련 민원, 사회적 현안 민원 등의 경우에 실시된다.

실지조사에 앞서 민원취지 및 쟁점사항, 관계법령·지침 등을 정밀 분석하고, 질문 및 증빙자료를 수집해야 한다.

민원인·피신청인·관련기관에 조사사항·참석대상·일시·장소를 명확히 기재하여 실지조사에 대해 사전통지해야 한다. 신청인·피신청인 주장과 현장상황을 명확히 대조·확인하고, 당사자 간의 주장이 상이한 부분은 대질면담, 증거자료 제출을 요구할 수 있다. 실지조사 시 사진촬영이나 확인서도 받을 필요가 있다. 사실관계·법률관계를 조사할 뿐 해당 고충민원처리에 대한 결정은 위원회가 하는 점을 고지할 필요가 있으며, 민원인에게 처리과정에 대해 자세히 설명할 필요는 있지만 과도한 기대를 심어주는 것은 금물이다. 현장조사 후에는 출장복명서를 작성해 기록으로 남겨야 한다.

3) 출석조사

출석조사는 관계 행정기관의 직원·신청인·이해관계인이나 참고인의 출석 및 의견진술을 요구할 때 진행한다.

서면조사나 현장조사로 조사가 완료되지 않았거나 추가적인 조사 등이 필요할 경우, 신청인과 피신청인, 이해관계자간 의견조율이 필요할 경우 등에 주로 시행한다. 민원의 최종 해결을 앞두고 마지막 의견조율을 할 때도 주로 사용한다. 출석조사를 할 경우에도 미리 당사자간 의견조율을 거쳐 문서로 출석조사 일시와 장소, 참석대상자 등을 공지한 후에 진행해야 한다.

부패방지권익위법

제42조(조사의 방법) ① 권익위원회는 제41조에 따라 조사를 함에 있어서 필요하다고 인정하는 경우에는 다음 각 호의 조치를 할 수 있다.

2. 관계 행정기관 등의 직원·신청인·이해관계인이나 참고인의 출석 및 의견진술 등의 요구

부패방지권익위법 시행령

제45조(출석 및 의견진술 등의 요구) ① 법 제42조 제1항 제2호에 따른 출석 및 의견진술 등을 요구하는 경우에는 당사자의 성명, 요구의 취지, 출석일시와 장소 등을 미리 통지하여야 한다.

② 제1항에 따라 출석 및 의견진술 등의 요구를 받은 당사자가 속한 소속 기관의 장은 당해 당사자에 대하여 출장 또는 공가를 허가하여야 한다.

7. 시민고충처리위원회의 민원 처리기간

앞서 언급했듯이, 민원처리법 제2조는 민원을 일반민원과 고충민원으로 구분하고, 일반민원을 민원처리법에서 정의하면서, 고충민원은 부패방지권익위법 제2조 제5호에 따른 고충민원으로 정의했다.

일반민원은 행정기관에 인허가·대장 등록·증명 등을 신청하는 법정민원, 법령·제도 등에 대한 질의민원, 행정제도 및 운영 개선을 요구하는 건의민원 및 기타민원을 말한다. 반면, 고충민원은 이러한 일반민원의 처리결과에 만족하지 못하는 경우 처리결과에 불복하여 제기되는 2차 민원이다.

시민고충처리위원회에 접수·처리되는 민원은 소속 행정기관이 처리한 일반민원이나 고충민원처리에 대한 불만민원인 2차 민원 성격이 강하다. 보통 일반민원은 소속 지방자치단체에서 처리하기 때문에 민원처리법 시행령에 따라 7~14일 이내에 처리해야 한다. 민원처리법 시행령에는 행정기관에서 고충민원을 처리할 때 7일 이내에 처리하도록 되어 있다. 따라서 소속 행정기관 공무원들이 고충민원을 처리할 때는 7일 이내 처리해야 한다. 물론 현장조사 필요시 14일 내에 처리하도록 하고 있다.

반면, 시민고충처리위원회는 부패방지권익위법에 따라 설치되어 국민권익위원회의 고충처리규정을 준수하면 된다. 부패방지권익위법에 따를 경우, 고충민원은 60일 이내에 처리하고 필요시 60일 이내에서 연장할 수 있다.

하지만, 각 지방자치단체가 의회를 거쳐 마련한 조례에는 일부 기관에서는 접수일로부터 30일 이내에 처리하고, 필요할 경우 30일 이내에서 연장할 수 있도록 규정한 곳이 있는 반면, 접수일로부터 60일 이내에 처리하고 필요할 경우, 30일 이내에서 연장할 수 있도록 하는 등 기관마다 약간씩 차이를 보이고 있다.

일반민원과 고충민원을 요약하면 아래 표와 같다.[62]

---

62) 민원처리법 제2조, 부패방지권익위법 제2조 요약

【민원의 유형정리】

유 형		정 의
일반 민원	법정 민원	일정 요건에 따라 인가·허가·승인·특허·면허 등을 신청하거나 장부·대장 등에 등록·등재를 신청 또는 신고하거나 특정한 사실 또는 법률관계에 관한 확인 또는 증명을 신청하는 민원
일반 민원	질의 민원	법령·제도·절차 등 행정업무에 관하여 행정기관의 설명이나 해석을 요구하는 민원
	건의 민원	행정제도 및 운영의 개선을 요구하는 민원
	기타 민원	법정민원, 질의민원, 건의민원 및 고충민원 외에 행정기관에 단순한 행정절차 또는 형식요건 등에 대한 상담·설명을 요구하거나 일상생활에서 발생하는 불편사항에 대하여 알리는 등 행정기관에 특정한 행위를 요구하는 민원
고충민원		행정기관 등의 위법·부당하거나 소극적인 처분(사실행위 및 부작위 포함) 및 불합리한 행정제도로 인하여 국민의 권리를 침해하거나 국민에게 불편 또는 부담을 주는 사항에 관한 민원(현역장병 및 군 관련 의무복무자의 고충민원 포함)

민원처리법 시행령

제14조(질의민원의 처리기간 등) 행정기관의 장은 질의민원을 접수한 경우에는 특별한 사유가 없으면 다음 각 호의 기간 이내에 처리하여야 한다.

1. 법령에 관하여 설명이나 해석을 요구하는 질의민원: 14일 이내

2. 제도·절차 등 법령 외의 사항에 관하여 설명이나 해석을 요구하는 질의민원: 7일 이내

제15조(건의민원의 처리기간 등) 행정기관의 장은 건의민원을 접수한

경우에는 특별한 사유가 없으면 14일 이내에 처리하여야 한다.

제16조(기타민원의 처리기간 등) ① 행정기관의 장은 기타민원을 접수한 경우에는 특별한 사유가 없으면 즉시 처리하여야 한다.

②~③(생략)

제17조(고충민원의 처리 등) ① 행정기관의 장은 고충민원을 접수한 때에는 특별한 사유가 없으면 7일 이내에 처리하여야 한다.

② 행정기관의 장은 민원인이 동일한 내용의 고충민원을 다시 제출한 경우에는 감사부서 등으로 하여금 이를 조사하도록 하여야 한다.

③ 행정기관의 장은 제1항에 따라 처리하는 고충민원의 내용이 정당한 사유가 있다고 인정될 때에는 지체 없이 원처분(原處分)의 취소·변경 등 적절한 조치를 하고, 이를 민원인에게 통지하여야 한다.

④ 행정기관의 장은 고충민원의 처리를 위하여 필요한 경우 14일의 범위에서 현장조사 등을 할 수 있다. 다만, 부득이한 사유로 14일 내에 현장조사 등을 완료하기 어렵다고 인정되는 경우에는 7일의 범위에서 그 기간을 한 차례만 연장할 수 있다. 〈개정 2021. 1. 5.〉

⑤ 제4항에 따른 현장조사 등에 걸린 기간은 제1항에 따른 처리기간에 산입하지 않는다. 〈개정 2021. 1. 5.〉

⑥ 민원인은 제2항에 따른 감사부서 등의 조사를 거친 경우에는 그 고충민원과 관련한 사무에 대한 지도·감독 등의 권한을 가진 감독기관의 장에게 고충민원을 신청할 수 있다. 이 경우 감독기관의 고충민원처리기간 및 처리방법 등에 관하여는 제1항, 제2항, 제4항 및 제5항을 준용한다.

⑦ 감독기관의 장은 제6항에 따른 고충민원의 처리결과를 소관 행정기관의 장에게 통보하여야 한다. 이 경우 소관 행정기관의 장은 특별한

사유가 없으면 그 결과를 존중하여 적절한 조치를 하고, 이를 민원인에게 통지하여야 한다.

⑧ 민원인은 고충민원을 신청하거나 제1항부터 제7항까지의 규정에 따라 처리결과를 통보받은 경우에도 국민권익위원회 또는 「부패방지 및 국민권익위원회의 설치와 운영에 관한 법률」 제2조 제9호에 따른 시민고충처리위원회에 고충민원을 신청할 수 있다. 〈신설 2019. 6. 4.〉

8. 처리기간 계산에서 제외되는 사항

고충민원은 부패방지권익위법에 따라 국민권익위원회와 시민고충처리위원회에서 처리할 때는 접수된 날부터 계산하여 60일 이내에 처리하여 신청인에게 통보하여야 한다. 다만, 조정 등 부득이한 사유로 기간 내에 처리가 불가능할 경우에는 60일의 범위에서 그 처리기간 연장이 가능하다. 반면, 부패방지권익위법에 따른 시민고충처리위원회가 설치되어 있지 않아 해당부서에서 처리할 경우 특별한 사유가 없으면 7일 이내에 처리하여야 한다.

부패방지권익위법 시행령

제42조(고충민원의 처리기간) ① 권익위원회는 접수된 고충민원을 접수일부터 60일 이내에 처리하여야 한다. 다만, 조정이 필요한 경우 등 부득이한 사유로 기간 내에 처리가 불가능한 경우에는 60일의 범위에서 그 처리기간을 연장할 수 있다.

② 권익위원회는 제1항 단서에 따라 처리기간을 연장한 경우에는 신청

인에게 지체 없이 처리기간의 연장사유와 처리예정기한을 통지하여야
한다.

③ 제1항에 따른 고충민원의 처리기간에 산입하지 아니하는 기간에 대
하여는 「행정절차법 시행령」 제11조를 준용한다.

민원처리과정에 민원인의 주장을 확인할 필요가 있거나, 추가적인
자료요구 등 신청서를 보완할 필요가 있는 경우, 신청서 보완기간은
민원처리기간에서 제외된다. 신청서에 보완할 사항이 있는 경우는 충
분한 시간(공휴일을 포함 약 10일 이상)을 정해 보완할 것을 요청한다.

민원처리법 시행령
제20조(처리기간에 산입하지 아니하는 기간) 민원의 처리기간에 산입하
지 아니하는 기간에 관하여는 「행정절차법 시행령」 제11조를 준용한다.

「행정절차법 시행령」
제11조(처리기간에 산입하지 아니하는 기간) 법 제19조 제5항의 규정에
의하여 처리기간에 산입하지 아니하는 기간은 다음 각호의 1에 해당
하는 기간을 말한다.
1. 신청서의 보완에 소요되는 기간(보완을 위하여 신청서를 신청인에게
발송한 날과 보완되어 행정청에 도달한 날을 포함한다)
2. 접수·경유·협의 및 처리하는 기관이 각각 상당히 떨어져 있는 경우
문서의 이송에 소요되는 기간
3. 법 제11조 제2항의 규정에 의하여 대표자를 선정하는 데 소요되는
기간

4. 당해처분과 관련하여 의견청취가 실시되는 경우 그에 소요되는 기간

5. 실험·검사·감정, 전문적인 기술검토등 특별한 추가절차를 거치기 위하여 부득이하게 소요되는 기간

6. 행정안전부령이 정하는 선행사무의 완결을 조건으로 하는 경우 그에 소요되는 기간

　

민원처리할 때 처리기간에 삽입하지 않는 기간에 대해서는 「행정절차법 시행령」에 규정되어 있다. ① 신청서의 보완에 소요되는 기간, ② 기관간 문서이송에 소요되는 시간, ③ 대표자 선정에 소요되는 시간, ④ 당해처분과 관련하여 의견청취가 실시되는 경우 그에 소요되는 기간, ⑤ 시험·검사·감정, 전문적인 기술검토 등 특별한 추가절차를 거치기 위하여 부득이하게 소요되는 기간 등이다. 이와 관련하여 국민권익위원회는 「행정절차법 시행령」 제11조를 준용하여 고충민원의 처리기간에 산입하지 아니하는 기간을 다음과 같이 예시를 들었다.[63]

【「행정절차법 시행령」 제11조를 준용하여 처리기간 산입에서 제외되는 기간(예시)】

1. 고충민원 신청서의 보완에 소요되는 기간(보완을 위하여 신청서를 신청인에게 발송한 날과 보완되어 행정청에 도달한 날을 포함한다)

2. 고충민원을 접수·경유·협의 및 처리하는 기관이 각각 상당히 떨어져 있는 경우 문서의 이송에 소요되는 기간

3. 고충민원의 대표자 또는 대리인을 선정하는 데 소요되는 기간

---

63) 국민권익위원회, 〈시민고충처리위원회 설치·운영안내서〉(2023), 148쪽

4. 고충민원처리과정에서 의견청취가 실시되는 경우 그에 소요되는 시간

5. 고충민원을 처리하기 위한 실험·검사·감정·전문적인 기술검토와 이와 유사한 절차를 거치기 위하여 부득이하게 소요되는 기간

6. 국회 또는 지방의회의 동의가 필요한 사항으로서 국회 또는 지방의회의 심의에 소요되는 기간

7. 국가안보 또는 외교상 특별한 선행조치가 필요한 사항으로서 이에 소요되는 시간

8. 국가 또는 지자체 등의 예산사정으로 처리가 지연되는 기간

9. 외국기관 및 재외공간에의 조회에 소요되는 기간

10. 탈세조사·가격조사·수요조사·원가계산·경영분석·감정실시 및 기업진단에 소요되는 기간

11. 시험·신원조회 또는 신체검사에 소요되는 기간

12. 신청인의 불출석·약속불이행 등 귀책사유로 지연되는 기간

제2절 | 시민고충처리위원회 안건처리 주요과정

1. 위원회가 심의·의결할 내용

시민고충처리위원회의 운영과 관련한 내용은 부패방지권익위법에 명시되지 않은 사항에 대해서는 각 기관의 조례에 따르도록 되어 있다. 따라서 시민고충처리위원회가 설치된 기관에서는 조례를 제정하여 운영 중인데, 대부분의 기관에서는 조례에 위원회에서 심의·의결할 사항을 정하고 있다.

국민권익위원회가 각 지방자치단체에 제공한 표준조례안에 따르면, 위원회가 심의·의결할 사항으로 ① 시정권고 및 의견표명에 관한 사항, ② 부패방지권익위법 51조에 따른 감사의뢰에 관한 사항, ③ 종전의 의결사항을 변경할 필요가 있는 사항, ④ 그 밖에 위원장이 회의에서 처리하는 것이 필요하다고 인정되는 사항을 제시했다.

이는 시민고충처리위원회가 처리하는 중요한 사안에 대해 위원회의 심의·의결을 거치도록 하고 있다. 이외에도 각 지방자치단체 조례를 통해 업무 중 추가한 사안에 대해 위원회에서 의결하도록 하고 있다.

제11조(회의) ① 위원장은 위원회의 회의를 소집하고 그 의장이 된다.

② 위원회 회의는 월 ○회 개최하는 것을 원칙으로 하되, 위원장이 필요하다고 인정할 때에는 임시회의를 개회할 수 있다.

③ 위원회는 다음 각 호의 사항에 대하여 재적의원 과반수 출석으로 개회하고 출석의원 과반수 찬성으로 의결한다.

1. 시정권고 및 의견표명 등에 대한 사항

2. 법 제51조에 따른 감사의뢰에 대한 결정

3. 종전의 의결사항을 변경할 필요가 있는 경우

4. 그 밖에 위원장이 회의에서 처리하는 것이 필요하다고 인정하는 사항

④ 제9조에 따라 위원의 제척·기피·회피로 심의·의결에 참석하지 못한 의원은 재적의원 수에서 제외한다.

이에 따라 시민고충처리위원회에서는 피신청인의 처분이 위법·부당한 경우 의결하는 시정권고와 위법·부당하지는 않지만 신청인의 주장이 상당한 이유가 있는 경우에 의결하는 의견표명, 그리고 제도개선 사안에 대해 위원회의 의결을 거치도록 하고 있다. 또한 종전의 의결례를 변경할 경우에도 위원회를 거치도록 하고 있다. 이 외에도 위원회의 주요 결정사항이나 다수인이 관련된 사항, 언론에 관심이 있는 사항 등 여러 가지에 대해 위원회의 의결을 거치도록 조례에 담을 수 있다. 예시하면 다음과 같다.

---

64) 국민권익위원회, 〈시민고충처리위원회 설치·운영안내서〉(2023), 54쪽

- 다수인이 관련된 사안 중 이해관계가 첨예하게 대립하거나 공익과 밀접하게 관련되는 사안
- 행정기관 또는 이해관계인이 관련된 사안으로서 이해관계나 처리절차가 복잡하여 심도 있는 심의가 필요한 사안
- 사회적 파급효과가 크거나 신청인의 정신적·물질적 피해가 큰 사안
- 제도개선을 권고하는 사항
- 고충민원의 조사·처리과정에서 위법·부당하게 업무를 처리한 사실을 발견한 경우 그에 대한 감사의뢰의 결정에 관한 사항
- 종전 의결례를 변경할 필요가 있는 사항
- 그 밖에 위원회에서 처리하는 것이 필요하다고 위원장이 인정하는 사항

위원회에서는 위와 같은 내용을 상정하여 의결할 수 있는데, 결정은 시정권고, 의견표명, 제도개선 권고 및 의견표명, 심의안내, 이송, 각하 등으로 처리할 수 있다. 또한 조사과정에 신청인과 피신청인이 사안에 대해 조정·합의를 통해 해소된 사안에 대해 확인과정을 거쳐야 한다. 그 내용을 정리하면 아래와 같다.[65]

---

65) 국민권익위원회, 〈시민고충처리위원회 설치·운영안내서〉(2023), 54쪽

【고충민원에 대한 위원회 결정 사항】

결정내용	결정사유
시정권고	• 피신청인의 처분·사실행위·부작위 등이 위법·부당하다고 인정할 만한 상당한 이유가 있어 이를 취소·변경·개선하거나 이행하는 등의 적절한 시정이 필요한 경우
의견표명	• 피신청인의 처분·사실행위·부작위 등이 위법·부당하지는 않으나 신청인의 주장이 상당한 이유가 있다고 인정되는 경우
제도개선 권고·의견 표명	• 법령 그 밖의 제도나 정책 등의 개선이 필요하다고 인정되는 경우
기각	• 신청인의 주장이 이유가 없다고 인정되는 경우
심의안내	• 신청인의 민원사항과 관련한 행정절차나 제도를 설명하거나 필요한 조치 등에 관하여 안내를 하는 경우
각하	• 접수된 고충민원이 부패방지권익위법 제43조 제1항 각 호의 어느 하나에 해당하면서 관계 행정기관 등에 이송하는 것이 적절하지 아니하다고 인정되는 경우
이송	• 접수된 고충민원이 부패방지권익위법 제43조 제1항 각 호의 어느 하나에 해당하는 경우 ① 고도의 정치적 판단을 요하거나, 국가기밀 또는 공무상 비밀에 관한 사항 ② 국회·법원·헌법재판소·선거관리위원회·감사원·지방의회에 관한 사항 ③ 수사·형집행에 관한 사항으로 관장기관에서 처리가 적당하다고 판단되는 사항, 감사원의 감사 착수사항 ④ 행정심판·행정소송·헌법재판소·감사원 등 불복구제절차 진행 중인 사항 ⑤ 화해·알선·조정·중재 등 당사자 간 이해를 조정하는 절차가 진행 중인 사항 ⑥ 판결·결정·재결·화해·조정·중재 등으로 확정된 권리관계, 감사원 처분 요구사항 ⑦ 사인 간의 권리관계 또는 개인의 사생활에 관한 사항 ⑧ 행정기관 등의 직원에 관한 인사 행정상의 행위에 관한 사항 ⑨ 그 밖에 관계 행정기관 등의 직접 처리가 타당하다고 판단되는 사항

【고충민원에 대한 위원회 확인 사항】

구분	내용
조정·합의	• 위원회의 대안 제시와 조율을 통해 이해당사자 간 합의에 이른 경우

2. 민원처리 결과 통보와 사후관리

1) 민원처리 결과 통보

부패방지권익위법 제49조에는 권익위원회(국민권익위원회 및 시민고충처리위원회)는 고충민원의 처리내용을 지체 없이 민원인 및 행정기관장 등에게 통지하도록 하고 있다. 이에 따라 위원회 의결이 있거나, 의결서가 발급된 경우 지체 없이 민원인 및 관계 행정기관 등의 장에게 결정내용을 통지하여야 한다. 통지는 의결서를 작성하는 경우 의결서에 위원회 의결 직후 의결에 참여한 위원의 서명 또는 날인을 받고, 민원인·피신청인에 대한 처리결과 통보서를 작성한 후 해당 의결서를 첨부하여 문서로 발송한다. 의결서를 작성하지 않는 심의안내, 각하, 이송의 경우에는 공문으로 안내 회신한다.

통지를 받은 관계 행정기관 등의 장은 부패방지권익위법 제50조에 따라 위원회로부터 권고 또는 의견을 받은 날부터 30일 이내에 처리결과를 제출해야 한다. 관계 행정기관은 시정권고 또는 의견표명대로 조치하기가 곤란하다고 판단되는 특별한 사정이 있는 경우에는 같은 법 제50조 제2항에 따라 그 이유를 위원회에 통보하여야 하며, 위원회에 부패방지권익위법 시행령 제51조에 따라 재심의를 할 수 있다.

2) 사후관리

부패방지권익위법과 같은 법 시행령에는 처리한 고충민원에 대해 이행실태점검 등 사후관리 규정을 담고 있다. 위원회가 시정권고하거나 의견을 표명한 사안에 대하여 체계적이고 효율적인 사후관리를 함으로써 고충민원처리결과의 실효성을 확보하고, 아울러, 위원회의 신뢰도와 위상을 높이는 측면이 있다.

처리결과를 통보한 뒤 해당 행정기관에서 수용의사를 밝혔으면 사무국에서는 사후관리카드 입력실태 및 피신청인의 처리결과를 최소 1년간 정기적으로 확인·점검해야 한다. 이행실태 점검과정에 피신청인으로부터 처리결과를 통보받은 때 또는 권고내용을 이행하지 않는 경우에는 그 이유를 지체 없이 민원인에게 통지하여야 한다.

부패방지권익위법
제52조(권고 등 이행실태의 확인·점검) 권익위원회는 제46조 및 제47조에 따른 권고 또는 의견의 이행실태를 확인·점검할 수 있다.

부패방지권익위법 시행령
제52조(이행실태의 확인·점검을 위한 자료제출 요청 등) ① 권익위원회는 법 제52조에 따른 권고 등에 대한 이행실태의 확인·점검을 위하여 필요하다고 인정하는 경우에는 점검대상이 되는 관계 행정기관 등에 대하여 다음 각 호의 사항을 요청할 수 있다.
1. 관계 서류의 제출
2. 경위서 또는 확인서 등의 제출
3. 관계 공무원 또는 관련 직원의 출석·진술

4. 그 밖에 확인·점검을 효율적으로 실시하기 위하여 권익위원회가 필요하다고 인정하는 조치

② 제2항에 따른 요청을 받은 관계 행정기관 등은 정당한 사유가 없는 한 이에 응하여야 한다.

【사후관리 대상】

대상	시정권고, 의견표명, 제도개선
방법	• 시정권고 등에 대한 처리결과의 통보 독촉 및 통보내용 확인 • 관계 행정기관 등의 이행실태 확인·점검(권고일 기준 1년간) • 이행실태 결과를 월별 또는 반기별 등 정기적으로 위원회에 보고

3) 민원기록의 관리

고충민원의 처리과정에서 접수 또는 작성한 서류 등은 고충민원처리의 객관성과 효율성 확보를 위해 적정하게 관리할 필요가 있다. 고충민원의 편철은 매 민원마다 별책으로 작성하고, 재심의 민원은 원 민원서류에 편철한다.

편철방법은 ① 고충민원기록 표지, ② 기록목록, ③ 고충민원 신청서 및 그 첨부서류, ④ 그 밖의 서류 순으로 하는 것이 나중에 찾아보기 편리하다. 고충민원의 처리와 관련된 안건이 위원회에 상정된 때에는 상정안건목록 사본을 고충민원기록에 편철하고, 위원회에서 안건의 심의·의결이 있는 때에는 회의록 사본도 편철 관리한다.

제3절 | 시민고충처리위원이 지녀야 할 덕목과 주의사항

시민고충처리위원회가 94개 지방자치단체에 설치되면서 지방자치단체의 고충민원처리 주요 수단으로 자리 잡아가고 있다. 시민고충처리위원회가 주민의 주요 민원 해결 수단이 되기 위해서는 시민고충처리위원과 조사관들의 역할이 매우 중요하다. 또한, 시민고충처리위원회가 민원처리과정에 금품수수라든지, 이해충돌상황 등 여러 부작용이 생기면 무용론과 함께 시민고충처리위원회 확대 및 활성화에도 걸림돌이 될 수 있다. 실제로 시민고충처리위원들이 민원처리과정에 야기될 수 있는 위험요소들이 곳곳에 자리 잡고 있다. 시민고충처리위원이 지녀야 할 덕목과 민원처리과정에 주의사항 등을 정리했다.

1. 경청, 소통과 공감능력, 사고의 유연성, 민원에 대한 감수성

시민고충처리위원회 위원과 조사관이 지녀야 할 우선적인 덕목은 민원인의 이야기를 들으려는, 소통하려는 자세가 필요하다. 민원인과의 소통은 '낮은 자세로 경청'하는 것에서부터 출발한다. 경청의 의미는 말 그대로, 상대방의 이야기를 '귀 기울여 듣는 것'을 의미한다.

민원인과의 소통은 노력만으로는 한계가 있다. 기본적으로 소통하려는 생각과 자세가 중요하다. 그러기 위해서는 일단 민원인과 눈높이를 맞추고 대화하려는 자세가 필요하다.

또한, 민원인과의 첫 만남이 중요하다. 민원인 입장에서는 처음 상담이나 민원 접수를 하러 갔을 때 상대방이 고압적이거나, 거만한 자세로 응대를 하면, 하고 싶은 이야기도 못한다. 민원인과의 첫 만남이 어색하거나 딱딱한 상태에서 진행되면, 불만 민원이 야기될 수 있고, 때로는 악성민원(특이민원)으로 발전할 수도 있다.

따라서 민원인을 만날 때는 편안한 분위기에서 자유롭게 이야기를 할 수 있도록 유도해야 한다. 때로는 맞장구를 쳐주는 등 공감도 필요하고, 민원인의 억울함에 대해서는 안타까움을 공감하는 감수성, 또는 '따뜻한 마음'과 '측은지심'도 있어야 한다.

법과 원칙을 지키되, 지나치게 경직되거나 원칙을 고집하기보다는 법과 원칙 속에서도 사고나 발상의 전환을 통해 문제를 해결하려는 유연성도 필요하다. 이런 환경이 조성될 때 진정한 소통이 될 수 있다. 이런 이유에서 시민고충처리위원회는 민원인이 사무실로 찾아오기를 기다리지 말고, 국민권익위원회가 운영하는 '달리는 국민신문고'처럼 직접 민원 현장을 찾아가거나 민원인 가정을 방문하는 등 적극적인 활동도 필요하다. 국민권익위원회가 '작은 목소리도 크게 듣겠다.'는 자세로 일하는 것도 이런 이유에서다.

민원인의 이야기를 다 듣고 나면 '민원 처리를 어떻게 할 것인가'에 대해 고민을 해야 한다. 해결책이 무엇인지, 또는 해결책이 없다면 대안을 마련하여 제시하는 등 노력을 하다보면 민원인과의 관계는 자연히 부드러워질 수 있다.

2. 공정하고 청렴한 처리절차

시민고충처리위원은 업무수행과 관련하여 공정성과 청렴성을 지키는 것이 무엇보다 중요하다. 전문성도 중요하지만, 처리과정이 불공정하다든지, 부정청탁을 받고 민원처리를 한 사실이 드러나면, 본인이 사법처리 등으로 명예가 훼손되는 것은 물론이고, 제3자의 시각에서 객관적으로 민원을 처리한다는 옴부즈만 제도의 취지도 퇴색된다. 그래서 고충민원처리과정에 불공정 시비 요소는 없는지, 부정청탁 요소는 없는지 항상 확인해야 한다.

부패방지권익위법 제33조 제1항에서는 "시민고충처리위원회 위원은 고충민원처리를 공정하고 독립적으로 수행할 수 있다고 인정되는 자로서 다음 각 호의 어느 하나에 해당하는 자 중에서 지방자치단체의 장이 지방의회의 동의를 받아 위촉한다."고 되어 있다.

> **부패방지권익위법**
> 제33조(시민고충처리위원회 위원의 자격요건 등) ① 시민고충처리위원회 위원은 고충민원처리업무를 공정하고 독립적으로 수행할 수 있다고 인정되는 자로서 다음 각 호의 어느 하나에 해당하는 자 중에서 지방자치단체의 장이 지방의회의 동의를 거쳐 위촉한다.

우선적인 자격요건으로 '공정하고 독립적으로 직무를 수행할 수 있는 자'를 든 것은 그만큼 공정성과 독립성이 중요하다고 판단한 것이다.

또한, 부패방지권익위법 제15조 제1항에서는 1. 대한민국 국민이 아닌 자, 2.「국가공무원법」제33조 각 호의 어느 하나에 해당하는 자, 3. 정당의 당원, 4.「공직선거법」에 따라 실시하는 선거에 후보자로 등록한 자 등은 위원의 결격사유로 규정하고 있다. 또 같은 조 제2항에서는 위원들이 제1항에 해당되면 당연 퇴직하도록 하고 있다.

위촉되거나 임용되었을 당시에는 결격사유에 해당하지 않아 위촉되거나 임명되었지만, 도중에 결격사유가 생기면 바로 퇴직처리되는 것이다. 1, 3, 4호의 경우는 본인의 선택에 따라 진행될 경우에 해당되지만, 2호에 해당하는 것은 임무수행 중에 범죄 등으로 야기되는 것일 개연성이 크다.

부패방지권익위법 제15조 제1항 '2.「국가공무원법」제33조 각 호의 어느 하나에 해당하는 자'는 국가공무원이 될 수 없는 사항을 정리한 것으로, 공무원 임용자격이 없으면 시민고충처리위원의 자격도 없다고 판단해야 한다. 그만큼 도덕성이나 범죄 연루 등에 조심해야 한다는 것이다.

또한 부패방지권익위법 제16조 제3항에는 1. 제15조 제1항 각 호의 어느 하나에 해당하는 때, 2. 심신상의 장애로 직무수행이 현저히 곤란하게 된 때, 3. 제17조에 따른 겸직금지의무에 위반한 경우를 제외하고는 본인의 의사에 반하여 '면직 또는 해촉되지 않는다'고 되어 있다. 반대로 해석하면 신분을 보장하되, 1, 2, 3호 경우에 해당하면 면직 또는 해촉될 수 있는 것이다. 아울러, 같은 법 제83조의2(벌칙 적용에서 공무원 의제)에서 위원회의 위원 중 공무원이 아닌 위원, 제22조에 따른 전문위원 및 제25조에 따른 파견 직원도 위원회의 업무와 관련하여 「형법」이나 그 밖의 법률에 따른 벌칙을 적용할 때에는 공무원으로 인정된다는 사실을 인식할 필요가 있다.

부패방지권익위법

제15조(위원의 결격사유) ① 다음 각 호의 어느 하나에 해당하는 자는 위원이 될 수 없다.

1. 대한민국 국민이 아닌 자

2. 「국가공무원법」 제33조 각 호의 어느 하나에 해당하는 자

3. 정당의 당원

4. 「공직선거법」에 따라 실시하는 선거에 후보자로 등록한 자

② 위원이 제1항 각 호의 어느 하나에 해당하게 된 때에는 당연히 퇴직된다.

제16조(직무상 독립과 신분보장) ① 위원회는 그 권한에 속하는 업무를 독립적으로 수행한다.

② 위원장과 위원의 임기는 각각 3년으로 하되 1차에 한하여 연임할 수 있다.

③ 위원은 다음 각 호의 어느 하나에 해당하는 경우를 제외하고는 그 의사에 반하여 면직 또는 해촉되지 아니한다.

1. 제15조 제1항 각 호의 어느 하나에 해당하는 때

2. 심신상의 장애로 직무수행이 현저히 곤란하게 된 때

3. 제17조에 따른 겸직금지의무에 위반한 경우

④ 제3항 제2호의 경우에는 전체 위원 3분의 2 이상의 찬성에 의한 의결을 거쳐 위원장의 제청으로 대통령 또는 국무총리가 면직 또는 해촉한다.

제17조(위원의 겸직금지 등) 위원은 재직 중 다음 각 호의 직을 겸할 수

없다.

1. 국회의원 또는 지방의회의원

2. 행정기관 등과 대통령령으로 정하는 특별한 이해관계가 있는 개인이나 법인 또는 단체의 임·직원

제83조의2(벌칙 적용에서 공무원 의제) ① 위원회의 위원 중 공무원이 아닌 위원, 제22조에 따른 전문위원 및 제25조에 따른 파견 직원은 위원회의 업무와 관련하여 「형법」이나 그 밖의 법률에 따른 벌칙을 적용할 때에는 공무원으로 본다.

3. 제척·회피·기피제도 및 이해충돌방지법 이해

부패방지권익위법에서는 위원들은 특정사안에 대해 제척·회피·기피제도를 두고 있다. 이해충돌상황이 생기면 위원들 스스로 결정해야 한다. 부패방지권익위법 제18조에서 제1항에서는 전원위원회, 분과위원회, 소위원회에서 제척사유를 나열하고 있다.

또한, 위원회 심의·의결의 이해당사자가 위원에게 공정을 기대하기 어려운 특별한 사정이 있는 경우에는 기피신청을 할 수 있다. 제1항과 제2항에 해당하면, 위원 스스로 회피할 수 있게 하였다. 위원회 직원과 전문위원, 파견 직원도 같은 규정이 적용된다.

부패방지권익위법

제18조(위원의 제척·기피·회피) ① 위원은 다음 각 호의 어느 하나에 해당하는 경우에는 위원회, 제20조에 따른 소위원회 및 제21조에 따

른 분과위원회의 심의·의결에서 제척된다. 〈개정 2019. 4. 16.〉

1. 위원 또는 그 배우자나 배우자였던 자가 당해 사안에 관하여 당사자이거나 공동권리자 또는 공동의무자인 경우

2. 위원이 당해 사안의 당사자와 친족 관계에 있거나 있었던 경우

3. 위원이 당해 사안에 관하여 증언, 감정, 법률자문 또는 손해사정을 한 경우

4. 위원이 되기 전에 당해 사안에 대하여 감사, 수사 또는 조사에 관여한 사항

5. 위원이 당해 사안에 관하여 당사자의 대리인으로 관여하거나 관여하였던 경우

② 위원회, 제20조에 따른 소위원회 및 제21조에 따른 분과위원회의 심의·의결의 이해당사자는 위원에게 공정을 기대하기 어려운 특별한 사정이 있는 경우에는 기피신청을 할 수 있다. 〈개정 2019. 4. 16.〉

③ 위원 본인이 제1항 또는 제2항의 사유에 해당하는 경우에는 스스로 그 사안의 심의·의결을 회피할 수 있다.

④ 위원회, 제20조에 따른 소위원회 및 제21조에 따른 분과위원회의 심의·의결에 관한 사무에 관여하는 위원회의 소속 공무원(제25조에 따른 파견 공무원 및 직원을 포함한다) 및 제22조에 따른 전문위원에 관하여는 제1항부터 제3항까지의 규정을 준용한다. 〈신설 2019. 4. 16.〉

이해충돌방지법

제5조(사적이해관계자의 신고 및 회피·기피 신청) ① 다음 각 호의 어느 하나에 해당하는 직무를 수행하는 공직자는 직무관련자(직무관련자의 대리인을 포함한다. 이하 이 조에서 같다)가 사적이해관계자임을 안

경우 안 날부터 14일 이내에 소속기관장에게 그 사실을 서면(전자문서를 포함한다. 이하 같다)으로 신고하고 회피를 신청하여야 한다.

1. 인가·허가·면허·특허·승인·검사·검정·시험·인증·확인, 지정·등록, 등재·인정·증명, 신고·심사, 보호·감호, 보상 또는 이에 준하는 직무

2. 행정지도·단속·감사·조사·감독에 관계되는 직무

3. 병역판정검사, 징집·소집·동원에 관계되는 직무

4. 개인·법인·단체의 영업 등에 관한 작위 또는 부작위의 의무부과 처분에 관계되는 직무

5. 조세·부담금·과태료·과징금·이행강제금 등의 조사·부과·징수 또는 취소·철회·시정명령 등 제재적 처분에 관계되는 직무

6. 보조금·장려금·출연금·출자금·교부금·기금의 배정·지급·처분·관리에 관계되는 직무

7. 공사·용역 또는 물품 등의 조달·구매의 계약·검사·검수에 관계되는 직무

8. 사건의 수사·재판·심판·결정·조정·중재·화해 또는 이에 준하는 직무

9. 공공기관의 재화 또는 용역의 매각·교환·사용·수익·점유에 관계되는 직무

10. 공직자의 채용·승진·전보·상벌·평가에 관계되는 직무

11. 공공기관이 실시하는 행정감사에 관계되는 직무

12. 각급 국립·공립학교의 입학·성적·수행평가에 관계되는 직무

13. 공공기관이 주관하는 각종 수상, 포상, 우수기관 선정, 우수자 선발에 관계되는 직무

14. 공공기관이 실시하는 각종 평가·판정에 관계되는 직무

15. 국회의원 또는 지방의회의원의 소관 위원회 활동과 관련된 청문, 의안·청원 심사, 국정감사, 지방자치단체의 행정사무감사, 국정조사, 지방자치단체의 행정사무조사와 관계되는 직무

16. 그 밖에 국회규칙, 대법원규칙, 헌법재판소규칙, 중앙선거관리위원회 규칙 또는 대통령령으로 정하는 직무

② 직무관련자 또는 공직자의 직무수행과 관련하여 직접적인 이해관계가 있는 자는 해당 공직자에게 제1항에 따른 신고 및 회피 의무가 있거나 그 밖에 공정한 직무수행을 저해할 우려가 있는 사적 이해관계가 있다고 판단하는 경우에는 그 공직자의 소속기관장에게 기피를 신청할 수 있다.

③ 다음 각 호의 어느 하나에 해당하는 경우에는 제1항 및 제2항을 적용하지 아니한다.

1. 제1항 각 호에 해당하는 직무와 관련하여 불특정다수를 대상으로 하는 법률이나 대통령령의 제정·개정 또는 폐지를 수반하는 경우

2. 특정한 사실 또는 법률관계에 관한 확인·증명을 신청하는 민원에 따라 해당 서류를 발급하는 경우

④ 제1항 각 호에 해당하는 직무와 관련된 다른 법령·기준에 제척·기피·회피 등 이해충돌 방지를 위한 절차가 마련되어 있어 공직자가 그 절차에 따른 경우, 제1항에 따른 신고·회피 의무를 다한 것으로 본다.

⑤ 제1항 및 제2항에 따른 신고 및 회피·기피의 절차와 방법, 신고·회피·기피의 기록·관리 등에 필요한 사항은 국회규칙, 대법원규칙, 헌법재판소규칙, 중앙선거관리위원회 규칙 또는 대통령령으로 정한다.

제16조(공무수행사인의 공무수행과 관련된 행위제한 등) ① 다음 각 호

의 어느 하나에 해당하는 자(이하 "공무수행사인"이라 한다)의 공무수행에 관하여는 제5조, 제7조, 제14조, 제21조(제5조 및 제14조에 관한 사항에 한정한다. 이하 이 조에서 같다), 제22조 제1항·제3항 및 제25조 제1항을 준용한다.

1. 「행정기관 소속 위원회의 설치·운영에 관한 법률」 또는 다른 법령에 따라 설치된 각종 위원회의 위원 중 공직자가 아닌 위원

(이하 생략)

2022년부터 시행 중인 이해충돌방지법에는 좀 더 명확하게 규정되어 있다. 공직자는 직무관련자가 '사적이해관계자'임을 안 경우에는 14일 이내에 신고하도록 되어 있다. 이해충돌방지법 제16조에서는 공무수행사인의 공무수행과 관련한 행위제한에 대해 규정하고 있는데, 「행정기관 소속 위원회의 설치·운영에 관한 법률」 또는 다른 법령에 따라 설치된 각종 위원회의 위원 중 공직자가 아닌 위원'의 경우, 공무수행사인으로 규정하고 있다. 시민고충처리위원회도 부패방지권익위법에 근거를 두고 설치되었기 때문에 이해충돌방지법 제16조에서 규정한 '공무수행사인'에 해당한다.

이해충돌방지법 제16조(공무수행사인의 공무수행과 관련된 행위제한 등)는 "이 법 제5조(사적이해관계자의 신고 및 회피·기피 신청), 제7조(사적이해관계자의 신고 등에 대한 조치), 제14조(직무상 비밀 등 이용 금지), 제21조(위법한 직무처리에 대한 조치, 제5조 및 제14조에 관한 사항에 한정한다. 이하 이 조에서 같다), 제22조(부당이득의 환수 등) 제1항·제3항 및 제25조(이해충돌방지담당관의 지정) 제1항을 준용한다."고 되어 있다.

이해충돌방지법에 따르면, 결국 공무수행사인인 시민고충처리위원들은 이해충돌방지법 상 사적이해관계자 신고 및 회피·기피 신청 규정과 직무상 비밀 이용 금지 등 규정이 적용되어 이를 위반하면, 처벌을 받는다.

이에 따라 시민고충처리위원들은 직무수행자가 이해충돌방지법에서 정한 '사적이해관계자'로 안 날로부터 14일 이내에 소속기관장에게 신고하고 회피신청을 하여야 한다. 대상 직무는 이해충돌방지법 제5조가 정한 16개 직무이다. 정리하면 아래와 같다.

【이해충돌방지법 상 공직자의 직무관련자 범위】

직무관련자 : 공직자가 법령·기준에 따라 수행하는 직무와 관련되는 자[66]	
공직자의 직무수행과 관련하여 일정한 행위나 조치를 요구하는 개인이나 법인 또는 단체 **인가, 허가, 면허, 등록, 특허, 인증 등**	공직자의 직무수행과 관련하여 이익 또는 불이익을 직접적으로 받는 개인이나 법인 또는 단체 **단속, 조사, 감독, 부담금·과태료 부과 등**
공직자가 소속된 공공기간과 계약을 체결하거나 체결하려는 것이 명백한 개인이나 법인 또는 단체 **공사계약, 용역계약, 물품구매계약 등 각종 계약**	공직자 직무수행과 관련하여 이익 또는 불이익을 직접적으로 받는 다른 공직자 **산하기관, 피평가기관, 피조사기관 등의 공직자**

또한, 민원인이나 피신청기관 등 고충민원처리와 관련하여 직접적인 이해관계가 있는 자는 해당 시민고충처리위원이 공정한 직무수행을 저해하거나 저해할 우려가 있다고 판단되면 해당 기관의 기관장(시

---

66) 국민권익위원회, 〈공직자의 이해충돌방지법 업무편람〉(2023), 40쪽

민고충처리위원장)에게 해당 시민고충처리위원에 대해 기피신청을 할 수 있다.

이해충돌방지법과 같은 법 시행령에서 정한 '직무관련자'와 '사적이해관계자'는 이해충돌방지법 제2조와 시행령 제3조에 정리되어 있다.

이해충돌방지법

제2조(정의) 이 법에서 사용하는 용어의 뜻은 다음과 같다.

(1~4).생략

5. "직무관련자"란 공직자가 법령(조례·규칙을 포함한다. 이하 같다)·기준(제1호 라목부터 바목까지의 공공기관의 규정·사규 및 기준 등을 포함한다. 이하 같다)에 따라 수행하는 직무와 관련되는 자로서 다음 각목의 어느 하나에 해당하는 개인·법인·단체 및 공직자를 말한다.

가. 공직자의 직무수행과 관련하여 일정한 행위나 조치를 요구하는 개인이나 법인 또는 단체

나. 공직자의 직무수행과 관련하여 이익 또는 불이익을 직접적으로 받는 개인이나 법인 또는 단체

다. 공직자가 소속된 공공기관과 계약을 체결하거나 체결하려는 것이 명백한 개인이나 법인 또는 단체

라. 공직자의 직무수행과 관련하여 이익 또는 불이익을 직접적으로 받는 다른 공직자. 다만, 공공기관이 이익 또는 불이익을 직접적으로 받는 경우에는 그 공공기관에 소속되어 해당 이익 또는 불이익과 관련된 업무를 담당하는 공직자를 말한다.

6. "사적이해관계자"란 다음 각 목의 어느 하나에 해당하는 자를 말한다.

가. 공직자 자신 또는 그 가족(「민법」 제779조에 따른 가족을 말한다.

이하 같다)

나. 공직자 자신 또는 그 가족이 임원·대표자·관리자 또는 사외이사로 재직하고 있는 법인 또는 단체

다. 공직자 자신이나 그 가족이 대리하거나 고문·자문 등을 제공하는 개인이나 법인 또는 단체

라. 공직자로 채용·임용되기 전 2년 이내에 공직자 자신이 재직하였던 법인 또는 단체

마. 공직자로 채용·임용되기 전 2년 이내에 공직자 자신이 대리하거나 고문·자문 등을 제공하였던 개인이나 법인 또는 단체

바. 공직자 자신 또는 그 가족이 대통령령으로 정하는 일정 비율 이상의 주식·지분 또는 자본금 등을 소유하고 있는 법인 또는 단체

사. 최근 2년 이내에 퇴직한 공직자로서 퇴직일 전 2년 이내에 제5조 제1항 각 호의 어느 하나에 해당하는 직무를 수행하는 공직자와 국회규칙, 대법원규칙, 헌법재판소규칙, 중앙선거관리위원회규칙 또는 대통령령으로 정하는 범위의 부서에서 같이 근무하였던 사람

아. 그 밖에 공직자의 사적 이해관계와 관련되는 자로서 국회규칙, 대법원규칙, 헌법재판소규칙, 중앙선거관리위원회규칙 또는 대통령령으로 정하는 자

이해충돌방지법 시행령

제3조(사적이해관계자의 범위) ① 법 제2조 제6호 바목에서 "대통령령으로 정하는 일정 비율 이상의 주식·지분 또는 자본금 등을 소유하고 있는 법인 또는 단체"란 다음 각 호의 법인 또는 단체를 말한다.

1. 공직자 자신이나 그 가족(「민법」 제779조에 따른 가족을 말한다. 이

하 같다)이 단독으로 또는 합산하여 발행주식 총수의 100분의 30 이상을 소유하고 있는 법인 또는 단체

2. 공직자 자신이나 그 가족이 단독으로 또는 합산하여 출자지분 총수의 100분의 30 이상을 소유하고 있는 법인 또는 단체

3. 공직자 자신이나 그 가족이 단독으로 또는 합산하여 자본금 총액의 100분의 50 이상을 소유하고 있는 법인 또는 단체

② 법 제2조 제6호 사목에서 "대통령령으로 정하는 범위의 부서"란 퇴직한 공직자가 법령(조례·규칙을 포함한다. 이하 같다)·기준(법 제2조 제1호 라목부터 바목까지에서 정한 공공기관의 규정·사규 및 기준 등을 포함한다. 이하 같다)에 따라 지휘·감독하였던 실·국·과(이에 준하는 부서를 포함한다)를 말한다.

③ 법 제2조 제6호 아목에서 "대통령령으로 정하는 자"란 다음 각 호의 자를 말한다.

1. 법령·기준에 따라 공직자를 지휘·감독하는 상급자

2. 다음 각 목의 어느 하나에 해당하는 행위(「금융실명거래 및 비밀보장에 관한 법률」에 따른 금융회사 등, 「대부업 등의 등록 및 금융이용자 보호에 관한 법률」에 따른 대부업자 등이나 그 밖의 금융회사로부터 통상적인 조건으로 금전을 빌리는 행위는 제외한다)를 한 공직자의 거래상대방(「민법」 제777조에 따른 친족인 경우는 제외한다)

가. 최근 2년간 1회에 100만원을 초과하는 금전을 빌리거나 빌려주는 행위

나. 최근 2년간 매 회계연도에 300만원을 초과하는 금전을 빌리거나 빌려주는 행위

3. 그 밖에 공공기관의 장이 해당 공공기관의 업무 특성을 반영하여

공정한 직무수행에 영향을 미칠 수 있다고 인정하여 훈령 등 행정규칙이나 기준으로 정하는 자

4. 청탁금지법 조항 숙지

「부정청탁 및 금품 등 수수의 금지에 관한 법률」도 시민고충처리위원에게 적용된다. 이 법은 속칭 '김영란법'으로 일반에 많이 알려져 있다. 청탁금지법에서도 이해충돌방지법과 같이 시민고충처리위원들은 '공무수행사인'으로 정의하여 공직자 등으로 분류됐다.

　이와 관련, 청탁금지법 제11조(공무수행사인의 공무 수행과 관련된 행위제한 등)는 제5조부터 제9조까지를 준용하고, 준용하는 경우 공직자 등으로 본다고 규정하고 있다.

　이에 따라 시민고충처리위원은 제5조(부정청탁의 금지), 제6조(부정청탁에 따른 직무수행 금지), 제8조(금품 등의 수수금지), 제9조(수수금지 금품 등의 신고 및 처리) 규정만 적용받는다. 다만, '공무수행사인'은 공무수행과 관련해서만 적용된다.[67] 공무수행사인, 즉 시민고충처리위원은 '시민고충처리위원 업무와 관련되어 금지된 금품을 받으면 안 된다'는 것으로, 시민고충처리위원 업무와 관련 없이 받는 금품은 처벌사항이 아니다.

　따라서 시민고충처리위원들은 부정청탁을 받고 업무처리를 할 경우 처벌을 받는다. 또 제8조(금품 등의 수수금지) 규정에 따라 허용되는

---

67) 국민권익위원회, 〈부정청탁 및 금품 등 수수의 금지에 관한 법률 해설집〉(2024), 17~19쪽

범위에서만 금품수수가 가능하고, 위반을 하면 처벌된다. 다만, 청탁금지법 제 10조(외부강의 등의 사례금 수수제한)에 규정된 외부강의는 제11조에 따라 적용대상에서 빠져 있다.

참고로 청탁금지법 제5조 제1항에 따라 부정청탁을 해서는 아니되지만, 제5조 제2항에 따라 ▲「청원법」, 「민원사무 처리에 관한 법률」, 「행정절차법」, 「국회법」 및 그 밖의 다른 법령·기준(제2조 제1호 나목부터 마목까지의 공공기관의 규정·사규·기준을 포함한다. 이하 같다)에서 정하는 절차·방법에 따라 권리침해의 구제·해결을 요구하거나 그와 관련된 법령·기준의 제정·개정·폐지를 제안·건의하는 등 특정한 행위를 요구하는 행위, ▲ 공개적으로 공직자 등에게 특정한 행위를 요구하는 행위, ▲ 선출직 공직자, 정당, 시민단체 등이 공익적인 목적으로 제3자의 고충민원을 전달하거나 법령·기준의 제정·개정·폐지 또는 정책·사업·제도 및 그 운영 등의 개선에 관하여 제안·건의하는 행위, ▲ 공공기관에 직무를 법정기한 안에 처리하여 줄 것을 신청·요구하거나 그 진행상황·조치결과 등에 대하여 확인·문의 등을 하는 행위, ▲ 직무 또는 법률관계에 관한 확인·증명 등을 신청·요구하는 행위, ▲ 질의 또는 상담형식을 통하여 직무에 관한 법령·제도·절차 등에 대하여 설명이나 해석을 요구하는 행위, ▲ 그 밖에 사회상규에 위배되지 아니하는 것으로 인정되는 행위 등은 허용된다.

청탁금지법

제5조(부정청탁의 금지) ① 누구든지 직접 또는 제3자를 통하여 직무를 수행하는 공직자 등에게 다음 각 호의 어느 하나에 해당하는 부정청탁을 해서는 아니 된다. 〈개정 2016. 5. 29, 2021. 12. 7.〉

1. 인가·허가·면허·특허·승인·검사·검정·시험·인증·확인 등 법령 (조례·규칙을 포함한다. 이하 같다)에서 일정한 요건을 정하여 놓고 직무관련자로부터 신청을 받아 처리하는 직무에 대하여 법령을 위반하여 처리하도록 하는 행위

2. 인가 또는 허가의 취소, 조세, 부담금, 과태료, 과징금, 이행강제금, 범칙금, 징계 등 각종 행정처분 또는 형벌부과에 관하여 법령을 위반하여 감경·면제하도록 하는 행위

3. 모집·선발·채용·승진·전보 등 공직자 등의 인사에 관하여 법령을 위반하여 개입하거나 영향을 미치도록 하는 행위

4. 법령을 위반하여 각종 심의·의결·조정 위원회의 위원, 공공기관이 주관하는 시험·선발 위원 등 공공기관의 의사결정에 관여하는 직위에 선정 또는 탈락되도록 하는 행위

5. 공공기관이 주관하는 각종 수상, 포상, 우수기관 선정 또는 우수자·장학생 선발에 관하여 법령을 위반하여 특정 개인·단체·법인이 선정 또는 탈락되도록 하는 행위

6. 입찰·경매·개발·시험·특허·군사·과세 등에 관한 직무상 비밀을 법령을 위반하여 누설하도록 하는 행위

7. 계약 관련 법령을 위반하여 특정 개인·단체·법인이 계약의 당사자로 선정 또는 탈락되도록 하는 행위

8. 보조금·장려금·출연금·출자금·교부금·기금 등의 업무에 관하여 법령을 위반하여 특정 개인·단체·법인에 배정·지원하거나 투자·예치·대여·출연·출자하도록 개입하거나 영향을 미치도록 하는 행위

9. 공공기관이 생산·공급·관리하는 재화 및 용역을 특정 개인·단체·법인에게 법령에서 정하는 가격 또는 정상적인 거래관행에서 벗어나

매각·교환·사용·수익·점유하도록 하는 행위

10. 각급 학교의 입학·성적·수행평가·논문심사·학위수여 등의 업무에 관하여 법령을 위반하여 처리·조작하도록 하는 행위

11. 병역판정검사, 부대 배속, 보직 부여 등 병역 관련 업무에 관하여 법령을 위반하여 처리하도록 하는 행위

12. 공공기관이 실시하는 각종 평가·판정·인정 업무에 관하여 법령을 위반하여 평가, 판정 또는 인정하게 하거나 결과를 조작하도록 하는 행위

13. 법령을 위반하여 행정지도·단속·감사·조사 대상에서 특정 개인·단체·법인이 선정·배제되도록 하거나 행정지도·단속·감사·조사의 결과를 조작하거나 또는 그 위법사항을 묵인하게 하는 행위

14. 사건의 수사·재판·심판·결정·조정·중재·화해, 형의 집행, 수용자의 지도·처우·계호 또는 이에 준하는 업무를 법령을 위반하여 처리하도록 하는 행위

15. 제1호부터 제14호까지의 부정청탁의 대상이 되는 업무에 관하여 공직자 등이 법령에 따라 부여받은 지위·권한을 벗어나 행사하거나 권한에 속하지 아니한 사항을 행사하도록 하는 행위

② 제1항에도 불구하고 다음 각 호의 어느 하나에 해당하는 경우에는 이 법을 적용하지 아니한다.

1.「청원법」,「민원사무 처리에 관한 법률」,「행정절차법」,「국회법」및 그 밖의 다른 법령·기준(제2조 제1호 나목부터 마목까지의 공공기관의 규정·사규·기준을 포함한다. 이하 같다)에서 정하는 절차·방법에 따라 권리침해의 구제·해결을 요구하거나 그와 관련된 법령·기준의 제정·개정·폐지를 제안·건의하는 등 특정한 행위를 요구하는 행위

2. 공개적으로 공직자 등에게 특정한 행위를 요구하는 행위

3. 선출직 공직자, 정당, 시민단체 등이 공익적인 목적으로 제3자의 고충민원을 전달하거나 법령·기준의 제정·개정·폐지 또는 정책·사업·제도 및 그 운영 등의 개선에 관하여 제안·건의하는 행위

4. 공공기관에 직무를 법정기한 안에 처리하여 줄 것을 신청·요구하거나 그 진행상황·조치결과 등에 대하여 확인·문의 등을 하는 행위

5. 직무 또는 법률관계에 관한 확인·증명 등을 신청·요구하는 행위

6. 질의 또는 상담형식을 통하여 직무에 관한 법령·제도·절차 등에 대하여 설명이나 해석을 요구하는 행위

7. 그 밖에 사회상규에 위배되지 아니하는 것으로 인정되는 행위

제6조(부정청탁에 따른 직무수행 금지) 부정청탁을 받은 공직자 등은 그에 따라 직무를 수행해서는 아니 된다.

제8조(금품등의 수수 금지) ① 공직자 등은 직무 관련 여부 및 기부·후원·증여 등 그 명목에 관계없이 동일인으로부터 1회에 100만 원 또는 매 회계연도에 300만 원을 초과하는 금품 등을 받거나 요구 또는 약속해서는 아니 된다.

② 공직자 등은 직무와 관련하여 대가성 여부를 불문하고 제1항에서 정한 금액 이하의 금품 등을 받거나 요구 또는 약속해서는 아니 된다.

③ 제10조의 외부강의 등에 관한 사례금 또는 다음 각 호의 어느 하나에 해당하는 금품 등의 경우에는 제1항 또는 제2항에서 수수를 금지하는 금품 등에 해당하지 아니한다. 〈개정 2021. 12. 16.〉

1. 공공기관이 소속 공직자 등이나 파견 공직자 등에게 지급하거나 상급 공직자 등이 위로·격려·포상 등의 목적으로 하급 공직자 등에게 제공하는 금품 등

2. 원활한 직무수행 또는 사교·의례 또는 부조의 목적으로 제공되는

음식물·경조사비·선물 등으로서 대통령령으로 정하는 가액 범위 안의 금품등. 다만, 선물 중 「농수산물 품질관리법」 제2조 제1항 제1호에 따른 농수산물 및 같은 항 제13호에 따른 농수산가공품(농수산물을 원료 또는 재료의 50퍼센트를 넘게 사용하여 가공한 제품만 해당한다)은 대통령령으로 정하는 설날·추석을 포함한 기간에 한정하여 그 가액 범위를 두 배로 한다.

3. 사적 거래(증여는 제외한다)로 인한 채무의 이행 등 정당한 권원(權原)에 의하여 제공되는 금품등

4. 공직자 등의 친족(「민법」 제777조에 따른 친족을 말한다)이 제공하는 금품 등

5. 공직자 등과 관련된 직원상조회·동호인회·동창회·향우회·친목회·종교단체·사회단체 등이 정하는 기준에 따라 구성원에게 제공하는 금품 등 및 그 소속 구성원 등 공직자 등과 특별히 장기적·지속적인 친분관계를 맺고 있는 자가 질병·재난 등으로 어려운 처지에 있는 공직자 등에게 제공하는 금품 등

6. 공직자 등의 직무와 관련된 공식적인 행사에서 주최자가 참석자에게 통상적인 범위에서 일률적으로 제공하는 교통, 숙박, 음식물 등의 금품 등

7. 불특정 다수인에게 배포하기 위한 기념품 또는 홍보용품 등이나 경연·추첨을 통하여 받는 보상 또는 상품 등

8. 그 밖에 다른 법령·기준 또는 사회상규에 따라 허용되는 금품등

④ 공직자 등의 배우자는 공직자 등의 직무와 관련하여 제1항 또는 제2항에 따라 공직자 등이 받는 것이 금지되는 금품 등(이하 "수수 금지 금품 등"이라 한다)을 받거나 요구하거나 제공받기로 약속해서는 아니

된다.

⑤ 누구든지 공직자 등에게 또는 그 공직자 등의 배우자에게 수수 금지 금품 등을 제공하거나 그 제공의 약속 또는 의사표시를 해서는 아니 된다.

제11조(공무수행사인의 공무 수행과 관련된 행위제한 등) ① 다음 각 호의 어느 하나에 해당하는 자(이하 "공무수행사인"이라 한다)의 공무 수행에 관하여는 제5조부터 제9조까지를 준용한다.

1. 「행정기관 소속 위원회의 설치·운영에 관한 법률」 또는 다른 법령에 따라 설치된 각종 위원회의 위원 중 공직자가 아닌 위원

(2~4).생략

② 제1항에 따라 공무수행사인에 대하여 제5조부터 제9조까지를 준용하는 경우 "공직자 등"은 "공무수행사인"으로 보고, "소속기관장"은 "다음 각 호의 구분에 따른 자"로 본다.(이하 생략)

제4절 | 국민권익위원회와 시민고충처리위원회 간 협력 강화

시민고충처리위원회가 부패방지권익위법에 근거를 두고 설치되고, 부패방지권익위법에 국민권익위원회와 각 시민고충처리위원회는 상호 독립하여 업무를 수행하고, 상호 협의 또는 지원을 요청받은 경우 정당한 사유가 없는 한 이에 협조하도록 되어 있다. 이와 함께 국민권익위원회는 시민고충처리위원회의 활동을 적극 지원하도록 되어 있다. 이 같은 법 규정에 따라 국민권익위원회와 시민고충처리위원회는 제도 발전을 위해 서로 협조하고 노력하여야 한다. 이에 국민권익위원회는 다양한 정책을 추진하고 있다.

부패방지권익위법

제40조(동일한 고충민원의 상호 통보) 신청인이 제39조 제1항 후단에 따라 동일한 고충민원을 둘 이상의 권익위원회에 각각 신청한 경우 각 권익위원회는 지체 없이 그 사실을 상호 통보하여야 한다. 이 경우 각 권익위원회는 상호 협력하여 고충민원을 처리하거나 제43조에 따라 이송하여야 한다.

제54조(권익위원회 상호간의 관계) ① 위원회 또는 각 시민고충처리위원회는 상호 독립하여 업무를 수행하고, 상호 협의 또는 지원을 요청받은 경우 정당한 사유가 없는 한 이에 협조하여야 한다.

② 위원회는 시민고충처리위원회의 활동을 적극 지원하여야 한다.

1. 국민권익위원회와 시민고충처리위원회 간 협력체계 구축

국민권익위원회는 시민고충처리위원회 활성화를 위해 다양한 노력을 하고 있다. 각 지방자치단체에 시민고충처리위원회 설치를 적극 유도하는 한편, 교육과 컨설팅 등을 통해 시민고충처리위원회가 조기에 정착되도록 하고 있다.

이와 함께 국민권익위원회와 시민고충처리위원회 간 협력과 분업을 위해 권익위원회 전국협의회를 구성했다. 국민권익위원회는 우리나라 대표 옴부즈만으로 컨트롤타워 역할을 수행하고, 시민고충처리위원회의 설치확대와 제도정비를 맡는다. 전국의 시민고충처리위원회도 광역지방자치단체 시민고충처리위원회와 기초지방자치단체 시민고충처리위원회로 전국 시민고충처리위원회를 구성했다.

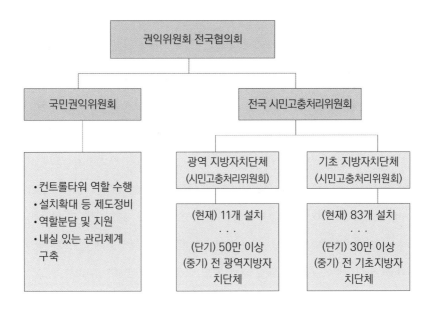

이를 토대로 「권익위원회 전국협의회 운영에 관한 규정」(훈령)도 마련하였다. 2021년 3월 전국협의회 창립총회를 개최한 이후 2024년 8월까지 6차례 회의도 개최했다.

2024년 6월 21일 열린 권익위원회 전국협의회 모습

2024년 11월 20일 개정되어 시행 중인 「권익위원회 전국협의회 운영에 관한 규정」(국민권익위원회 훈령 제355호)에 따르면, 협의회는 국민권익위원회 위원장과 고충처리 부위원장, 각 시민고충처리위원회의 대표 위원으로 구성한다. 협의회에는 의장 2명과 부의장 2명을 두며, 의장은 국민권익위원회 위원장과 시민고충처리위원회 대표 위원 중 호선한 위원이 각자 협의회를 대표하고, 회의의 소집과 업무를 총괄한다. 국민권익위원장과 시민고충처리위원회 대표위원 중에 호선한 위원이 공동의장을 맡는 것이다. 부의장은 국민권익위원회 고충처리 부위원장과 시민고충처리위원회의 대표 위원 중에서 호선한 위원이 하며,

의장이 직무를 수행할 수 없을 때에는 상호 협의하여 부의장이 그 직무를 대행한다.

　의장과 부의장의 임기는 국민권익위원회 위원장과 시민고충처리위원회 위원의 재임기간으로 정했다. 협의회 운영과 의사진행에 관한 사무를 처리하기 위하여 협의회에 간사 1명을 두며, 간사는 국민권익위원회 고충처리국장이 맡도록 했다. 협의회는 ① 시민고충처리위원회 운영 활성화를 위한 정보공유 및 협력 등에 관한 사항, ② 시민고충처리위원회 정책·제도 등의 조사·연구 및 의견수렴 등에 관한 사항, ③ 시민고충처리위원회 역량 강화를 위한 컨설팅 및 교육 등에 관한 사항, ④ 그 밖에 의장이 권익위원회 상호 협력과 관련하여 부의하는 사항 등에 대해 협의하기로 했다. 정기회는 그 이전까지 연 2회 개최했으나, 이번 훈령 개정으로 연 1회 개최하기로 하고, 대신 권역별 협의회 개최횟수를 늘리기로 했다.

국민권익위원회훈령 제355호

「권익위원회 전국협의회 운영에 관한 규정」

제1조(목적) 이 훈령은 「부패방지 및 국민권익위원회의 설치와 운영에 관한 법률(이하 "부패방지권익위법"이라 한다)」 제54조 제2항 및 같은 법 시행령 제53조 제2호에 따라 "권익위원회 전국협의회"(이하 "협의회"라 한다)를 구성하고 그 연계·교류 활동을 위해 필요한 사항을 규정함을 목적으로 한다.

제2조(정의) ① "권익위원회"란 부패방지권익위법에 따라 설치된 국민

권익위원회 및 같은 법 제32조부터 제38조까지의 규정에 따라 설치된 시민고충처리위원회를 말한다.

② "협의회"는 국민권익위원회와 각 시민고충처리위원회 간의 협의체를 말한다.

제3조(구성 등) ① 협의회는 국민권익위원회 위원장과 고충처리 부위원장 및 각 시민고충처리위원회의 대표 위원으로 구성한다.

② 협의회에는 의장 2명과 부의장 2명을 둔다.

③ 의장은 국민권익위원회 위원장과 시민고충처리위원회 대표 위원 중 호선한 위원이 각자 협의회를 대표하고, 회의의 소집과 업무를 총괄한다.

④ 부의장은 국민권익위원회 고충처리 부위원장과 시민고충처리위원회의 대표 위원 중에서 호선한 위원이 하며, 의장이 직무를 수행할 수 없을 때에는 상호 협의하여 부의장이 그 직무를 대행한다.

⑤ 의장과 부의장의 임기는 국민권익위원회 위원 또는 시민고충처리위원회 위원으로써 그 직에 재임하는 기간으로 한다.

⑥ 협의회 운영과 의사진행에 관한 사무를 처리하기 위하여 협의회에 간사 1명을 두며, 간사는 국민권익위원회 고충처리국장이 된다.

제4조(기능) 협의회는 다음 각 호의 사항을 협의한다.

1. 시민고충처리위원회 운영활성화를 위한 정보공유 및 협력 등에 관한 사항

2. 시민고충처리위원회 정책·제도 등의 조사·연구 및 의견수렴 등에 관한 사항

3. 시민고충처리위원회 역량 강화를 위한 컨설팅 및 교육 등에 관한 사항

4. 그 밖에 의장이 권익위원회 상호 협력과 관련하여 부의하는 사항

제5조(협의회의 개최) ① 협의회는 정기회와 임시회로 구분한다.

② 정기회는 연 1회 개최한다.

③ 임시회는 의장이 필요하다고 인정하거나 전체 회원 3분의 1 이상이 요청하는 경우에 개최한다.

제6조(협의회의 운영) ① 의장이 협의회를 소집하고자 하는 때에는 협의회 개최 5일 전까지 일시, 장소 및 협의 안건을 각 회원에게 통지하여야 한다.

② 의장은 논의를 위하여 필요하다고 인정하는 경우에는 전문적인 지식과 경험이 있는 관계 공무원 또는 전문가를 참석하게 하여 의견을 듣거나, 간사로 하여금 관련 자료를 조사하여 보고하도록 할 수 있다.

제7조(예산지원) ① 국민권익위원회는 제4조의 기능수행에 필요한 경우 예산의 범위에서 소요되는 비용을 지원할 수 있다.

② 국민권익위원회는 협의회에 출석한 회원 등에게 예산의 범위에서 수당·여비를 지급할 수 있다. 다만, 공무원이 그 소관 업무와 직접적으로 관련하여 출석하는 경우에는 그러하지 아니하다.

제8조(재검토기한) 「훈령·예규 등의 발령 및 관리에 관한 규정」에 따라 이 훈령에 대하여 2022년 1월 1일 기준으로 매3년이 되는 시점(매 3년째의 12월 31일까지를 말한다)마다 그 타당성을 검토하여 개선 등의 조치를 하여야 한다.

부칙 〈국민권익위원회훈령 제355호, 2024. 11. 20.〉
이 훈령은 발령한 날부터 시행한다.

이와 함께 많은 시민고충처리위원회가 별도의 홈페이지를 두지 않고 있고, 시민고충처리위원회 간 정보교류도 필요한 점을 고려하여 국민권익위원회 홈페이지에 시민고충처리위원회 소통창구 코너를 별도로 만들어 각 기관의 시민고충처리위원 채용공고, 연차보고서 등을 공유하도록 했다.

2. 국민권익위원회와 시민고충처리위원회 협업 강화

국민권익위원회와 시민고충처리위원회 간 협업을 통한 고충민원처리도 점차 확대되고 있다. 국민권익위원회는 전국적인 민원처리로 인한 인력부족으로 행정력의 지원이 필요하고, 시민고충처리위원회는 설치된 기관과 관련된 고충민원만 처리하도록 되어 있기 때문에 업무처리에 상호 윈-윈하는 것이다.

특히, 시민고충처리위원회는 지역주민이 제기한 민원이 중앙부처와 관련된 사항이거나 여러 기관과 관련되어 있을 경우, 민원처리를 할수 없기 때문에 이런 문제들을 극복하기 위해서는 민원을 국민권익위원회로 이송을 하거나, 국민권익위원회와 협업을 통해 해결책을 찾을 필요가 있기 때문이다.

이에 따라 양 기관은 부패방지권익위법 제40조(동일한 고충민원의 상호 통보)의 "신청인이 제39조 제1항 후단에 따라 동일한 고충민원을 둘 이상의 권익위원회에 각각 신청한 경우 각 권익위원회는 지체 없이 그 사실을 상호 통보하여야 한다. 이 경우 각 권익위원회는 상호 협력하여 고충민원을 처리하거나 제43조에 따라 이송하여야 한다."는 규정과 부패방지권익위법 제54조(권익위원회 상호간의 관계) 제1항의 "위원회 또는 각 시민고충처리위원회는 상호 독립하여 업무를 수행하고,

상호 협의 또는 지원을 요청받은 경우 정당한 사유가 없는 한 이에 협조하여야 한다."는 규정에 따라 상호 협력을 확대하는 것이다.

또한, 국민권익위원회와 시민고충처리위원회 간 심도있는 논의를 통해 국민권익위원회와 시민고충처리위원회 간의 역할 명확화, 국민권익위원회·광역지방자치단체·기초지방자치단체 간 효율적인 업무 협조 방안 등에 대해 좀 더 구체화하여 활성화 방안을 모색하고 있다. 국민권익위원회는 예산과 인력 등으로 인해 접수되는 모든 민원을 처리할 수 없어 어쩔 수 없이 상당수 민원을 해당 기관으로 돌려보내 처리하도록 하고 있고, 지방자치단체는 업무영역이 지방자치단체 내의 것만 처리할 수 있기 때문에 국민권익위원회는 대형 집단민원, 다수기관이 관련된 민원, 현안 이슈민원, 시민고충처리위원회가 요청한 민원 등을 주로 처리할 필요가 있다. 반면, 시민고충처리위원회는 관할 지방자치단체 대상 1차 고충민원, 지역별 특이민원, 생활민원 등을 처리하는 것이다. 이런 분업체계 구축이 결국 국민권익위원회와 시민고충처리위원회의 역할 재정립이라고 할 수 있다.

【국민권익위원회와 시민고충처리위원회간 업무 특화 예시도】

국민권익위원회	시민고충처리위원회
• 대형 집단민원 • 다수기관(정부-지방자치단체 간, 지방자치단체간, 광역-기초간) 관련 민원 • 현안 이슈 민원 등 • 시민고충처리위 요청 의결민원	• 지방자치단체 대상 1차 고충민원 • 지역별 특이민원 • 생활 불편민원 등

2024년 들어 국민권익위원회와 시민고충처리위원회가 협업을 통해 해결한 주요사례 4가지를 소개한다.

1) 국민권익위원회-보령시 시민고충처리위원회 간 협력으로 사격훈련장 소음 집단민원 해결

국민권익위원회는 2024년 11월 28일 유철환 위원장 주재로 충남 보령시 대천5동 행정복지센터에서 현장 조정회의를 개최하여 대천사격장 소음 등으로 인해 지난 65년간 고통 받은 갓배마을 주민들의 오랜 고충을 해결했다.

갓배마을 주민들은 2023년 12월 지역 주민들의 고충을 듣기 위해 충남 보령시를 찾은 국민권익위원회의 '달리는 국민신문고'를 방문하여 집단고충민원을 신청했다. 이날 달리는 국민신문고는 보령시 시민고충처리위원회의 도움으로 진행했다.

국민권익위원회는 민원이 접수되자 보령시 시민고충처리위원회와 함께 현장 확인, 주민과 관계자 면담 등을 진행했다. 보령시장을 비롯한 간부들과 업무협의를 할 때도 보령시 시민고충처리위원이 배석했다. 이 사격장은 1960년 미군이 사격훈련을 시작하였고, 1991년부터 우리 공군이 주둔하면서, 육·해·공 각 군과 주한미군이 매년 약 100일간 발칸포, 신궁, 천궁 등의 각종 대공화기 사격훈련을 실시하고 있었고, 지역주민들은 65년의 세월 동안 사격 소음 등을 견뎌야 했다.

조정안에 따르면, ▲ 공군본부와 공군미사일방어사령부는 2025년 1월 주민들의 피해를 줄일 수 있도록 대천사격장 주변 완충공간을 마련하고, 주민 이주희망 실태조사 등을 위한 연구용역을 착수하기로 했다. ▲ 또한, 충청남도와 보령시는 군(軍)의 연구용역에 참여하여, 갓배마을 주민 이주·보상을 위한 행정적·재정적 지원을 하기로 했다.

2024년 11월 28일 충남 보령시 대천5동 행정복지센터에서 열린 공군 대천사격장 사격 소음 피해 관련 집단 고충민원 현장 조정회의에서 유철환 국민권익위원장이 주민, 관련기관, 군 관계자 등과 기념 촬영을 하고 있다.

2) 국민권익위원회-안양시 민원옴부즈만 간 협력으로 보훈수당 국민불편 제도개선

국민권익위원회와 경기도 안양시 민원옴부즈만은 2024년 협력사업으로 '참전유공자 수당지급 사각지대 해소를 위한 기획조사'를 진행했다.

이는 안양시 민원옴부즈만이 옴부즈만연구포럼에서 보훈유공자의 수당지급에 대한 문제점을 제기하고 국가옴부즈만인 국민권익위원회가 나서서 적극 해결할 것을 요구하면서, 국민권익위원회와 안양시 민원 옴부즈만이 협력하여 기획조사를 진행하였다.

안양시는 옴부즈만 연구포럼에서 사례발표를 통해 "참전유공자 수당과 달리, 보훈명예수당은 유공자 사망 시 배우자에게 승계되나, 국가는 배우자 정보를 관리하지 않아 정보가 없고, 지자체는 제적자에

2024년 5월 21일 서울 정부서울청사에서 진행한 「참전유공자 수당 지급 사각지대 해소를 위한 제도개선간담회」에서 국민권익위원회 관계자(저자도 포함)와 국가보훈부, 지방자치단체 관계자들이 기념촬영을 하고 있다.

대한 정보가 없어 수혜 사각지대가 발생하고 있다."면서 "지자체 입장에서는 유가족에게 명예참전수당을 지급하려고 해도 정보가 없어 못하고 있으니 국민권익위원회가 나서서 국가보훈부와 협력하여 이 문제를 해결하여야 한다."고 강조했다.

이에 국민권익위원회는 2024년 5월 21일 서울 정부서울청사에서 국민권익위원회, 국가보훈부, 지방자치단체 관계자 등이 참석한 가운데 제도개선간담회를 개최하고 실태파악을 하였다. 실태조사결과, 많은 지자체에서 같은 어려움을 겪고 있었고, 명예수당을 받지 못해 국민신문고로 제기되는 민원도 전국적으로 2019년부터 49건에 달했다.

이에 따라 국민권익위원회는 국가보훈부에 참전유공자 정보 일제정비를 통한 보훈수당 대상자 발굴하고, 수당 대상자 적극발굴을 위한 체계적 안내 및 맞춤형 홍보를 실시하도록 하는 등 제도개선을 권고하였다. 이로 인해 그간 겪었던 참전유공자 명예수당 관련 불만민원을 해소할 수 있었다.

3) 국민권익위원회– 제주특별자치도 시민고충처리위원회 간 협력으로 국유재산 용도폐지 관련 집단민원 맞손

국민권익위원회와 시민고충처리위원회는 2024년 협력사업으로 법환어촌계 마을 주민들이 제기한 '국유재산 용도폐지에 따른 대부료 부과 이의' 민원을 해소하는데 힘을 모았다.

법환어촌계 주민들은 "1986년부터 마을 인근에 있던 분뇨처리시설에 따른 어업피해보상차원에서 1991년 제주도로부터 당시 공유수면이었던 제주 서귀포시 법환동 163-8 대지 687m²에 건물존치 시까지 무상으로 점용허가를 받아 수산물직매장(현재 대중음식점)으로 사용하던 중 2012년 유휴행정재산 실태조사 후 용도폐지되어 대부료를 납부하게 되었는바, 건물존치 시까지 당초 무상사용 약속대로 마을주민들이 무상으로 사용할 수 있게 해 달라"는 내용의 민원을 제기하였다.

2024년 4월 4일 국민권익위원회와 제주특별자치도 시민고충처리위원회가 공동으로 '어촌계 국유지 무단사용관련 민원'에 대한 현장회의를 갖고 기념촬영을 하고 있다.

이에 국민권익위원회와 제주도시민고충처리위원회는 공동으로 주민들과 간담회를 갖고 해결방안을 모색했다.

4) 국민권익위원회-울산광역시 시민고충처리위원회간 협력으로 난립한 가로시설물 정비 민원 해결

국민권익위원회와 울산시 시민고충처리위원회는 2024년 12월 4일 울산광역시청 회의실에서 현장조정회의를 갖고 '울산 남구 도로변 가로시설물 민원'을 협업으로 해결했다.

울산광역시 남구 달동에 지상 3층 건물을 소유한 민원인이 민원 상가 앞 폭 3m 도로와 횡단보도 인근에 전주, 통신주, 가로등, 신호등, 가로수 등이 불과 5m 이내에 촘촘히 설치되어 있어 상가 영업에 어려움이 있고 행인들의 불편이 많으니 무분별하게 설치된 이 시설물들은 이설해 달라는 민원을 국민권익위원회에 제기했다.

국민권익위원회는 이 민원을 조사하는 과정에서 가로수는 울산광역시, 가로등은 울산광역시 남구청, 전주는 한국전력공사, 신호등은 울산남부경찰서, 통신주는 민간기업인 LG유플러스 소관인 것을 확인하였다.

국민권익위원회는 이처럼 여러 기관이 관련되어 민원처리와 관련한 어려움이 많자 울산광역시 시민고충처리위원회와 협업으로 추진하기로 했다. 이 과정에 울산광역시 시민고충처리위원회는 지역사정에 밝은 만큼 기관협의를 적극 주선하였고, 난색을 보이던 기관들이 정비에 협조하면서 해결할 수 있었다. 이에 이날 조정회의는 국민권익위원회뿐만 아니라 울산광역시 시민고충처리위원회 위원장과 위원들도 함께 참석하였다.

국민권익위원회와 울산광역시 시민고충처리위원회는 2024년 12월 4일 울산광역시청에서 도로시설물 이설과 관련한 현장조정회의를 공동으로 개최하고 민원을 해소했다.

조정안에 따르면 울산광역시는 가로수를 횡단보도 통행에 불편이 없는 장소로 이식하고, 울산 남구는 가로등을 철거하되, 향후 조명확보가 필요할 경우 울산남부경찰서와 협의해 신호등에 조명등을 추가 설치하며, 한국전력공사는 전주를 동쪽으로 5m 이동해 설치하고, LG유플러스는 복잡한 통신선을 미관상 깔끔하게 정비하기로 했다.

3. 국민권익위원회, 시민고충처리위원회 운영 지원 강화

시민고충처리위원회가 활성화되기 위해서는 국민권익위원회의 지원이 필수적이다. 부패방지권익위법과 같은 법 시행령에도 명문화돼 있다.

현재 각 지방자치단체의 시민고충처리위원회의 운영실태를 보면, 서울특별시 등 일부 기관을 제외하면, 예산이나 지원인력, 상임형태 등으로 볼 때 현실적으로 운영에 많은 어려움 겪고 있는 실정이다. 그래서 국민권익위원회도 다양한 방법으로 활성화를 지원하고 있다.

> **부패방지권익위법 시행령**
> **제53조(시민고충처리위원회의 활동 지원)** 위원회는 법 제54조 제2항에 따라 다음 각 호의 방법에 따라 시민고충처리위원회의 활동을 지원한다.
> 1. 시민고충처리위원회의 설립을 촉진시키기 위한 활동
> 2. 권익위원회 전국협의회의 구성 등 권익위원회간의 연계·교류를 위한 활동
> 3. 시민고충처리위원회의 고충민원처리와 상담능력 향상을 위한 프로그램의 운영 및 교육 지원

1) 국민권익위원회-시민고충처리위원회 간 교류·협력 활성화

우선적으로 필요한 것이 국민권익위원회와 시민고충처리위원회 간 교류와 협력을 늘리는 것이다. 국민권익위원회는 이미 1997년 「국민고충처리위원회 사무처 설치령」으로 200여명이 근무하는 사무처가 설치된 이후 30년 가까이 옴부즈만 제도를 운영해 와 수많은 노하우가 축적되어 있다. 이에 따라 국민권익위원회는 훈령에 정해진 권익위원회 전국협의회와는 별도로 '권역별 협의회'를 갖고 행정여건이 유사하고 협업이 필요한 인근지역 시민고충처리위원회 간 활발한 교류와 협력을 유도하고 있다. 2024년 11월에는 영남권 협의회를 개최한 데 이어, 2024년 12월에는 호남권 협의회를 개최하는 등 분기에 한 번 꼴로 권역별 협의회를 통해 소통과 연대, 협업 등을 추진하고 있다.

2024년 11월 12일 대구광역시 소재 대구 엑스포에서 열린 영남권 시민고충처리위원회 협의회 및 세미나에서 저자가 특이민원 실태조사 및 대응방안에 대해 강의를 하고 있다.

2) 연구포럼 개최로 역량강화 확대

시민고충처리위원들 간 지역별 유사민원 해결 노하우를 공유하고 고충민원의 해법을 논의하는 세미나 형태의 연구포럼을 정례적으로 운영하고 있다. 시민고충처리위원들이 자발적으로 참여하여 민원처리 사례를 공유하고 복잡 다양한 지역의 현안문제에 대해 해결방안을 논의한다.

2024년에는 3월, 6월, 9월, 11월 등 4차례 개최하였는데, 참여하는 시민고충처리위원들의 관심이 매우 뜨겁다.

2024년 9월 25일 대전역 코레일 회의실에서 열린 시민고충처리위원회 연구포럼에서 토론을 하고 있다.

3) 시민고충처리위원과 지원인력 역량강화교육 확대

시민고충처리위원과 사무국 직원·조사관 대상 역량 강화교육도 꾸준히 실시하고 있다. 시민고충처리위원회 운영과 관련된 실무교육과 고충민원 조사업무와 관련한 전국단위의 집합교육을 실시하고 있다. 국민권익위원회는 조사관들이 고충민원처리를 핵심 업무로 하다 보니 다양한 노하우와 역량을 갖추고 있지만, 지방자치단체 공무원들은 고충민원처리가 주요 업무가 아니어서 민원처리에 어려움을 겪을 수밖에 없기 때문이다. 이에 2024년 5월에는 시민고충처리위원회 업무역량 강화교육을 실시하였고, 2024년 9월에는 시민고충처리위원 역량강화교육 및 워크숍을, 2024년 12월에는 각 기관 고충민원 담당자들을 대상으로 고충민원 역량강화 집합교육을 실시하였다.

이와 함께 일선 시민고충처리위원회에서 고충민원 조사활동을 하다 어려움이 있을 경우, 국민권익위원회 전문위원 등에게 수시로 자문을 구할 수 있도록 하고 있다.

제6장

—

시민고충처리위원회의 문제점 및 발전방안

전국 243개 지방자치단체 중에 시민고충처리위원회가 설치된 곳은 38%인 94곳이다. 광역자치단체는 17개 기관 중 64%인 11개 기관에 설치되었다(경상남도는 2025년 중 설치예정). 기초자치단체는 226개 기관 중 36%인 83개 기관에만 설치되었다. 이 같은 수치는 최근 몇 년간 확대추이를 보이고 있지만, 여전히 설치하지 않은 기관이 많다. 아직 걸음마 수준으로 계속 확대할 필요성이 제기되는 것이다.

제1절 | 시민고충처리위원회 운영의 문제점

1. 비강제성으로 지방정부와 지방의회의 관심 부족

시민고충처리위원회 설치가 늦어지는 이유는 법적으로 설치의무가 없
는 비강제성을 띠고 있는데다, 지방자치단체장과 지방의회의 옴부즈
만 제도에 대해 이해 및 관심 부족 때문이다.

부패방지권익위법 제11조(국민권익위원회의 설치)에는 국민권익위원
회를 '둔다'고 되어 있는 반면, 같은 법 제32조(시민고충처리위원회의 설
치)에는 각 지방자치단체에 시민고충처리위원회를 '둘 수 있다'고 되
어 있다. 국민권익위원회 설치에 대해서는 '강제성'을 부여한 반면, 시
민고충처리위원회는 강제성 없이 설치를 지방자치단체와 지방의회가
자유롭게 판단하도록 한 것이다.

학계나 전문가들은 지방자치단체와 지방의회 등에서 시민고충처리
위원회가 지방자치단체장에 대한 간섭 내지 통제적 기능을 하는 것으
로 인식하여 설치에 소극적인 태도를 보인다고 보고 있다. 또한 지방
의회 의원들은 시민고충처리위원회가 자신들의 권한을 침해하는 것
으로 오해하여 부정적이라는 설명이다. 집행부를 통제하는 것이 지방
의원의 고유권한인데, 유사기능이 생기면 옥상옥이라는 것이다. 일부
자치단체에서는 민원조정위원회나 시민명예감사관제도 등 이미 시행
하고 있는 유사한 제도로 이해하는 측면도 있다. 지방자치단체의 공
무원도 외부의 간섭인 내지 시어머니가 하나 더 늘어나는 것으로 인

식하는 등 긍정적으로 보지 않는다고 설명한다.

그래서 설치에 대해 소극적이고, 설치를 하더라도 활성화에 부정적이란 견해가 많다. 전담조직이나 필요한 권한을 부여하지 않은 것도 이런 이유라는 것이다.

부패방지권익위법

제11조(국민권익위원회의 설치) ① 고충민원의 처리와 이에 관련된 불합리한 행정제도를 개선하고, 부패의 발생을 예방하며 부패행위를 효율적으로 규제하도록 하기 위하여 국무총리 소속으로 국민권익위원회(이하 "위원회"라 한다)를 둔다. 〈개정 2020. 6. 9.〉

② 위원회는 「정부조직법」 제2조에 따른 중앙행정기관으로서 그 권한에 속하는 사무를 독립적으로 수행한다. 〈신설 2020. 6. 9.〉

제32조(시민고충처리위원회의 설치) ① 지방자치단체 및 그 소속기관에 관한 고충민원의 처리와 행정제도의 개선 등을 위하여 각 지방자치단체에 시민고충처리위원회를 둘 수 있다.

제33조(시민고충처리위원회 위원의 자격요건 등) ① 시민고충처리위원회 위원은 고충민원처리업무를 공정하고 독립적으로 수행할 수 있다고 인정되는 자로서 다음 각 호의 어느 하나에 해당하는 자 중에서 지방자치단체의 장이 지방의회의 동의를 거쳐 위촉한다.

2. 독립성 미흡 및 전문인력 지원 한계

시민고충처리위원회 운영에 있어서 가장 중요한 것이 독립성 확보인데, 실상은 미흡한 실정이다. 부패방지권익위법 제33조에는 시민고충처리위원은 의회의 동의를 얻어 단체장이 위촉한다고 되어 있지만, 상당수 기관이 위원장은 단체장이 임명하고, 위원은 의회의 동의를 얻어 단체장이 위촉하도록 하고 있다. 인사권을 단체장이 갖는 것이어서 입법취지에도 맞지 않고 독립성도 훼손될 수 있다. 또한 현재 운영 중인 시민고충처리위원회가 집행부와 분리된 독립된 형태가 아니라 단체장 소속으로 설치된 기관들이 많으며, 이런 조직은 아무리 독립적 운영을 주장해도 한계가 있다. 실제로 많은 기관이 단체장 소속으로 되어 있는데다, 지원조직도 별도로 설치된 것 없이 감사실 소속 직원이 지원하는 형태이다. 예산편성 등도 같은 형태로 이루어져 있다.

옴부즈만 기능의 원활한 수행을 위해서는 전담조직권, 인사권, 예산편성권 같은 권한이 필요한데, 이런 권한 없이 집행부에 의존하게 되면 독립성 훼손은 불가피하다.

옴부즈만이 충분한 사전 조사를 통한 심도 있는 결정을 내릴 수 있으려면 그 결정과정에 합목적성 등 충분한 법적 검토가 필요한 실정이지만 현재의 지원인력으로는 독립성 확보가 현실적으로 불가능하다는 판단이다. 서울특별시 등 일부 기관을 제외하고는 지원인력 자체가 많지 않은데다, 지원인력도 전문성이 부족한 경우가 많다.

국민권익위원회가 설치기관 확대 등을 위해 지원조직을 감사실 등에 두고 지원하는 방안도 제시했지만, 결국 활성화를 위해서는 시민고충처리위원회 소속으로 전담조직을 운영해야 한다.

3. 비상근 체제로는 활성화 난망

지방자치단체별 인구규모에 따라 다소 차이가 있지만, 설치 운영되고 있는 상당수 기관이 비상임으로 운영되다보니 활성화의 걸림돌로 작용하고 있다. 게다가 위원회 회의 자체도 월1회 열리도록 조례로 규정되어 있는 곳이 상당수다. 그것도 안건이 없으면 열리지 않게 되어 있어 사실상 활동이 어려운 형태다.

시민고충처리위원회의 전문성 강화나 홍보·협력을 위해서는 다른 옴부즈만 기관과 유대강화, 소통·연대 등이 필요한데, 비상근으로는 이런 활동들은 사실상 불가능하다. 국민권익위원회가 시민고충처리위원들의 역량강화 교육이나 전국협의회 운영, 권역별 협의회 등을 개최해도 비상근이고 회의참석 관련 여비 등이 편성되지 않은 기관도 있어 회의에도 제대로 참석하지 못하는 실정이다.

4. 주민 홍보 부족과 민원접수 한계

시민고충처리위원회가 설치되어도 주민들이 잘 모르는 경우가 많아 고충민원이 있어도 민원제기 등을 못하는 경우가 생기기도 한다. 각 기관의 민원접수 형태를 보면, 담당자 이메일이나 우편접수, 직접 방문, 집행부의 이송 등의 비정형적 형태가 많다. 국민신문고로 접수되도록 시스템을 구축해야 하나, 여전히 국민신문고 접수가 되지 않는다. 각 기관 홈페이지로 접수 가능한 기관이 일부 있기는 하지만 대다수 기관은 불가능하다. 따라서 주민들이 시민고충처리위원회를 알고 고충민원을 제기할 수 있도록 적극적 홍보에 나서야 한다.

제2절 | 시민고충처리위원회 발전 방안

1. 자치행정 참여를 위한 필요한 제도로 인식 변화 필요

앞서 살펴본 바와 같이, 지방자치단체에서 시민고충처리위원회를 설치하는 곳이 점차 늘고 있다. 전국 지방자치단체 가운데 94곳이 설치된 것은 나름 의미가 있다. 하지만, 광역지방자치단체 17곳과 기초지방자치단체 226곳 등 243개 지방자치단체 가운데 2024년 12월 현재 38%만 설치되었다는 점에서 여전히 확대의 필요성이 있다.

시민고충처리위원회를 설치하는 지방자치단체가 늘어나는 것은 지방자치단체들이 주민의 권익구제에 대한 관심이 더욱 커지고 있다는 것을 반증한다.

현대행정의 특징상 행정력이 주민생활에 미치지 않는 곳이 거의 없을 정도로 확대되었고, 이에 못지않게 잘못된 행정력 행사로 주민들의 불편이나 고충도 생긴다. 사회적 양극화 확대라는지, 기초생활수급자나 차상위계층 등을 포함한 사회적 취약계층 관리 등 지방자치단체에서 많은 관심을 쏟고 있지만, 원칙과 제도운영에 치우치다보면 사각지대가 생기기 마련이다.

그러나 행정은 원칙적 처리를 고수할 수밖에 없고, 행정의 자기시정은 극히 제한적이고, 중앙정부의 관여나 국민권익위원회의 고충민원처리 역시 한계가 있는 상태에서 시민고충처리위원회를 설치한다는 것은 그만큼 자치행정에 주민참여를 늘리는 측면이 강하다.

서울특별시 시민감사옴부즈만위원회 등과 같이 시민들이 옴부즈만 결정과정에 참여할 수 있도록 '참여옴부즈만 100명 위촉 제도'라든 지, '민원배심제 도입', '청원심의회', '전문가 자문단 운영' 등은 행정에 주민참여를 획기적으로 늘린다는 점에서도 긍정적으로 평가할 수 있다.

2. 제3자적 시각에서 생활민원 개선

지역 생활현장에서 발생하는 각종 다툼이나 문제들을 제3자적 시각에서 해소한다는 측면에서도 매우 의미가 있다.

기본적으로 시민고충처리위원회를 설치하였다는 것은 행정이 공급자 위주에서 '시민의 편에서, 시민 곁에서, 시민을 위한' 행정으로 변화하는 것이다. 주민이 고충민원을 지방자치단체 등에 제기해도 원 소속 부서나 감사부서에서 주로 처리하다보니 크게 달라지지 않는다.

반면, 시민고충처리위원회는 기존 행정부서가 아니라 제3자적 시각에서 객관적으로 처리하므로 무게중심의 축이 바뀌는 것이다. 결국 지방자치와 지방분권, 주민참여 측면에서 지방자치단체의 주민 권익 보호 시스템 구축으로 자치분권을 실현할 수 있다. 시민고충처리위원회가 지방분권 확대에 따른 강화된 행정권을 감시·견제함으로써 주민의 권익 침해 예방 및 피해 발생 시 신속히 구제·보호하도록 하는 것이다.

특히, 시민고충처리위원으로 위촉된 사람들 중 상당수는 공무원 출신이 아닌 일반국민이나 전문가이기 때문에 기존의 공급자 시각이 아닌 제3자적 시각에서 검토가 이루어지므로 공평무사한 처리결과를 기대할 수 있다.

　우리나라는 각종 정책추진이나 제도변경, 개발공사 진행 등의 과정에서 집단민원이 빈발한다. 이로 인해 사회적 갈등해결을 위해 소요되는 비용도 엄청나다. 이런 민원 중에는 중앙정부가 나서서 해결해야 하는 것이 있는 반면, 지방자치단체에서도 해결이 가능한 민원이 많다.

　하지만, 지방자치단체 차원에서 해결할 수 있는 민원도 막상 행정이 개입하면 갈등을 증폭시킬 수 있고, 주민들이 사업을 추진하는 행정기관에 불신이 있는 상태에서는 쉽게 해결하지 못하는 측면이 강하다. 이때 제3자적 시각에서 행정기관이 아닌 시민고충처리위원회가 갈등과 조정에 나선다면 많은 비용을 들이지 않고도 해소할 수 있다. 행정소송 등 사법구제 제도가 아닌 중립적인 시각에서 자체 시정토록 함으로써 불필요한 소송비용과 노력을 절감하고, 행정에 대한 국민의 신뢰도 높일 수 있다.

3. 특이민원에 대한 선제적 대응

최근 들어 정부와 지방자치단체 등에서 어려움을 겪는 것이 특이민원(악성민원)이다. 행정기관에서 수차례 나서서 민원처리를 했으나 여러 가지 사정으로 해소되지 않아 계속 민원을 제기하면서 행정기관과 공무원과 갈등을 빚고 있는 것이다. 공무원에게 욕설을 하거나, 폭행, 폭언, 성희롱, 기물파손, 반복민원제기 등 여러 유형으로 나타난다. 민원인의 이런 비정상적인 행위로 최근 민원현장 공무원들이 극단적인 선택을 하는 등 사회적 문제로 제기되기도 하였다.

'특이민원'은 2024년 현재 법정용어가 아니다. 각 기관이 악성민원, 특이민원, 특별민원, 진상민원 등 다양하게 표현해왔다. 그러다 「민원처리에 관한 법률」을 관장하는 행정안전부가 2024년 11월 민원처리지침을 통해 특이민원에 대한 개념정의를 명확히 했다.

이 지침에 따르면, '특이민원'이란 "정당한 행정서비스를 요구하는 일반적인 민원과 차별되는 것으로, 민원담당자의 신체적·정신적 피해, 나아가 민원서비스의 질적 저하를 초래해 기관차원의 특별한 관리·대응이 필요한 민원"이라고 개념을 정의했다. 유형도 구체화했는데, 법적검토가 필요한 위법민원(폭언·폭력·스토킹·기물파손·신상공개형)과 행정절차에 따라 종결처리하는 부당민원(부당요구형·시간지연형·반복형)으로 구체화하였다.

분 류	소분류
위법민원	폭언, 폭력, 스토킹, 성희롱, 폭행, 기물파손, 협박
부당민원	부당요구형, 시간지연형, 반복형

이에 국민권익위원회도 특별민원, 특이민원, 악성민원 등의 용어를 사용하다 행정안전부가 민원처리지침으로 '특이민원'으로 정리를 해 특이민원으로 표현하기로 했다.

2024년 3~5월에 국민권익위원회가 중앙행정기관(49개), 지방자치단체(243개), 시·도 교육청(17개)을 대상으로 특이민원 실태조사를 한 결과, 중앙행정기관, 지방자치단체, 교육청에 총 2,784명의 특이민원(상습반복, 위법행위 등)인이 민원을 제기하고 있는 것으로 조사됐다.

【특이민원 실태조사결과】(2024. 5.)

중앙행정기관		광역 지방자치단체		기초 지방자치단체		시·도 교육청	
유형	비율 (%)	유형	비율 (%)	유형	비율 (%)	유형	비율 (%)
상습·반복 (물량폭탄)	76	폭언·폭행	63	폭언·폭행	56	폭언·폭행	47
폭언·폭행	17	상습·반복 (물량폭탄)	21	상습·반복 (물량폭탄)	30	상습·반복 (물량폭탄)	32
신상공격 (좌표찍기 등)	4	기타	9	신상공격 (좌표찍기 등)	8	신상공격 (좌표찍기 등)	10
과도한 정보공개 청구	2	신상공격 (좌표찍기 등)	6	과도한 정보공개청구	3	과도한 정보공개 청구	8
기타	1	과도한 정보공개 청구	1	기타	3	기타	3

　　유형별로 보면, 상습·반복적으로 민원을 제기하여 담당자를 괴롭히는 유형이 전체의 48%(1,340명)를 차지했고, 살해 협박이나 책상을 집어던지는 등의 폭언·폭행 유형이 40%(1,113명)를 차지했다. 또한 담당 공무원 실명공개 후 항의 전화를 독려하거나 신상공개 후 '좌표찍기'를 하는 유형도 6%(182명)로 나타났고, 민원처리 결과에 대한 불만으로 과도하게 정보공개를 청구하거나 비이성적 주장을 하는 유형도 확인되었다. 기관별로 보면, 중앙행정기관의 경우 상습·반복적으로 담당자를 괴롭히는 민원이 76%로 가장 많았고, 폭언·폭행은 17%로 나타났다. 반면에, 지방자치단체의 경우에는 폭언·폭행 유형이 가장

빈발하는 유형으로 나타났다.

　특이민원의 발생 원인을 보면, 여러 가지 이유가 있겠지만 실제 고충민원 성격의 민원도 많다고 생각한다. 민원발생 초기에 업무 담당자의 소홀이나 불성실한 답변, 설명부족, 책임회피성 답변 등 담당공무원의 초기대응 잘못에서 비롯된 경우도 있을 수 있다. 또는 실제로 민원인은 피해를 보고 있는데, 제도가 제대로 마련되어 있지 않는 등 고충민원에 해당하는 경우도 있다. 이는 실제로 고충민원이 악화된 형태라고 볼 수 있다.

　특이민원과 관련하여서는 중앙정부나 지방자치단체나 공히 골머리를 앓고 있다. 정부는 특이민원에 대해 법과 제도를 정비한 뒤 적절하지 않은 민원에 대해서는 원칙적으로 처리해야 한다고 강조한다. 대량의 민원을 넣거나 부적절하게 대량의 정보공개를 청구하여 시스템을 마비시키거나 담당공무원을 괴롭히면 시스템에서 차단하고, 폭언·폭력·기물파손 등의 행위에 대해서는 형사고발 등 강력한 법 집행을 해야한다고 설명한다.

　민원인이 민원을 이유로 행정기관을 찾아가 기물을 부수거나 공무원에게 폭행, 폭언 등을 하는 것은 반드시 근절되어야 한다. 그래야 정상적으로 민원신청을 한 선량한 국민들이 특이민원인으로 인해 피해를 보지 않는다. 민원공무원들이 특이민원인을 대응하다보면, 정작 정상적으로 민원을 제기한 민원인에 대해 소홀할 수밖에 없기 때문이다.

　이런 특이민원 해소에 시민고충처리위원회가 어느 정도 역할을 할수 있다. 특이민원 중에서도 법대로 처리할 수 있는 게 있는 반면, 고충민원이나 상담 등 다른 방법으로 해소해야 하는 것도 있을 수 있다.

전문가들은 특이민원이란 용어가 불분명하여 특이민원으로 분류되었다고 해도 상당수는 특이민원이 아닐 수 있다고 진단한다. 특이민원 중 상당수는 고충민원이 악화된 것으로, 특이민원으로 분류되었다 하더라도 고충민원 측면에서 다시 살펴볼 필요가 있다는 것이다.

현재 우리나라 민원처리 시스템을 보면 이해가 되는 측면이 있다. 일단 민원이 접수되면 명확한 사실관계 등에 따라 제대로 처리를 해야 하는데, 민원을 처리하다 보면 규정이 애매하거나, 현실과 제도가 달라 민원인이 불이익 처분을 받기도 한다. 그리고 공무원의 소극행정 등 여러 가지 사유로 고충민원이 발생할 수 있다.

이 고충민원을 잘 처리하면 별 문제가 없지만, 제기된 고충민원을 원 소속 부서에서 처리하면서 같은 기준과 시각으로 또다시 처리하고, 이후는 3회 이상의 반복민원으로 처리되면서 특이민원으로 바뀌는 것이다.

또한, 일반 행정기관의 경우, 고충민원은 7일 이내 처리하도록 되어 있고, 질의민원이나 기타민원도 같은 처리기간을 적용받으면서 공무원들이 민원현장을 가보지 못한 상태에서 민원을 처리하거나 법률이나 사실관계에 대한 잘못 판단했을 수도 있다.

이런 상황에서 제대로 된 민원처리 없이 반복적으로 민원을 제기했다는 이유로 특이민원으로 분류하고 '종결'하는 것은 지나친 행정편의주의에 해당한다.

그래서 각 행정기관에서 특이민원으로 분류된 것 중에 고충민원 성격은 시민고충처리위원회에서 다시 살펴보는 것이 합리적이다.

시민고충처리위원회는 행정기관 입장이 아니라 제3자적 시각에서 객관적으로 민원을 살피기 때문에 특이민원을 처리하기에 적합한 기관이다. 기존의 공급자 위주가 아닌 제3자적 시각에서 다시 판단할 수 있기 때문이다. 또한, 시민고충처리위원회의 민원처리 기간은 60일이고, 필요할 경우 60일 범위에서 연장할 수 있기 때문에 시간에 구애받지 않고 철저한 조사를 해 민원인이 억울함은 없는지 살펴볼 수 있는 장점이 있다.

아울러, 많은 지방자치단체에서 국민권익위원회와 시민고충처리위원회에서 시정권고나 의견표명한 것을 수용한 경우「적극행정 면책규정」에 따라 자체감사 등에서 책임을 묻지 않는다는 내용의 조례를 제정·운영하고 있어 업무처리에도 장점이 있다.

이런 여러 가지 측면에서 시민고충처리위원회가 특이민원을 살펴보는 것이 타당하다고 여겨진다. 시민고충처리위원회가 특이민원을 적극 해결하면 행정기관 입장에서 행정의 신뢰도와 만족도를 높일 수 있고, 민원인은 행정기관의 적극적인 민원처리로 그간의 불만이 해소될 수 있다는 점에서 긍정적 역할을 할 것으로 보인다.

4. 시민고충처리위원회 구성원 스스로 활성화에 적극 나서야

이와는 별도로 각 시민고충처리위원회도 스스로 역량 강화와 홍보를 위해 적극 나설 필요가 있다. 시민고충처리위원회가 적극 나서 전문가를 채용하는 한편, 옴부즈만 제도를 잘 모르는 주민들을 대상으로 홍보활동을 하고 민원 접수를 확대해 스스로 존재감을 키울 필요가 있는 것이다.

1) 최소한 1개월에 한 번 이상 '찾아가는 국민신문고' 운영

시민고충처리위원회가 운영 중이지만, 여전히 많은 시민들은 시민고충처리위원회의 존재를 모른다. 모르는 사람들이 어떻게 민원을 제기할 수 있겠는가? 주민들이 모르는 조직은 스스로 존재감을 상실할 수 있다. 그래서 주민들 스스로 찾아오기를 기다리지 말고, 주민 곁으로 찾아가는 노력이 필요하다.

우선, 최소한 월 1회 이상 국민권익위원회가 시행하는 것과 같이 '찾아가는 국민신문고'(가칭)를 시행할 것을 권한다. 광역지방자치단체는 도 단위 소재지에 있는 도민고충처리위원회를 멀리 떨어진 기초지방자치단체 주민들이 찾아오기 어려운 만큼 해당 기초지방자치단체 또는 기초지방자치단체 시민고충처리위원회와 일정을 조율해 찾아가 상담하고 고충을 해소하는 것이다. 기초지방자치단체 시민고충처리위원회는 면 단위나 읍 단위를 찾아가거나 5일장 등 주민들이 많이 모이는 장소를 찾아가고, 읍면을 방문할 때는 사전에 해당 기관과 협의하여 '통·이장협의회' 등의 일정에 맞추려는 노력도 필요하다. 이런 일정을 마련할 때는 케이블방송이나 유선방송, 현수막 게시, 지역 맘카페(SNS), 반상회보 등 다양한 홍보 채널을 동원하여 사전홍보를 해야 한다.

'찾아가는 국민신문고'를 통해 민원을 접수하고 상담하는 것도 중요하지만, 이런 행사 자체가 중요한 홍보수단이라는 점을 상기할 필요가 있다.

2) 지역 언론과 지방의회 활용

지역 언론을 적극 활용할 필요가 있다. 지역 언론은 지역의 주요 여론 조성자 역할을 하면서도 주요 소통채널이다. 특히 지방자치단체에 기자실이 있는 경우, 출입기자단과 기자간담회 등을 통해 수시로 소통하고 주요 현안을 공유할 필요가 있다. 새로 시민고충처리위원장이 위촉되면 기자실을 방문하여 취임인사를 하고, 앞으로 포부를 밝히는 등 인터뷰도 진행해야 한다. 만일, 고충처리나 제도개선을 위해 보도자료를 배포할 계획이 있으면, 시민고충처리위원회 명의로 배포하는 것이 좋다.

지방의회도 적극 활용하는 것이 시민고충처리위원회 활성화에 도움이 된다. 지방의원들은 집행부를 감시하는 역할을 하는 것과 동시에 주민들의 민원을 직접 접하고 해소하는 역할을 수행한다. 시민고충처리위원 제청 동의권이 있고, 지방자치단체의 예산심의권도 가지고 있으며, 연차보고서나 주요현안에 대해 지방의회에 보고할 의무도 있다. 따라서 지방의원과 돈독한 유대관계를 형성하는 것이 시민고충처리위원회 활성화에 크게 도움이 된다.

3) 자문단을 구성하여 부족한 민원처리 역량을 키워라

독임제 기관이나 비상임으로 운영하여 시민고충처리위원회 활성화에 어려움이 있으면, 별도의 자문단을 구성하여 부족한 전문성을 채울 필요가 있다. 법률, 일반행정, 세무, 주택 등 다양한 분야의 전문가를 자문단으로 위촉하고 필요할 때마다 이들의 의견을 듣는 것이 부족한 역량을 해소할 수 있다. 서울시가 민원배심원단과 법률자문단을 운영하는 것이 대표적 사례라고 할 수 있다.

5. 법 개정을 통한 설치 확대 추진 필요

현재 정부 안팎에서는 인구 규모가 크거나 민원이 많은 기관을 대상으로 옴부즈만 기구 설치를 확대해야 한다는 주장이 설득력을 얻고 있다. 현재 국민권익위원회 설치를 법률로 규정했듯이 인구 50만 명 이상 지방자치단체에는 시민고충처리위원회를 의무적으로 설치하도록 하자는 것이다.

1) 인구 50만 명 이상 자치단체 설치 의무화 바람직

국민신문고로 접수되는 민원은 1,300만 건대이지만, 국민권익위원회는 연간 3만~4만 건 밖에 처리하지 못해 결국 많은 민원이 소관 기관에서 처리할 수밖에 없는 현실에서 행정의 신뢰성을 높이기 위해 인구 50만 명 이상 지방자치단체를 대상으로 의무화하자는 것이다. 국민권익위원회에 따르면, 인구 50만 명 이상 광역과 기초자치단체는 모두 38개로 이중 26개 기관은 설치되어 있지만, 12개 기관은 미설치 기관이다.

광역자치단체 중 부산광역시와 경상북도, 충청북도, 인천광역시, 대전광역시 등 5개 광역자치단체는 설치를 하지 않고 있다. 다만, 그간 설치를 미루던 경상남도는 2025년 중 설치 예정으로, 이미 조례를 만들었다. 기초자치단체 중에서는 서울 강남구, 송파구와 경기도 고양시, 전북특별자치도 전주시, 경상남도 창원시와 김해시도 아직 설치되지 않았다. 서울 강남구는 연간 8만5,000 건이, 서울 송파구는 연간 5만6,000여 건의 민원이 국민신문고로 접수되지만 구민고충처리위원회는 설치되지 않았다. 경기도 고양시는 2023년 연간 21만 건이 넘는 민원이 접수되고 있지만, 설치되지 않았고, 경남 창원시 역시 연간 16만 건이 넘는 민원이 국민신문고로 접수되지만 설치는 하지 않고 있다.

이에 따라 현재의 법률에서 단서조항으로 '다만, 인구 50만 명 이상의 지방자치단체에는 시민고충처리위원회를 두어야 한다.'고 법률개정을 하자는 주장이 설득력을 얻고 있다. 법 개정 조문은 아래와 같다.

【 신·구조문 대비표 】

현　　　행	개 정 안
제32조(시민고충처리위원회의 설치) ① 지방자치단체 ~ 중략 ~ 고충민원의 처리와 행정제도의 개선 등을 위하여 각 지방자치단체에 시민고충처리위원회를 둘 수 있다. 〈단서 신설〉	제32조(시민고충처리위원회의 설치) ① ------------------------- -------------------------. 다만, 인구 50만 명 이상의 지방자치단체에는 시민고충처리위원회를 두어야 한다.

2) 경찰과 교육청 등에도 확대 설치 필요

현재 국민권익위원회가 모든 민원을 처리하는 것이 현실적으로 불가능한 점을 고려하면, 현재 지방자치단체에만 시민고충처리위원회를 설치할 수 있도록 되어 있는 것을 다른 공공기관으로 확대 설치할 수 있도록 해야 한다는 것이다. 대표적인 것이 경찰과 교육청이다.

경찰은 현재 연간 150만 건 정도의 민원이 국민신문고로 접수되고 있다. 실제로 2023년 국민신문고에 접수된 경찰관련 민원은 149만 5,134건이다. 법정민원 11만342건, 질의민원 1만1,467건, 건의민원 4만4,052건, 기타민원 125만3,799건, 고충민원 7만6,474건 등이다. 이는 민원처리 담당자가 분류한 민원 형태로, 이중 기타민원과 고충민원은 교통사고 조사에 대한 이의나 수사와 관련한 불만민원, 신고사건에 대한 처리불만 등으로 추정된다.

경찰과 관련한 민원처리는 현재 국민권익위원회에 경찰옴부즈만이 설치되어 있지만, 연간 1500여 건 밖에 처리하지 못한다. 대부분 원소속기관에서 처리하거나 일부는 상급기관에서 처리하고 있다. 상황이 이렇다보니 경찰청의 민원처리에 대한 불만이 매우 크다.

국민권익위원회와 행정안전부가 2022년 실시한 민원만족도 평가에 따르면, 경찰청은 종합등급(100점 만점)을 평가군 평균 83.07점보다 4.27점 낮은 78.80점을 획득하였다. 평가 그룹 중 미흡수준인 '라'등급으로 분류됐다. 항목별 평가등급을 보면, 민원행정 전략 및 체계, 민원제도 운영 그리고 민원만족도는 보통 수준인 '다'등급으로 평가되었으나, 국민신문고 민원 처리는 매우 미흡한 수준인 '마'등급으로 평가되어 개선이 시급한 실정이다. 국민신문고로 접수되는 민원 중 경찰 관련 민원이 상당수를 차지하고 있고, 검찰과 경찰의 수사권 조정으로 경찰의 권한이 더욱 확대된 점을 고려하면 대안마련이 시급하다.

그래서 과거 국민권익위원회가 경찰청에 지방청 단위로 경찰옴부즈만을 설치할 것을 제안했고 경찰청은 경찰청 차원에서 차관급 기구로 옴부즈만 기구를 두기로 하였다가 흐지부지되기도 하였다.

또한, 학교 폭력이나 교사들의 민원처리의 어려움 등도 최근 사회 이슈화되고 있는 점을 고려하면 이에 대한 대책마련도 필요하다고 하겠다. 국민권익위원회가 2023년 11월 분석한 아동학대 관련 민원을 보면, 최근 3년간(2021. 1.~2023. 10.) 민원분석시스템에 수집된 '아동학대 대응' 관련 민원은 총 2만996건이다. '아동학대 대응'과 관련된 주요 민원으로는 ▲ 아동학대행위자 등록 관련 개선 요구 ▲ 아동학대 고소에 대한 교권 보호 요구 ▲ 아동학대 관련 판단기준 등 매뉴얼 구체화 요구 등이다. 학교와 교사, 학생관련 민원은 아동학대 뿐만 아니라 학교폭력, 학사문제, 학생전학 및 학군배정 등 다양한데, 이런 민원의 상대방은 주로 교사들이다. 교사들을 대상으로 제기하는 민원을 교사들이 직접 처리하다보니 학교현장에서 심각한 수준의 문제점으로 제기되는 것이다.

이런 이유 때문에 2023년 12월 정부도 학교폭력문제를 객관적, 효율적으로 처리하기 위해 학교폭력 전담경찰관을 배치하겠다는 대책을 내놓았지만, 실효성에 의문을 제기하는 시각이 많다. 정부가 학교폭력의 문제점을 심각하게 받아들이고, 적극 해결하기로 한 것은 긍정적이지만, 학교와 학생, 교과과정 등을 둘러싸고 제기되는 민원은 단순히 학교폭력에 국한되는 것이 아니며, 학교배정부터 시작하여 성적문제, 학교폭력, 교과운영 등 폭넓게 제기되기 때문에 학교폭력 문제에만 초점을 맞추어 대응책을 마련하는 것을 넘어서 학교교육과 교육행정 전반에 걸쳐 다룰 수 있는 시도교육청 단위의 옴부즈만 기구 설치가 필요하다는 것이다. 현재 지방자치단체에 설치하도록 되어 있는 시민고충처리위원회를 지방교육청·경찰청까지 확대하도록 법 개정을 하자는 논리이다.

현행 「부패방지 및 국민권익위원회의 설치와 운영에 관한 법률」 제32조는 시민고충처리위원회를 각 지방자치단체에 설치할 수 있도록 규정하고 있다. 그러나 늘어나는 민원수요에 효과적으로 대응하기에는 사각지대가 너무 많다. 각급 공공기관, 행정기관, 경찰, 교육청 등 다양한 분야에서 민원이 급격히 증가하고 있는데, 지방자치단체에만 설치할 수 있도록 명시한 것은 개선이 필요하다. 그래서 지방자치단체

에 설치할 수 있도록 한 것을 공공기관(시·도 경찰청 포함) 및 지방자치
단체, 그리고 시·도교육청에까지 확대해 설치할 수 있도록 법 개정이
필요하다. 관련한 법조문 개정 예시는 다음과 같다.

【 신·구조문 대비표 】

현 행	개 정 안
제32조(시민고충처리위원회의 설치) ① 지방자치단체 및 그 소속기관에 관한 고충민원의 처리와 행정제도의 개선 등을 위하여 각 지방자치단체에 시민고충처리위원회를 둘 수 있다. 〈개정〉	제32조(시민고충처리위원회의 설치) ① 공공기관(시·도 경찰청 포함) 및 지방자치단체(시도 교육청·그 소속기관 포함) 에 관한 고충민원처리와 행정제도의 개선등을 위하여 각 공공기관(시·도 경찰청 포함) 및 지방자치단체(시·도 교육청·그 소속기관 포함)에 시민고충처리위원회를 둘 수 있다. 다만, 인구 50만 명 이상의 지방자치단체에는 시민고충처리위원회를 두어야 한다.

지금까지 살펴본 바와 같이, 옴부즈만제도는 전 세계적으로 계속 확대되는 추세에 있다. 물론, 나라마다 설치 취지와 목적이 다르고, 주어진 임무 역시 그 나라의 정치적 상황과 환경 등에 따라 차이가 날 수밖에 없다.

1994년부터 도입된 우리나라의 옴부즈만 제도는 꾸준히 확대되어 2024년 말 기준으로 우리나라 대표 옴부즈만인 국민권익위원회와 국민권익위원회 설치 법령에 근거를 두고 지방자치단체에 설치된 시민고충처리위원회, 그리고 개별 법률에 근거한 중소기업 옴부즈만, 방위사업청 옴부즈만, 국민권익위원회의 부패방지차원에서 적극 설치를 유도하는 청렴옴부즈만(청렴시민감사관) 등 다양한 형태로 활동을 하고 있다.

이 책에서는 옴부즈만이 도입된 배경에서부터 옴부즈만의 장·단점, 옴부즈만 제도의 특징, 각국 옴부즈만의 운영 형태 등 옴부즈만 제도 전반에 대해 살펴보았다. 또 우리나라 대표 옴부즈만인 국민권익위원회의 기능과 고충민원처리과정, 그리고 시민고충처리위원회 운영형태 등에 대해서도 다루었다.

우리나라의 옴부즈만 제도는 계속 확대 추세에 있지만, 국민 속에서 자리 잡기 위해서는 여전히 한계가 있다. 앞서 다루었듯이, 우선 임명권자로부터 독립적으로 운영해야 한다. 국민권익위원회의 경우, 국무총리 소속으로 되어 있고 국민권익위원장을 국무총리 추천으로 대통령이 임명하도록 되어 있다 보니 종종 독립적 운영에 대해 논란이 제기된다. 과거 국민고충처리위원회와 국가청렴위원회, 그리고 국무총리 소속 행정심판위원회 등 3개 기관이 인위적으로 통합되어 운영되면서 옴부즈만의 기능이 축소되었고, 관심도 줄었다는 지적도 많다.

실제로 국민권익위원회로 출범한 뒤에는 옴부즈만 제도에 대한 고민과 발전방안 등에 대한 연구 또한 위축된 것이 사실이다.

그나마 다행인 것은 부패방지권익위법에 근거를 두고 있는 시민고충처리위원회가 꾸준히 확대되고 있다는 점인데, 이 또한 설치 기관은 많이 늘어났지만, 내적인 역량이나 활동 환경 등을 보면 많은 한계를 가지고 있다. 시민고충처리위원회는 독립성뿐만 아니라, 전문성에 대해서도 꾸준히 관심을 갖고 지원을 해야 할 사항이다.

옴부즈만 제도는 분명히 주민자치, 주민의 행정참여 확대를 견인한다. 이는 결국 자치행정과 자치단체의 민원 만족도 향상에도 크게 기여할 수 있다. 지방자치단체의 민원처리방식이 공급자 위주에서 제3자 시각으로 재편되는 과정이며, 진정한 지방자치의 실현이다.

앞으로 우리나라의 옴부즈만 제도는 공공영역 뿐만 아니라 민간부문과 언론 등으로 계속 확대될 것이다. 옴부즈만이 진정으로 '국민 곁에서', '국민과 동행'하면서 '고충민원 해결사', 그리고, '친구'로 자리매김하는 그날이 오기를 기대한다.

오석홍. 2008.《행정학》. 박영사

김재기. 2001.《행정학》. 법문사

오연경. 2008. 〈지방행정 옴부즈만 제도의 활성화 방안 연구〉(연세대석사학위논문)

이승희. 2004. 〈한국옴부즈만 제도의 정착을 위한 제언〉

강희은. 2015.《옴부즈만, 국민의 친구입니다》. 탑북스

국민고충처리위원회. 2004. 〈옴부즈만 제도 연구자료집〉

한국행정연구원. 2012. 〈옴부즈만 제도발전 및 운영활성화 방안 연구〉(최순영 외 2명 공저)

한국행정학회. 2019. 〈지방옴부즈만의 역할 강화 방안 연구〉

국민권익위원회. 2009. 〈2008 국민권익백서〉

국민권익위원회. 2024. 〈2023 국민권익백서〉

국민권익위원회. 2011. 〈아시아지역 옴부즈만 기관 비교연구〉(연세대학교 산업협력단 용역보고서)

국민권익위원회. 2012. 〈국민권익증진을 위한 국민권익업무 발전방안〉

국민권익위원회. 2013. 〈지방옴부즈만 운영가이드라인〉

국민권익위원회. 2013. 〈청렴시민감사관제도 가이드라인〉

국민권익위원회. 2023. 〈공직자의 이해충돌방지법 업무편람〉

국민권익위원회. 2023. 〈시민고충처리위원회 설치·운영 안내서〉

국민권익위원회. 2024. 〈고충민원처리 관련규정(2023)〉

국민권익위원회. 2024. 〈부정청탁 및 금품 등 수수의 금지에 관한 법률 해설집〉

통일연구원. 2011. 〈2011 북한인권백서〉

통일연구원. 2015. 〈2015 북한인권백서〉

통일연구원. 2010. 〈북한주민의 의식과 정체성〉(조정아 외 5인 공저)

통일연구원. 2010. 〈북한주민 인권의식 실태연구〉

통일연구원. 2010. 〈북한개방화와 인권개선 방안연구〉

통일연구원. 2009. 〈북한인권침해 구조 및 개선전략〉(김수암 외1명 공저)

북한법연구회. 2018. 〈2018 최신 북한법령집〉

통일연구원 홈페이지(http://www.kinu.or.kr/). 〈2014 유엔 인권이사회 북한인권조사위원회 요약보고서〉

통일부. 2014. 〈통일한국의 사회갈등 예측 및 해결방안 연구〉(연세대학교 산학협력단 용역보고서)

인사혁신처. 2019. 〈적극행정 운영지침〉

대구광역시. 2024. 〈2023년 복지 인권옴부즈만 운영보고서〉

서울특별시. 2024. 〈2023 서울특별시 시민감사옴부즈만위원회 연차보고서〉

울산광역시. 2024. 〈2023 시민고충처리위원회 운영보고서〉

강원특별자치도 도민고충처리위원회. 2024. 〈2023년 운영상황보고서〉

경기도. 2024. 〈2023 경기도 옴부즈만 운영상황보고서〉

광주광역시. 2024. 〈2023년 행정옴부즈만위원회 운영상황보고서〉

제주특별자치도. 2024. 〈2023년도 제주특별자치도 시민고충처리위원회 운영상황보고서〉

시흥시. 2024. 〈2023년 시흥시 시민호민관 운영상황보고서〉

서초구 옴부즈만. 2024. 〈2023 서초구 옴부즈만 운영보고서〉

부천시 옴부즈만. 2023. 〈2022 부천시 시민옴부즈만 운영상황보고서〉

옴부즈만, 고충민원 해결사

국민권익위원회에서 시민고충처리위원회까지

1판 1쇄 발행 2025년 3월 25일

지은이 조덕현
펴낸이 우좌명
펴낸곳 출판회사 유리창
출판등록 제2011-000075호(2011.3.16)
주소 10858 경기도 파주시 새오리로 427번길 38-28
전화 031-942-9277
팩스 0505-925-1621
이메일 yurichangpub@gmail.com

ISBN 978-89-97918-33-1 03350

• 책값은 뒤표지에 표시되어 있습니다.